TRANZLATY

Sprache ist für alle da

Dil herkes içindir

Der Ruf der Wildnis

Vahşetin Çağrısı

Jack London

Deutsch / Türkçe

Copyright © 2025 Tranzlaty
All rights reserved
Published by Tranzlaty
ISBN: 978-1-80572-791-0
Original text by Jack London
The Call of the Wild
First published in 1903
www.tranzlaty.com

Ins Primitive
İlkelliğe Doğru

Buck las keine Zeitungen
Buck gazete okumazdı.
Hätte er die Zeitung gelesen, hätte er gewusst, dass Ärger im Anzug war.
Gazeteleri okusaydı başının dertte olduğunu anlardı.
Nicht nur er selbst, sondern jeder einzelne Tidewater-Hund bekam Ärger.
Sadece kendisi için değil, tüm su köpekleri için sorun vardı.
Jeder Hund mit starken Muskeln und warmem, langem Fell würde in Schwierigkeiten geraten.
Kaslı ve sıcak, uzun tüylü her köpek başını belaya sokacaktı.
Von Puget Bay bis San Diego konnte kein Hund dem entkommen, was auf ihn zukam.
Puget Körfezi'nden San Diego'ya kadar hiçbir köpek yaklaşan felaketten kaçamadı.
Männer, die in der arktischen Dunkelheit herumtasteten, hatten ein gelbes Metall gefunden.
Arktik karanlığında el yordamıyla dolaşan adamlar sarı bir metal bulmuşlardı.
Dampfschiff- und Transportunternehmen waren auf der Jagd nach der Entdeckung.
Vapur ve nakliye şirketleri bu keşfin peşindeydi.
Tausende von Männern strömten ins Nordland.
Binlerce adam Kuzey'e doğru akın ediyordu.
Diese Männer wollten Hunde, und die Hunde, die sie wollten, waren schwere Hunde.
Bu adamlar köpek istiyordu ve istedikleri köpekler ağır köpeklerdi.
Hunde mit starken Muskeln, die sie zum Arbeiten brauchen.
Çalışmak için güçlü kaslara sahip köpekler.
Hunde mit Pelzmantel, der sie vor Frost schützt.
Dondan korunmak için tüylü kürklere sahip köpekler.

Buck lebte in einem großen Haus im sonnenverwöhnten Santa Clara Valley.
Buck, güneşli Santa Clara Vadisi'ndeki büyük bir evde yaşıyordu.

Der Ort, an dem Richter Miller wohnte, wurde sein Haus genannt.
Yargıç Miller'ın yeri, evi deniyordu.

Sein Haus stand etwas abseits der Straße, halb zwischen den Bäumen versteckt.
Evi yoldan uzakta, ağaçların arasında yarı yarıya gizlenmişti.

Man konnte einen Blick auf die breite Veranda erhaschen, die rund um das Haus verläuft.
Evin etrafını çevreleyen geniş verandayı görebiliyorduk.

Die Zufahrt zum Haus erfolgte über geschotterte Zufahrten.
Eve çakıllı araba yollarından ulaşılırdı.

Die Wege schlängelten sich durch weitläufige Rasenflächen.
Yollar geniş çimenliklerin arasından kıvrılarak geçiyordu.

Über ihnen waren die ineinander verschlungenen Zweige hoher Pappeln.
Üstümüzde uzun kavakların iç içe geçmiş dalları vardı.

Auf der Rückseite des Hauses ging es noch geräumiger zu.
Evin arka tarafında her şey daha da genişti.

Es gab große Ställe, in denen ein Dutzend Stallknechte plauderten
Bir düzine seyisin sohbet ettiği büyük ahırlar vardı

Es gab Reihen von weinbewachsenen Dienstbotenhäusern
Asmalarla kaplı hizmetçi kulübelerinin sıraları vardı

Und es gab eine endlose und ordentliche Reihe von Toilettenhäuschen
Ve sonsuz ve düzenli bir dizi tuvalet vardı

Lange Weinlauben, grüne Weiden, Obstgärten und Beerenfelder.
Uzun üzüm bağları, yemyeşil otlaklar, meyve bahçeleri ve dut tarlaları.

Dann gab es noch die Pumpanlage für den artesischen Brunnen.
Daha sonra artezyen kuyusu için pompaj tesisi vardı.

Und da war der große Zementtank, der mit Wasser gefüllt war.
Ve orada suyla dolu büyük bir beton tank vardı.
Hier nahmen die Jungs von Richter Miller ihr morgendliches Bad.
Burada Yargıç Miller'ın çocukları sabah dalışlarını yaptılar.
Und auch dort kühlten sie sich am heißen Nachmittag ab.
Ve öğleden sonra sıcağında oralar da serinliyordu.
Und über dieses große Gebiet herrschte Buck über alles.
Ve bu büyük toprakların tamamına Buck hükmediyordu.
Buck wurde auf diesem Land geboren und lebte hier sein ganzes vierjähriges Leben.
Buck bu topraklarda doğdu ve dört yılını burada yaşadı.
Es gab zwar noch andere Hunde, aber die spielten keine wirkliche Rolle.
Başka köpekler de vardı ama onların pek önemi yoktu.
An einem so riesigen Ort wie diesem wurden andere Hunde erwartet.
Bu kadar geniş bir yerde başka köpeklerin de olması bekleniyordu.
Diese Hunde kamen und gingen oder lebten in den geschäftigen Zwingern.
Bu köpekler gelip gittiler ya da kalabalık kulübelerin içinde yaşadılar.
Manche Hunde lebten versteckt im Haus, wie Toots und Ysabel.
Toots ve Ysabel gibi bazı köpekler evde saklanarak yaşıyordu.
Toots war ein japanischer Mops, Ysabel ein mexikanischer Nackthund.
Toots bir Japon pug cinsi, Ysabel ise tüysüz bir Meksika köpeğiydi.
Diese seltsamen Kreaturen verließen das Haus kaum.
Bu garip yaratıklar nadiren evin dışına çıkıyorlardı.
Sie berührten weder den Boden noch schnüffelten sie draußen an der frischen Luft.
Ne yere dokundular, ne de dışarıdaki açık havayı kokladılar.

Außerdem gab es Foxterrier, mindestens zwanzig an der Zahl.
Ayrıca en az yirmi tane olan tilki terrier'ler de vardı.
Diese Terrier bellten Toots und Ysabel im Haus wild an.
Bu terrierler içeride Toots ve Ysabel'a şiddetle havlıyorlardı.
Toots und Ysabel blieben hinter Fenstern, in Sicherheit.
Toots ve Ysabel tehlikeden uzak, pencerelerin arkasında kaldılar.
Sie wurden von Hausmädchen mit Besen und Wischmopps bewacht.
Onları süpürge ve paspaslarla hizmetçiler koruyordu.
Aber Buck war kein Haushund und auch kein Zwingerhund.
Ama Buck ne bir ev köpeğiydi ne de bir kulübe köpeği.
Das gesamte Anwesen gehörte Buck als seinem rechtmäßigen Reich.
Tüm mülk Buck'ın yasal alanıydı.
Buck schwamm im Becken oder ging mit den Söhnen des Richters auf die Jagd.
Buck tankta yüzüyor ya da Hakim'in oğullarıyla ava çıkıyordu.
Er ging in den frühen oder späten Morgenstunden mit Mollie und Alice spazieren.
Sabahın erken veya geç saatlerinde Mollie ve Alice ile yürüyüşe çıkıyordu.
In kalten Nächten lag er mit dem Richter vor dem Kaminfeuer der Bibliothek.
Soğuk gecelerde Hakim'le birlikte kütüphane ateşinin başında yatardı.
Buck ließ die Enkel des Richters auf seinem starken Rücken herumreiten.
Buck, Yargıç'ın torunlarını güçlü sırtında gezdiriyordu.
Er wälzte sich mit den Jungen im Gras und bewachte sie genau.
Çocuklarla birlikte çimenlerin üzerinde yuvarlanıyor, onları sıkı sıkıya koruyordu.

Sie wagten sich bis zum Brunnen und sogar an den Beerenfeldern vorbei.
Çeşmeye doğru ilerlediler, hatta meyve bahçelerinin yanından bile geçtiler.
Unter den Foxterriern lief Buck immer mit königlichem Stolz.
Fox terrier'ler arasında Buck her zaman asil bir gururla yürürdü.
Er ignorierte Toots und Ysabel und behandelte sie, als wären sie Luft.
Toots ve Ysabel'i görmezden geldi, onlara hava gibi davrandı.
Buck herrschte über alle Lebewesen auf Richter Millers Land.
Buck, Yargıç Miller'ın topraklarındaki tüm canlılara hükmediyordu.
Er herrschte über Tiere, Insekten, Vögel und sogar Menschen
Hayvanlara, böceklere, kuşlara ve hatta insanlara hükmediyordu.
Bucks Vater Elmo war ein großer und treuer Bernhardiner gewesen.
Buck'ın babası Elmo çok büyük ve sadık bir St. Bernard'dı.
Elmo wich dem Richter nie von der Seite und diente ihm treu.
Elmo, Hakim'in yanından hiç ayrılmadı ve ona sadakatle hizmet etti.
Buck schien bereit, dem edlen Beispiel seines Vaters zu folgen.
Buck babasının asil örneğini izlemeye hazır görünüyordu.
Buck war nicht ganz so groß und wog hundertvierzig Pfund.
Buck o kadar büyük değildi, 140 kilo ağırlığındaydı.
Seine Mutter Shep war eine schöne schottische Schäferhündin gewesen.
Annesi Shep, iyi bir İskoç çoban köpeğiydi.
Aber selbst mit diesem Gewicht hatte Buck eine königliche Ausstrahlung.
Ama Buck, o kiloda bile görkemli bir duruşla yürüyordu.

Dies kam vom guten Essen und dem Respekt, der ihm immer entgegengebracht wurde.
Bu, güzel yemeklerden ve her zaman gördüğü saygıdan kaynaklanıyordu.
Vier Jahre lang hatte Buck wie ein verwöhnter Adliger gelebt.
Buck dört yıl boyunca şımarık bir asilzade gibi yaşamıştı.
Er war stolz auf sich und sogar ein wenig egoistisch.
Kendisiyle gurur duyuyordu, hatta biraz da egoistti.
Diese Art von Stolz war bei den Herren abgelegener Landstriche weit verbreitet.
Bu tür bir gurur, uzak ülke beyleri arasında yaygındı.
Doch Buck hat es vermieden, ein verwöhnter Haushund zu werden.
Ama Buck, şımartılan bir ev köpeği olmaktan kurtuldu.
Durch die Jagd und das Training blieb er schlank und stark.
Avcılık ve egzersiz sayesinde zayıf ve güçlü kaldı.
Er liebte Wasser zutiefst, wie Menschen, die in kalten Seen baden.
Suyu çok severdi, tıpkı soğuk göllerde yıkanan insanlar gibi.
Diese Liebe zum Wasser hielt Buck stark und sehr gesund.
Suya olan bu sevgi Buck'ı güçlü ve çok sağlıklı tutuyordu.
Dies war der Hund, zu dem Buck im Herbst 1897 geworden war.
Bu, Buck'ın 1897 sonbaharında dönüştüğü köpekti.
Als der Klondike-Angriff die Menschen in den eisigen Norden trieb.
Klondike saldırısı adamları dondurucu Kuzey'e çektiğinde.
Menschen aus aller Welt strömten in das kalte Land.
Dünyanın her yanından insanlar soğuk topraklara akın ediyordu.
Buck las jedoch weder die Zeitungen noch verstand er Nachrichten.
Ancak Buck gazete okumuyor ve haberlerden anlamıyordu.
Er wusste nicht, dass es nicht gut war, Zeit mit Manuel zu verbringen.

Manuel'in etrafında bulunması kötü bir adam olduğunu bilmiyordu.
Manuel, der im Garten half, hatte ein großes Problem.
Bahçede yardım eden Manuel'in derin bir sorunu vardı.
Manuel war spielsüchtig nach der chinesischen Lotterie.
Manuel, Çin piyangosuna kumar oynamaya bağımlıydı.
Er glaubte auch fest an ein festes System zum Gewinnen.
Ayrıca kazanmak için sabit bir sisteme inanıyordu.
Dieser Glaube machte sein Scheitern sicher und unvermeidlich.
Bu inanç onun başarısızlığını kesin ve kaçınılmaz kılıyordu.
Um ein System zu spielen, braucht man Geld, und das fehlte Manuel.
Sistemli bir oyun oynamak para gerektiriyordu ve Manuel'de bu yoktu.
Sein Gehalt reichte kaum zum Überleben seiner Frau und seiner vielen Kinder.
Maaşı karısının ve çok sayıda çocuğunun geçimini ancak sağlıyordu.
In der Nacht, in der Manuel Buck verriet, war alles normal.
Manuel'in Buck'a ihanet ettiği gece her şey normaldi.
Der Richter war bei einem Treffen der Rosinenanbauervereinigung.
Hakim, Kuru Üzüm Yetiştiricileri Derneği toplantısındaydı.
Die Söhne des Richters waren damals damit beschäftigt, einen Sportverein zu gründen.
O sıralarda Hakim'in oğulları bir spor kulübü kurmakla meşguldüler.
Niemand sah, wie Manuel und Buck durch den Obstgarten gingen.
Manuel ve Buck'ın meyve bahçesinden ayrıldıklarını kimse görmedi.
Buck dachte, dieser Spaziergang sei nur ein einfacher nächtlicher Spaziergang.
Buck bu yürüyüşün sıradan bir gece gezintisi olduğunu düşünüyordu.

Sie trafen nur einen Mann an der Flaggenstation im College Park.
College Park'taki bayrak istasyonunda yalnızca bir adamla karşılaştılar.
Dieser Mann sprach mit Manuel und sie tauschten Geld aus.
O adam Manuel'le konuştu ve para alışverişinde bulundular.
„Verpacken Sie die Waren, bevor Sie sie ausliefern", schlug er vor
"Malları teslim etmeden önce paketleyin" diye önerdi.
Die Stimme des Mannes war rau und ungeduldig, als er sprach.
Adam konuşurken sesi sert ve sabırsızdı.
Manuel band Buck vorsichtig ein dickes Seil um den Hals.
Manuel, Buck'ın boynuna kalın bir ipi dikkatlice bağladı.
„Verdreh das Seil, und du wirst ihn gründlich erwürgen"
"İpi bükersen onu bol bol boğarsın"
Der Fremde gab ein Grunzen von sich und zeigte damit, dass er gut verstanden hatte.
Yabancı, onu iyi anladığını gösteren bir homurtu çıkardı.
Buck nahm das Seil an diesem Tag mit ruhiger und stiller Würde an.
Buck o gün ipi sakin ve sessiz bir vakarla kabul etti.
Es war eine ungewöhnliche Tat, aber Buck vertraute den Männern, die er kannte.
Sıra dışı bir davranıştı ama Buck tanıdığı adamlara güveniyordu.
Er glaubte, dass ihre Weisheit weit über sein eigenes Denken hinausging.
Onların bilgeliğinin kendi düşüncelerinin çok ötesinde olduğuna inanıyordu.
Doch dann wurde das Seil in die Hände des Fremden gegeben
Ama sonra ip yabancının eline geçti.
Buck stieß ein leises, warnendes und zugleich bedrohliches Knurren aus.
Buck, sessiz bir tehditle uyaran alçak bir homurtu çıkardı.

Er war stolz und gebieterisch und wollte seinen Unmut zum Ausdruck bringen.
Gururlu ve buyurgandı, hoşnutsuzluğunu göstermek istiyordu.
Buck glaubte, seine Warnung würde als Befehl verstanden werden.
Buck, uyarısının bir emir olarak anlaşılacağına inanıyordu.
Zu seinem Entsetzen zog sich das Seil schnell um seinen dicken Hals zusammen.
Şaşkınlıkla, ipin kalın boynunu daha da sıkı sardığını gördü.
Ihm blieb die Luft weg und er begann in plötzlicher Wut zu kämpfen.
Nefesi kesildi ve aniden öfkelenerek kavga etmeye başladı.
Er sprang auf den Mann zu, der Buck schnell mitten in der Luft traf.
Adamın üzerine atıldı, adam da hemen Buck'la havada buluştu.
Der Mann packte Buck am Hals und drehte ihn geschickt in der Luft.
Adam Buck'ın boğazını yakaladı ve onu ustalıkla havaya kaldırdı.
Buck wurde hart zu Boden geworfen und landete flach auf dem Rücken.
Buck sert bir şekilde yere fırlatıldı ve sırt üstü yere düştü.
Das Seil würgte ihn nun grausam, während er wild um sich trat.
İp artık onu acımasızca boğuyordu, o ise çılgınca tekmeliyordu.
Seine Zunge fiel heraus, seine Brust hob und senkte sich, doch er bekam keine Luft.
Dili dışarı çıktı, göğsü inip kalktı ama nefes alamadı.
Noch nie in seinem Leben war er mit solcher Gewalt behandelt worden.
Hayatında hiç bu kadar şiddetle karşılaşmamıştı.
Auch war er noch nie zuvor von solch tiefer Wut erfüllt gewesen.
Daha önce hiç bu kadar derin bir öfkeye kapılmamıştı.

Doch Bucks Kraft schwand und seine Augen wurden glasig.
Ama Buck'ın gücü azaldı ve gözleri donuklaştı.
Er wurde ohnmächtig, als in der Nähe ein Zug angehalten wurde.
Yakınlarda bir trenin durdurulduğu sırada bayıldı.
Dann warfen ihn die beiden Männer schnell in den Gepäckwagen.
Daha sonra iki adam onu hızla bagaj vagonuna fırlattılar.
Das nächste, was Buck spürte, war ein Schmerz in seiner geschwollenen Zunge.
Buck'ın hissettiği bir sonraki şey şişmiş dilindeki acıydı.
Er bewegte sich in einem wackelnden Wagen und war nur schwach bei Bewusstsein.
Sallanan bir arabada hareket ediyordu, bilinci pek yerinde değildi.
Das schrille Pfeifen eines Zuges verriet Buck seinen Standort.
Bir tren düdüğünün keskin çığlığı Buck'a yerini söyledi.
Er war oft mit dem Richter mitgefahren und kannte das Gefühl.
Yargıçla birlikte sık sık yolculuk yapmıştı ve bu duyguyu çok iyi biliyordu.
Es war der einzigartige Schock, wieder in einem Gepäckwagen zu reisen.
Tekrar bir yük vagonunda seyahat etmenin eşsiz sarsıntısıydı.
Buck öffnete die Augen und sein Blick brannte vor Wut.
Buck gözlerini açtı, bakışları öfkeyle yanıyordu.
Dies war der Zorn eines stolzen Königs, der vom Thron gejagt wurde.
Bu, tahtından indirilen kibirli bir kralın öfkesiydi.
Ein Mann wollte ihn packen, doch stattdessen schlug Buck zuerst zu.
Bir adam onu yakalamak için uzandı ama önce Buck saldırdı.
Er versenkte seine Zähne in der Hand des Mannes und hielt sie fest.
Dişlerini adamın eline geçirdi ve sıkıca tuttu.
Er ließ nicht los, bis er ein zweites Mal ohnmächtig wurde.

İkinci kez bayılıncaya kadar bırakmadı.
„Ja, hat Anfälle", murmelte der Mann dem Gepäckträger zu.
"Evet, kriz geçiriyor," diye mırıldandı adam bagaj görevlisine.
Der Gepäckträger hatte den Kampf gehört und war näher gekommen.
Yükçü boğuşma sesini duymuş ve yaklaşmıştı.
„Ich bringe ihn für den Chef nach Frisco", erklärte der Mann.
"Onu patron için Frisco'ya götürüyorum" diye açıkladı adam.
„Dort gibt es einen tollen Hundearzt, der sagt, er könne sie heilen."
"Orada onları iyileştirebileceğini söyleyen iyi bir köpek doktoru var."
Später in der Nacht gab der Mann seinen eigenen ausführlichen Bericht ab.
Aynı gece adam tüm ayrıntısıyla anlattı.
Er sprach aus einem Schuppen hinter einem Saloon am Hafen.
Rıhtımda bir meyhanenin arkasındaki kulübeden konuşuyordu.
„Ich habe nur fünfzig Dollar bekommen", beschwerte er sich beim Wirt.
"Bana sadece elli dolar verildi," diye şikayet etti meyhaneciye.
„Ich würde es nicht noch einmal tun, nicht einmal für tausend Dollar in bar."
"Bin dolar nakit verilse bile bir daha bunu yapmam."
Seine rechte Hand war fest in ein blutiges Tuch gewickelt.
Sağ eli kanlı bir bezle sıkıca sarılmıştı.
Sein Hosenbein war vom Knie bis zum Fuß weit aufgerissen.
Pantolon paçası dizinden ayağına kadar yırtılmıştı.
„Wie viel hat der andere Trottel verdient?", fragte der Wirt.
"Diğer züppe ne kadar maaş aldı?" diye sordu barmen.
„Hundert", antwortete der Mann, „einen Cent weniger würde er nicht nehmen."
"Yüz," diye cevapladı adam, "bir kuruş bile aşağısını kabul etmez."

„Das macht hundertfünfzig", sagte der Kneipenmann.
"Bu da yüz elli ediyor," dedi meyhaneci.
„Und er ist das alles wert, sonst bin ich nicht besser als ein Dummkopf."
"Ve o her şeye değer, yoksa ben bir aptaldan daha iyi değilim."
Der Mann öffnete die Verpackung, um seine Hand zu untersuchen.
Adam elini incelemek için ambalajı açtı.
Die Hand war stark zerrissen und mit getrocknetem Blut verkrustet.
Eli çok kötü yırtılmış ve kurumuş kanla kaplanmıştı.
„Wenn ich keine Tollwut bekomme ...", begann er zu sagen.
"Kuduz olmazsam..." diye söze başladı.
„Das liegt wohl daran, dass du zum Hängen geboren wurdest", ertönte ein Lachen.
"Çünkü asılmak için doğmuşsun," diye bir kahkaha duyuldu.
„Komm und hilf mir, bevor du gehst", wurde er gebeten.
"Yola çıkmadan önce bana yardım et," diye rica ettiler.
Buck war von den Schmerzen in seiner Zunge und seinem Hals benommen.
Buck, dilindeki ve boğazındaki acıdan sersemlemişti.
Er war halb erwürgt und konnte kaum noch aufrecht stehen.
Yarı boğulmuş haldeydi ve ayakta durmakta zorlanıyordu.
Dennoch versuchte Buck, den Männern gegenüberzutreten, die ihm so viel Leid zugefügt hatten.
Yine de Buck, kendisine bu kadar zarar veren adamlarla yüzleşmeye çalışıyordu.
Aber sie warfen ihn nieder und würgten ihn erneut.
Ama onu yere attılar ve bir kez daha boğazladılar.
Erst dann konnten sie sein schweres Messinghalsband absägen.
Ancak o zaman ağır pirinç yakasını kesebildiler.
Sie entfernten das Seil und stießen ihn in eine Kiste.
İpi çözüp onu bir sandığa ittiler.
Die Kiste war klein und hatte die Form eines groben Eisenkäfigs.
Sandık küçüktü ve kaba bir demir kafese benziyordu.

Buck lag die ganze Nacht dort, voller Zorn und verletztem Stolz.
Buck bütün gece orada yattı, öfke ve incinmiş gururla doluydu.
Er konnte nicht einmal ansatzweise verstehen, was mit ihm geschah.
Kendisine ne olduğunu bir türlü anlayamıyordu.
Warum hielten ihn diese fremden Männer in dieser kleinen Kiste fest?
Bu garip adamlar onu neden bu küçük kafeste tutuyorlardı?
Was wollten sie von ihm und warum diese grausame Gefangenschaft?
Ondan ne istiyorlardı ve bu zalim esaret nedendi?
Er spürte einen dunklen Druck, das Gefühl, dass das Unglück näher rückte.
Karanlık bir baskı hissediyordu; yaklaşan bir felaket duygusu.
Es war eine vage Angst, die ihn jedoch schwer belastete.
Bu belirsiz bir korkuydu ama ruhuna ağır bir şekilde yerleşmişti.
Mehrmals sprang er auf, als die Schuppentür klapperte.
Birkaç kez kulübenin kapısı gıcırdadığında yerinden sıçradı.
Er erwartete, dass der Richter oder die Jungen erscheinen und ihn retten würden.
Hakimin ya da çocukların gelip kendisini kurtarmasını bekliyordu.
Doch jedes Mal lugte nur das dicke Gesicht des Wirts hinein.
Ama her seferinde içeriye yalnızca meyhanecinin şişman yüzü bakıyordu.
Das Gesicht des Mannes wurde vom schwachen Schein einer Talgkerze erhellt.
Adamın yüzü, don yağından yapılmış bir mumun soluk ışığıyla aydınlanıyordu.
Jedes Mal verwandelte sich Bucks freudiges Bellen in ein leises, wütendes Knurren.
Her seferinde Buck'ın neşeli havlaması, yerini alçak, öfkeli bir homurtuya bırakıyordu.

Der Wirt ließ ihn für die Nacht allein in der Kiste zurück
Bar sahibi onu gece boyunca sandıkta yalnız bıraktı
Aber als er am Morgen aufwachte, kamen noch mehr Männer.
Fakat sabah uyandığında daha fazla adamın geldiğini gördü.
Vier Männer kamen und hoben die Kiste vorsichtig und wortlos auf.
Dört adam gelip tek kelime etmeden dikkatlice sandığı aldılar.
Buck wusste sofort, in welcher Situation er sich befand.
Buck, içinde bulunduğu durumun farkına hemen vardı.
Sie waren weitere Peiniger, die er bekämpfen und fürchten musste.
Bunlar onun savaşması ve korkması gereken başka işkencecilerdi.
Diese Männer sahen böse, zerlumpt und sehr ungepflegt aus.
Bu adamlar kötü, perişan ve çok kötü bakımlı görünüyorlardı.
Buck knurrte und stürzte sich wild durch die Gitterstäbe auf sie.
Buck hırladı ve parmaklıkların arasından onlara doğru sertçe atıldı.
Sie lachten nur und stießen mit langen Holzstöcken nach ihm.
Sadece gülüyorlardı ve uzun tahta sopalarla ona vuruyorlardı.
Buck biss in die Stöcke, dann wurde ihm klar, dass es das war, was ihnen gefiel.
Buck çubukları ısırdı, sonra bunun hoşlarına gittiğini anladı.
Also legte er sich ruhig hin, mürrisch und vor stiller Wut brennend.
Bu yüzden sessizce yattı, surat asmıştı ve sessiz bir öfkeyle yanıyordu.
Sie hoben die Kiste auf einen Wagen und fuhren mit ihm weg.
Sandığı bir arabaya kaldırıp onu alıp uzaklaştılar.
Die Kiste mit Buck darin wechselte oft den Besitzer.
İçinde Buck'ın kilitli olduğu sandık sık sık el değiştiriyordu.

Express-Büroangestellte übernahmen die Leitung und kümmerten sich kurz um ihn.
Ekspres büro memurları devreye girdi ve kısa bir süre onunla ilgilendiler.
Dann transportierte ein anderer Wagen Buck durch die laute Stadt.
Sonra başka bir vagon Buck'ı gürültülü kasabanın içinden taşıdı.
Ein Lastwagen brachte ihn mit Kisten und Paketen auf eine Fähre.
Bir kamyon onu kutular ve paketlerle birlikte bir feribota bindirdi.
Nach der Überquerung lud ihn der Lastwagen an einem Bahndepot ab.
Geçişten sonra kamyon onu bir tren istasyonuna indirdi.
Schließlich wurde Buck in einen wartenden Expresswagen gesetzt.
Sonunda Buck, bekleyen bir ekspres vagonuna yerleştirildi.
Zwei Tage und Nächte lang zogen Züge den Schnellzug ab.
İki gün iki gece trenler ekspres vagonu çekip götürdü.
Buck hat während der gesamten schmerzhaften Reise weder gegessen noch getrunken.
Buck, tüm bu acı dolu yolculuk boyunca ne bir şey yedi ne de içti.
Als die Expressboten versuchten, sich ihm zu nähern, knurrte er.
Kuryeler kendisine yaklaşmaya çalıştıklarında homurdanıyordu.
Sie reagierten, indem sie ihn verspotteten und grausam hänselten.
Onlar da ona alay ederek ve acımasızca sataşarak karşılık verdiler.
Buck warf sich schäumend und zitternd gegen die Gitterstäbe
Buck kendini parmaklıklara attı, köpürdü ve titredi
Sie lachten laut und verspotteten ihn wie Schulhofschläger.

yüksek sesle gülüyorlardı ve okul bahçesindeki zorbalar gibi onunla alay ediyorlardı.
Sie bellten wie falsche Hunde und wedelten mit den Armen.
Sahte köpekler gibi havlıyorlar ve kollarını çırpıyorlardı.
Sie krähten sogar wie Hähne, nur um ihn noch mehr aufzuregen.
Hatta onu daha da üzmek için horoz gibi ötüyorlardı.
Es war dummes Verhalten und Buck wusste, dass es lächerlich war.
Bu aptalca bir davranıştı ve Buck bunun saçma olduğunu biliyordu.
Doch das verstärkte seine Empörung und Scham nur noch.
Ama bu, onun öfkesini ve utancını daha da derinleştirdi.
Der Hunger plagte ihn während der Reise kaum.
Yolculuk sırasında açlık onu pek rahatsız etmedi.
Doch der Durst brachte starke Schmerzen und unerträgliches Leiden mit sich.
Fakat susuzluk, beraberinde şiddetli ağrıları ve dayanılmaz acıları getiriyordu.
Sein trockener, entzündeter Hals und seine Zunge brannten vor Hitze.
Kuru, iltihaplı boğazı ve dili sıcaklıkla yanıyordu.
Dieser Schmerz schürte das Fieber, das in seinem stolzen Körper aufstieg.
Bu acı, gururlu bedeninin içinde yükselen ateşi besliyordu.
Buck war während dieses Prozesses für eine einzige Sache dankbar.
Buck, bu dava boyunca tek bir şeye şükretti.
Das Seil um seinen dicken Hals war entfernt worden.
Kalın boynundaki ip çözülmüştü.
Das Seil hatte diesen Männern einen unfairen und grausamen Vorteil verschafft.
İp o adamlara haksız ve zalim bir avantaj sağlamıştı.
Jetzt war das Seil weg und Buck schwor, dass es nie wieder zurückkommen würde.
Artık ip gitmişti ve Buck onun asla geri dönmeyeceğine yemin etti.

Er beschloss, sich nie wieder ein Seil um den Hals legen zu lassen.
Bir daha asla boynuna ip dolanmayacağına karar verdi.
Zwei lange Tage und Nächte litt er ohne Essen.
İki uzun gün ve gece boyunca aç kaldı.
Und in diesen Stunden baute sich in ihm eine enorme Wut auf.
Ve o saatler içinde içinde büyük bir öfke biriktirdi.
Seine Augen wurden vor ständiger Wut blutunterlaufen und wild.
Gözleri sürekli öfkeden kan çanağına dönmüş, çılgına dönmüştü.
Er war nicht mehr Buck, sondern ein Dämon mit schnappenden Kiefern.
Artık Buck değildi, çeneleri şakırdayan bir iblisti.
Nicht einmal der Richter hätte dieses verrückte Wesen erkannt.
Hakim bile bu deli yaratığı tanıyamazdı.
Die Expressboten atmeten erleichtert auf, als sie Seattle erreichten
Ekspres kuryeler Seattle'a vardıklarında rahat bir nefes aldılar
Vier Männer hoben die Kiste hoch und brachten sie in einen Hinterhof.
Dört adam sandığı kaldırıp arka bahçeye getirdiler.
Der Hof war klein und von hohen, massiven Mauern umgeben.
Avlu küçüktü, yüksek ve sağlam duvarlarla çevriliydi.
Ein großer Mann in einem ausgeleierten roten Pullover kam heraus.
Üzerinde kırmızı, bol bir kazak gömleği olan iri yarı bir adam dışarı çıktı.
Mit dicker, kühner Handschrift unterschrieb er das Lieferbuch.
Teslimat defterini kalın ve kalın bir el yazısıyla imzaladı.
Buck spürte sofort, dass dieser Mann sein nächster Peiniger war.

Buck, bu adamın kendisine bir sonraki işkenceci olacağını hemen anladı.
Er stürzte sich heftig auf die Gitterstäbe, die Augen rot vor Wut.
Öfkeden kızarmış gözlerle parmaklıklara doğru şiddetle atıldı.
Der Mann lächelte nur finster und holte ein Beil.
Adam sadece karanlık bir şekilde gülümsedi ve baltayı almaya gitti.
Er brachte auch eine Keule in seiner dicken und starken rechten Hand mit.
Ayrıca kalın ve güçlü sağ elinde bir sopa vardı.
„Wollen Sie ihn jetzt rausholen?", fragte der Fahrer besorgt.
"Onu şimdi mi dışarı çıkaracaksın?" diye sordu şoför endişeyle.
„Sicher", sagte der Mann und rammte das Beil als Hebel in die Kiste.
"Elbette," dedi adam, baltayı kaldıraç olarak kullanarak kasaya sokarken.
Die vier Männer stoben sofort auseinander und sprangen auf die Hofmauer.
Dört adam anında dağılıp bahçe duvarına atladılar.
Von ihren sicheren Plätzen oben warteten sie, um das Spektakel zu beobachten.
Yukarıdaki güvenli noktalarından manzarayı izlemeyi bekliyorlardı.
Buck stürzte sich auf das zersplitterte Holz, biss und zitterte heftig.
Buck parçalanmış tahtaya doğru atıldı, ısırdı ve şiddetle salladı.
Jedes Mal, wenn die Axt den Käfig traf, war Buck da, um ihn anzugreifen.
(Her seferinde balta kafese çarptığında) Buck saldırmak için oradaydı.
Er knurrte und schnappte vor wilder Wut und wollte unbedingt freigelassen werden.
Özgür bırakılmak için can atarak hırladı ve vahşi bir öfkeyle bağırdı.

Der Mann draußen war ruhig und gelassen und konzentrierte sich auf seine Aufgabe.
Dışarıdaki adam sakin ve kararlıydı, işine odaklanmıştı.
„Also gut, du rotäugiger Teufel", sagte er, als das Loch groß war.
"O zaman, kırmızı gözlü şeytan," dedi delik genişlediğinde.
Er ließ das Beil fallen und nahm die Keule in die rechte Hand.
Baltayı bırakıp sopayı sağ eline aldı.
Buck sah wirklich aus wie ein Teufel; seine Augen blutunterlaufen und lodernd.
Buck gerçekten de bir şeytana benziyordu; gözleri kan çanağı gibiydi ve alev alev yanıyordu.
Sein Fell sträubte sich, Schaum stand ihm vor dem Mund, seine Augen funkelten.
Tüyleri diken diken oldu, ağzından köpükler çıktı, gözleri parladı.
Er spannte seine Muskeln an und sprang direkt auf den roten Pullover zu.
Kaslarını kasıp kırmızı kazağa doğru atıldı.
Hundertvierzig Pfund Wut prasselten auf den ruhigen Mann zu.
Sakin adama 140 kiloluk bir öfke saldırdı.
Kurz bevor er die Zähne zusammenbiss, traf ihn ein schrecklicher Schlag.
Çenesi kapanmadan hemen önce korkunç bir darbe yedi.
Seine Zähne schnappten zusammen, nur Luft war im Spiel.
Dişleri sadece havada birbirine çarptı
ein Schmerz durchfuhr seinen Körper
acının sarsıntısı vücudunda yankılandı
Er machte einen Überschlag in der Luft und stürzte auf dem Rücken und der Seite zu Boden.
Havada takla atarak sırt üstü ve yan tarafına düştü.
Er hatte noch nie zuvor einen Knüppelschlag gespürt und konnte ihn nicht begreifen.
Daha önce hiç sopa darbesi hissetmemiş ve bunu kavrayamamıştı.

Mit einem kreischenden Knurren, das teils Bellen, teils Schreien war, sprang er erneut.
Kısmen havlama, kısmen çığlık gibi tiz bir hırlamayla tekrar sıçradı.
Ein weiterer brutaler Schlag traf ihn und schleuderte ihn zu Boden.
Bir başka vahşi darbe daha ona isabet etti ve yere savruldu.
Diesmal verstand Buck – es war die schwere Keule des Mannes.
Buck bu sefer anladı: Adamın ağır sopasıydı bu.
Doch die Wut machte ihn blind, und an einen Rückzug dachte er nicht.
Fakat öfke onu kör etmişti ve geri çekilmeyi düşünmüyordu.
Zwölfmal stürzte er sich in die Luft, und zwölfmal fiel er.
On iki kez kendini fırlattı ve on iki kez düştü.
Der Holzknüppel traf ihn jedes Mal mit unbarmherziger, vernichtender Kraft.
Tahta sopa her seferinde acımasız, ezici bir güçle ona çarpıyordu.
Nach einem heftigen Schlag kam er benommen und langsam wieder auf die Beine.
Şiddetli bir darbeden sonra sersemlemiş ve yavaş bir şekilde ayağa kalktı.
Blut lief aus seinem Mund, seiner Nase und sogar seinen Ohren.
Ağzından, burnundan, hatta kulaklarından kan akıyordu.
Sein einst so schönes Fell war mit blutigem Schaum verschmiert.
Bir zamanlar güzel olan paltosu kanlı köpüklerle lekelenmişti.
Dann trat der Mann vor und versetzte ihm einen heftigen Schlag auf die Nase.
Sonra adam öne çıktı ve burnuna sert bir darbe indirdi.
Die Qualen waren schlimmer als alles, was Buck je gespürt hatte.
Buck'ın daha önce hiç hissetmediği kadar şiddetli bir acı vardı.
Mit einem Brüllen, das eher an ein Tier als an einen Hund erinnerte, sprang er erneut zum Angriff.

Bir köpekten çok bir canavarın kükremesini andıran bir sesle tekrar saldırıya geçti.
Doch der Mann packte seinen Unterkiefer und drehte ihn nach hinten.
Fakat adam alt çenesini yakaladı ve geriye doğru büktü.
Buck überschlug sich kopfüber und stürzte erneut hart auf den Boden.
Buck baş aşağı döndü ve tekrar sert bir şekilde yere çakıldı.
Ein letztes Mal stürmte Buck auf ihn zu, jetzt konnte er kaum noch stehen.
Buck son kez ona doğru koştu, artık ayakta durmakta zorlanıyordu.
Der Mann schlug mit perfektem Timing zu und versetzte den letzten Schlag.
Adam ustaca bir zamanlamayla vurarak son darbeyi indirdi.
Buck brach bewusstlos und regungslos zusammen.
Buck baygın ve hareketsiz bir şekilde yığılıp kaldı.
„Er ist kein Stümper im Hundezähmen, das sage ich", rief ein Mann.
"Köpek terbiye etmede hiç de fena değil, ben öyle diyorum," diye bağırdı bir adam.
„Druther kann den Willen eines Hundes an jedem Tag der Woche brechen."
"Druther, bir tazının iradesini haftanın her günü kırabilir."
„Und zweimal an einem Sonntag!", fügte der Fahrer hinzu.
"Ve Pazar günü iki kere!" diye ekledi şoför.
Er stieg in den Wagen und ließ die Zügel knacken, um loszufahren.
Vagona bindi ve dizginleri şaklatarak yola koyuldu.
Buck erlangte langsam die Kontrolle über sein Bewusstsein zurück
Buck yavaş yavaş bilincini yeniden kazandı
aber sein Körper war noch zu schwach und gebrochen, um sich zu bewegen.
ama vücudu hâlâ hareket edemeyecek kadar zayıf ve kırıktı.
Er blieb liegen, wo er hingefallen war, und beobachtete den Mann im roten Pullover.

Düştüğü yerde yatıp kırmızı kazaklı adamı izliyordu.
„Er hört auf den Namen Buck", sagte der Mann und las laut vor.
"Buck adını kullanıyor," dedi adam yüksek sesle okurken.
Er zitierte aus der Notiz und den Einzelheiten, die mit Bucks Kiste geschickt wurden.
Buck'ın sandığı ve detaylarıyla birlikte gönderilen nottan alıntı yaptı.
„Also, Buck, mein Junge", fuhr der Mann freundlich fort,
"Eh, Buck, oğlum," diye devam etti adam dostça bir ses tonuyla,
„Wir hatten unseren kleinen Streit, und jetzt ist es zwischen uns vorbei."
"Küçük kavgamızı yaptık ve artık aramızda bitti."
„Sie haben Ihren Platz kennengelernt und ich habe meinen kennengelernt", fügte er hinzu.
"Sen haddini bildin, ben de haddimi bildim" diye ekledi.
„Sei brav, dann wird alles gut und das Leben wird angenehm sein."
"İyi ol, her şey yoluna girecek, hayat keyifli olacak."
„Aber wenn du böse bist, schlage ich dir die Seele aus dem Leib, verstanden?"
"Ama kötü davranırsan seni pataklarım, anladın mı?"
Während er sprach, streckte er die Hand aus und tätschelte Bucks schmerzenden Kopf.
Konuşurken elini uzatıp Buck'ın yaralı başını okşadı.
Bucks Haare stellten sich bei der Berührung des Mannes auf, aber er wehrte sich nicht.
Buck'ın tüyleri adamın dokunuşuyla diken diken oldu ama direnmedi.
Der Mann brachte ihm Wasser, das Buck in großen Schlucken trank.
Adam ona su getirdi, Buck da onu büyük yudumlarla içti.
Dann kam rohes Fleisch, das Buck Stück für Stück verschlang.
Sonra Buck'ın parça parça mideye indirdiği çiğ et geldi.

Er wusste, dass er geschlagen war, aber er wusste auch, dass er nicht gebrochen war.
Yenildiğini biliyordu ama kırılmadığını da biliyordu.
Gegen einen mit einer Keule bewaffneten Mann hatte er keine Chance.
Sopalı bir adama karşı hiçbir şansı yoktu.
Er hatte die Wahrheit erfahren und diese Lektion nie vergessen.
Gerçeği öğrenmişti ve bu dersi hiçbir zaman unutmadı.
Diese Waffe war der Beginn des Gesetzes in Bucks neuer Welt.
Bu silah Buck'ın yeni dünyasında hukukun başlangıcıydı.
Es war der Beginn einer harten, primitiven Ordnung, die er nicht leugnen konnte.
İnkar edemeyeceği sert, ilkel bir düzenin başlangıcıydı bu.
Er akzeptierte die Wahrheit; seine wilden Instinkte waren nun erwacht.
Gerçeği kabul etti; vahşi içgüdüleri artık uyanmıştı.
Die Welt war härter geworden, aber Buck stellte sich ihr tapfer.
Dünya giderek daha acımasız bir hal almıştı ama Buck bununla cesurca yüzleşti.
Er begegnete dem Leben mit neuer Vorsicht, List und stiller Stärke.
Hayata yeni bir dikkatle, kurnazlıkla ve sessiz bir güçle yaklaştı.
Weitere Hunde kamen an, an Seilen oder in Kisten festgebunden, so wie Buck.
Buck'ınki gibi iplere veya kasalara bağlanmış daha fazla köpek geldi.
Einige Hunde kamen ruhig, andere tobten und kämpften wie wilde Tiere.
Kimisi sakin sakin gelirken, kimisi de vahşi hayvanlar gibi öfkelenip kavga ediyordu.
Sie alle wurden der Herrschaft des Mannes im roten Pullover unterworfen.
Hepsi kırmızı kazaklı adamın yönetimi altına girdi.

Jedes Mal sah Buck zu und sah, wie sich ihm die gleiche Lektion erschloss.
Buck her seferinde aynı dersin ortaya çıktığını gördü.
Der Mann mit der Keule war das Gesetz, ein Herr, dem man gehorchen musste.
Sopa tutan adam kanundu; itaat edilmesi gereken bir efendiydi.
Er musste nicht gemocht werden, aber man musste ihm gehorchen.
Sevilmeye ihtiyacı yoktu ama itaat edilmeye ihtiyacı vardı.
Buck schmeichelte oder wedelte nie mit dem Schwanz, wie es die schwächeren Hunde taten.
Buck asla zayıf köpekler gibi yaltaklanmıyor veya kuyruk sallamıyordu.
Er sah Hunde, die geschlagen wurden und trotzdem die Hand des Mannes leckten.
Dövülmüş olmasına rağmen adamın elini yalayan köpekler gördü.
Er sah einen Hund, der überhaupt nicht gehorchte oder sich unterwarf.
Bir köpeğin itaat etmediğini, boyun eğmediğini gördü.
Dieser Hund kämpfte, bis er im Kampf um die Kontrolle getötet wurde.
O köpek kontrol mücadelesinde öldürülene kadar savaştı.
Manchmal kamen Fremde, um den Mann im roten Pullover zu sehen.
Bazen yabancılar kırmızı kazaklı adamı görmeye gelirlerdi.
Sie sprachen in seltsamem Ton, flehten, feilschten und lachten.
Garip ses tonlarıyla konuşuyorlardı; yalvarıyor, pazarlık ediyor ve gülüyorlardı.
Als das Geld ausgetauscht wurde, gingen sie mit einem oder mehreren Hunden.
Para alışverişi yapıldığında bir veya daha fazla köpekle ayrılırlardı.
Buck fragte sich, wohin diese Hunde gingen, denn keiner kam jemals zurück.

Buck bu köpeklerin nereye gittiğini merak ediyordu, çünkü hiçbiri geri dönmüyordu.

Angst vor dem Unbekannten erfüllte Buck jedes Mal, wenn ein fremder Mann kam

Buck her seferinde yabancı bir adam geldiğinde bilinmeyenin korkusuyla dolar

Er war jedes Mal froh, wenn ein anderer Hund mitgenommen wurde und nicht er selbst.

Kendisi yerine başka bir köpeğin kaçırılmasına her seferinde seviniyordu.

Doch schließlich kam Buck an die Reihe, als ein fremder Mann eintraf.

Ama sonunda Buck'ın sırası geldi ve garip bir adam geldi.

Er war klein, drahtig und sprach gebrochenes Englisch und fluchte.

Küçük, zayıftı, bozuk İngilizceyle konuşuyor ve küfürler ediyordu.

„Heilig!", schrie er, als er Bucks Gestalt erblickte.

"Kutsal!" diye bağırdı Buck'ın vücudunu gördüğünde.

„Das ist aber ein verdammter Rüpel! Wie viel?", fragte er laut.

"Bu lanet olası bir zorba köpek! Ha? Ne kadar?" diye sordu yüksek sesle.

„Dreihundert, und für diesen Preis ist er ein Geschenk."

"Üç yüz ve o fiyata bir hediye,"

„Da es sich um staatliche Gelder handelt, sollten Sie sich nicht beschweren, Perrault."

"Bu devletin parası olduğu için şikayet etmemelisin, Perrault."

Perrault grinste über den Deal, den er gerade mit dem Mann gemacht hatte.

Perrault, adamla yaptığı anlaşmaya sırıttı.

Aufgrund der plötzlichen Nachfrage waren die Preise für Hunde in die Höhe geschossen.

Aniden oluşan talep nedeniyle köpeklerin fiyatları fırladı.

Dreihundert Dollar waren für so ein tolles Tier nicht unfair.

Böyle güzel bir hayvan için üç yüz dolar hiç de haksız sayılmazdı.

Die kanadische Regierung würde bei dem Abkommen nichts verlieren
Kanada Hükümeti anlaşmada hiçbir şey kaybetmeyecek
Auch ihre offiziellen Depeschen würden während des Transports nicht verzögert.
Resmi gönderilerinin ulaştırılmasında da herhangi bir gecikme yaşanmayacak.
Perrault kannte sich gut mit Hunden aus und erkannte, dass Buck etwas Seltenes war.
Perrault köpekleri iyi tanıyordu ve Buck'ın nadir bir tür olduğunu görebiliyordu.
„Einer von zehntausend", dachte er, als er Bucks Körperbau betrachtete.
Buck'ın yapısını incelerken, "On binde bir," diye düşündü.
Buck sah, wie das Geld den Besitzer wechselte, zeigte sich jedoch nicht überrascht.
Buck paranın el değiştirdiğini gördü ama şaşırmadı.
Bald wurden er und Curly, ein sanfter Neufundländer, weggeführt.
Kısa süre sonra o ve Kıvırcık isimli nazik bir Newfoundland köpeği götürüldü.
Sie folgten dem kleinen Mann aus dem Hof des roten Pullovers.
Kırmızı kazaklının bahçesinden küçük adamı takip ettiler.
Das war das letzte Mal, dass Buck den Mann mit der Holzkeule sah.
Buck, tahta sopalı adamı son kez gördü.
Vom Deck der Narwhal aus beobachtete er, wie Seattle in der Ferne verschwand.
Narwhal'ın güvertesinden Seattle'ın uzaklaşıp gidişini izliyordu.
Es war auch das letzte Mal, dass er das warme Südland sah.
Ayrıca sıcak Güney'i son görüşüydü.
Perrault brachte sie unter Deck und ließ sie bei François zurück.
Perrault onları güverte altına aldı ve François'nın yanında bıraktı.

François war ein Riese mit schwarzem Gesicht und rauen, schwieligen Händen.
François, sert ve nasırlı elleri olan kara yüzlü bir devdi.
Er war dunkelhäutig und hatte eine dunkle Hautfarbe, ein französisch-kanadischer Mischling.
Esmer ve esmerdi; melez bir Fransız-Kanadalıydı.
Für Buck waren diese Männer von einer Art, die er noch nie zuvor gesehen hatte.
Buck'a göre bu adamlar daha önce hiç görmediği türden adamlardı.
Er würde in den kommenden Tagen viele solcher Männer kennenlernen.
İlerleyen günlerde daha birçok böyle adam tanıyacaktı.
Er konnte sie zwar nicht lieb gewinnen, aber er begann, sie zu respektieren.
Onlara karşı sevgisi artmamıştı ama saygı duymaya başlamıştı.
Sie waren fair und weise und ließen sich von keinem Hund so leicht täuschen.
Onlar adil ve akıllıydılar ve hiçbir köpek onları kolayca kandıramazdı.
Sie beurteilten Hunde ruhig und bestraften sie nur, wenn es angebracht war.
Köpekleri sakin bir şekilde yargılıyorlar ve sadece hak ettiklerinde ceza veriyorlardı.
Im Unterdeck der Narwhal trafen Buck und Curly zwei Hunde.
Narwhal'ın alt güvertesinde Buck ve Kıvırcık iki köpekle karşılaştılar.
Einer war ein großer weißer Hund aus dem fernen, eisigen Spitzbergen.
Bunlardan biri çok uzaklardaki buzlu Spitzbergen'den gelen büyük beyaz bir köpekti.
Er war einmal mit einem Walfänger gesegelt und hatte sich einer Erkundungsgruppe angeschlossen.
Bir zamanlar bir balina avcısıyla birlikte yelken açmış ve bir araştırma grubuna katılmıştı.

Er war auf eine schlaue, hinterhältige und listige Art freundlich.
Sinsi, dolambaçlı ve hileli bir şekilde dost canlısıydı.
Bei ihrer ersten Mahlzeit stahl er ein Stück Fleisch aus Bucks Pfanne.
İlk yemeklerinde Buck'ın tavasından bir parça et çaldı.
Buck sprang, um ihn zu bestrafen, aber François' Peitsche schlug zuerst zu.
Buck onu cezalandırmak için atıldı ama François'nın kırbacı ondan önce vurdu.
Der weiße Dieb schrie auf und Buck holte sich den gestohlenen Knochen zurück.
Beyaz hırsız ciyakladı ve Buck çalınan kemiği geri aldı.
Diese Fairness beeindruckte Buck und François verdiente sich seinen Respekt.
Bu adalet duygusu Buck'ı etkiledi ve François onun saygısını kazandı.
Der andere Hund grüßte nicht und wollte auch nichts zurück.
Diğer köpek ne selam verdi ne de karşılığında selam istedi.
Er stahl weder Essen noch beschnüffelte er die Neuankömmlinge interessiert.
Ne yiyecek çaldı, ne de yeni gelenleri ilgiyle kokladı.
Dieser Hund war grimmig und ruhig, düster und bewegte sich langsam.
Bu köpek asık suratlı ve sessizdi, kasvetli ve yavaş hareket ediyordu.
Er warnte Curly, sich fernzuhalten, indem er sie einfach anstarrte.
Kıvırcık'ye sadece dik dik bakarak uzak durmasını uyardı.
Seine Botschaft war klar: Lass mich in Ruhe, sonst gibt es Ärger.
Mesajı açıktı; beni rahat bırakın, yoksa başımıza dert açılır.
Er hieß Dave und nahm seine Umgebung kaum wahr.
Adı Dave'di ve etrafının pek farkında değildi.
Er schlief oft, aß ruhig und gähnte ab und zu.
Sık sık uyurdu, sessizce yerdi ve ara sıra esnerdi.

Das Schiff summte ständig, während unten der Propeller schlug.
Geminin altındaki pervane sürekli uğulduyordu.
Die Tage vergingen, ohne dass sich viel änderte, aber das Wetter wurde kälter.
Günler pek bir değişiklik olmadan geçiyordu, ama hava daha da soğudu.
Buck spürte es in seinen Knochen und bemerkte, dass es den anderen genauso ging.
Buck bunu kemiklerinde hissedebiliyordu ve diğerlerinin de aynı şeyi hissettiğini fark etti.
Dann blieb eines Morgens der Propeller stehen und alles war still.
Sonra bir sabah pervane durdu ve her şey hareketsiz kaldı.
Eine Energie durchströmte das Schiff; etwas hatte sich verändert.
Gemide bir enerji yayıldı; bir şeyler değişmişti.
François kam herunter, legte ihnen die Leinen an und brachte sie hoch.
François aşağı indi, tasmalarını bağladı ve yukarı çıkardı.
Buck stieg aus und fand den Boden weich, weiß und kalt.
Buck dışarı çıktığında zeminin yumuşak, beyaz ve soğuk olduğunu gördü.
Er sprang erschrocken zurück und schnaubte völlig verwirrt.
Alarmla geriye sıçradı ve tam bir şaşkınlıkla homurdandı.
Seltsames weißes Zeug fiel vom grauen Himmel.
Gri gökyüzünden garip beyaz bir şey düşüyordu.
Er schüttelte sich, aber die weißen Flocken landeten immer wieder auf ihm.
Kendini silkeledi ama üzerine beyaz kar taneleri düşmeye devam etti.
Er roch vorsichtig an dem weißen Zeug und leckte an ein paar eisigen Stückchen.
Beyaz şeyi dikkatle kokladı ve birkaç buzlu parçayı yaladı.
Das Pulver brannte wie Feuer und verschwand dann einfach von seiner Zunge.

Barut ateş gibi yandı, sonra da dilinden hemen uçup gitti.
Buck versuchte es noch einmal und war verwirrt über die seltsame, verschwindende Kälte.
Buck, soğukluğun giderek kaybolması karşısında şaşkınlığını gizleyemeden tekrar denedi.
Die Männer um ihn herum lachten und Buck war verlegen.
Çevresindeki adamlar gülüyordu ve Buck utanmıştı.
Er wusste nicht warum, aber er schämte sich für seine Reaktion.
Nedenini bilmiyordu ama tepkisinden utanıyordu.
Es war seine erste Erfahrung mit Schnee und es verwirrte ihn.
Karla ilk kez karşılaşıyordu ve kafası karışmıştı.

Das Gesetz von Keule und Fang
Sopa ve Diş Yasası

Bucks erster Tag am Strand von Dyea fühlte sich wie ein schrecklicher Albtraum an.
Buck'ın Dyea plajındaki ilk günü korkunç bir kabus gibiydi.
Jede Stunde brachte neue Schocks und unerwartete Veränderungen für Buck.
Buck için her geçen saat yeni şoklar ve beklenmedik değişimler getiriyordu.
Er war aus der Zivilisation gerissen und ins wilde Chaos gestürzt worden.
Medeniyetten koparılıp vahşi bir kaosa atılmıştı.
Dies war kein sonniges, faules Leben mit Langeweile und Ruhe.
Bu, sıkıcı ve dinlenmeyle dolu, güneşli ve tembel bir hayat değildi.
Es gab keinen Frieden, keine Ruhe und keinen Moment ohne Gefahr.
Ne huzur, ne dinlenme, ne de tehlikesiz bir an vardı.
Überall herrschte Verwirrung und die Gefahr war immer in der Nähe.
Her şey karmakarışıktı ve tehlike her an yakındı.
Buck musste wachsam bleiben, denn diese Männer und Hunde waren anders.
Buck tetikte olmak zorundaydı çünkü bu adamlar ve köpekler farklıydı.
Sie kamen nicht aus der Stadt, sie waren wild und gnadenlos.
Bunlar şehirli değillerdi; vahşi ve acımasızdılar.
Diese Männer und Hunde kannten nur das Gesetz der Keule und der Reißzähne.
Bu adamlar ve köpekler sadece sopa ve diş yasasını biliyorlardı.
Buck hatte noch nie Hunde so kämpfen sehen wie diese wilden Huskys.

Buck daha önce hiç bu vahşi Sibirya kurdu köpekleri gibi kavga eden köpekler görmemişti.

Seine erste Erfahrung lehrte ihn eine Lektion, die er nie vergessen würde.

İlk deneyimi ona asla unutamayacağı bir ders vermişti.

Er hatte Glück, dass er es nicht war, sonst wäre auch er gestorben.

Şanslıydı ki o değildi, yoksa o da ölecekti.

Curly war derjenige, der litt, während Buck zusah und lernte.

Acı çeken Kıvırcık olurken, Buck ise seyredip ders çıkarıyordu.

Sie hatten ihr Lager in der Nähe eines aus Baumstämmen gebauten Ladens aufgeschlagen.

Kütüklerden yapılmış bir dükkânın yakınına kamp kurmuşlardı.

Curly versuchte, einem großen, wolfsähnlichen Husky gegenüber freundlich zu sein.

Kıvırcık, kurt benzeri büyük bir Sibirya kurduyla dostça davranmaya çalıştı.

Der Husky war kleiner als Curly, sah aber wild und böse aus.

Sibirya kurdu Kıvırcık'den daha küçüktü ama vahşi ve acımasız görünüyordu.

Ohne Vorwarnung sprang er auf und schlug ihr ins Gesicht.

Hiçbir uyarıda bulunmadan atlayıp yüzünü yardı.

Seine Zähne schnitten in einer Bewegung von ihrem Auge bis zu ihrem Kiefer.

Dişleri tek bir hareketle gözünden çenesine kadar indi.

So kämpften Wölfe: Sie schlugen schnell zu und sprangen weg.

Kurtlar böyle dövüşürdü: Hızlı vurur ve zıplayarak uzaklaşırlardı.

Aber es gab mehr zu lernen als nur diesen einen Angriff.

Ancak bu saldırıdan öğrenilecek çok daha fazla şey vardı.

Dutzende Huskys stürmten herein und bildeten einen stillen Kreis.

Onlarca Sibirya kurdu içeri daldı ve sessiz bir çember oluşturdu.
Sie schauten aufmerksam zu und leckten sich hungrig die Lippen.
Dikkatle izliyorlardı ve açlıktan dudaklarını yalıyorlardı.
Buck verstand weder ihr Schweigen noch ihre begierigen Blicke.
Buck onların sessizliğini ya da meraklı bakışlarını anlamıyordu.
Curly stürzte sich ein zweites Mal auf den Husky, um ihn anzugreifen.
Kıvırcık ikinci kez husky'e saldırmak için koştu.
Mit einer kräftigen Bewegung seiner Brust warf er sie um.
Güçlü bir hareketle göğsünü kullanarak onu devirdi.
Sie fiel auf die Seite und konnte nicht wieder aufstehen.
Yan tarafına düştü ve bir daha ayağa kalkamadı.
Darauf hatten die anderen die ganze Zeit gewartet.
İşte diğerlerinin uzun zamandır beklediği şey buydu.
Die Huskies sprangen sie an und jaulten und knurrten wie wild.
Sibirya kurdu köpekler çılgınca uluyup hırlayarak üzerine atladılar.
Sie schrie, als sie unter einem Haufen Hunde begruben.
Köpeklerin altında gömülürken çığlık attı.
Der Angriff erfolgte so schnell, dass Buck vor Schreck erstarrte.
Saldırı o kadar hızlıydı ki Buck şoktan olduğu yerde donup kaldı.
Er sah, wie Spitz die Zunge herausstreckte, als würde er lachen.
Spitz'in dilini kahkahaya benzer bir şekilde dışarı çıkardığını gördü.
François schnappte sich eine Axt und rannte direkt in die Hundegruppe hinein.
François bir balta kaptı ve doğruca köpek grubunun içine koştu.

Drei weitere Männer halfen mit Knüppeln, die Huskies zu vertreiben.
Üç kişi daha sopalarla Sibirya kurdunu uzaklaştırmaya çalıştı.
In nur zwei Minuten war der Kampf vorbei und die Hunde waren verschwunden.
Sadece iki dakika içinde kavga sona erdi ve köpekler ortadan kayboldu.
Curly lag tot im roten, zertrampelten Schnee, ihr Körper war zerfetzt.
Kıvırcık, kırmızı, çiğnenmiş karda cansız yatıyordu, vücudu parçalanmıştı.
Ein dunkelhäutiger Mann stand über ihr und verfluchte die brutale Szene.
Esmer tenli bir adam başında durmuş, bu vahşi sahneye küfürler yağdırıyordu.
Die Erinnerung blieb bei Buck und verfolgte ihn nachts in seinen Träumen.
Bu anı Buck'ın aklından hiç çıkmıyordu ve geceleri rüyalarına giriyordu.
So war es hier: keine Fairness, keine zweite Chance.
Burada yol buydu; adalet yoksa ikinci bir şans da yok.
Sobald ein Hund fiel, töteten die anderen ihn gnadenlos.
Bir köpek düştüğünde diğerleri onu acımasızca öldürürdü.
Buck beschloss damals, dass er niemals zulassen würde, dass er fällt.
Buck o zaman asla düşmeyeceğine karar verdi.
Spitz streckte erneut die Zunge heraus und lachte über das Blut.
Spitz tekrar dilini çıkarıp kana güldü.
Von diesem Moment an hasste Buck Spitz aus vollem Herzen.
O andan itibaren Buck, Spitz'den bütün kalbiyle nefret etti.

Bevor Buck sich von Curlys Tod erholen konnte, passierte etwas Neues.
Buck, Kıvırcık'nin ölümünün acısını atlatamadan önce yeni bir şey oldu.

François kam herüber und schnallte etwas um Bucks Körper.
François gelip Buck'ın vücuduna bir şey bağladı.
Es war ein Geschirr wie das, das auf der Ranch für Pferde verwendet wurde.
Çiftlikteki atlara takılanlara benzer bir koşum takımıydı.
Buck hatte gesehen, wie Pferde arbeiteten, und nun musste auch er arbeiten.
Buck atların nasıl çalıştığını görmüşse, şimdi de kendisi aynı şekilde çalışmaya zorlanıyordu.
Er musste François auf einem Schlitten in den nahegelegenen Wald ziehen.
François'yı kızakla yakındaki ormana çekmek zorundaydı.
Anschließend musste er eine Ladung schweres Brennholz zurückziehen.
Daha sonra ağır odunları geri çekmek zorunda kaldı.
Buck war stolz und deshalb tat es ihm weh, wie ein Arbeitstier behandelt zu werden.
Buck gururluydu, bu yüzden kendisine bir iş hayvanı gibi davranılması onu üzüyordu.
Aber er war klug und versuchte nicht, gegen die neue Situation anzukämpfen.
Ama o akıllıydı ve yeni duruma karşı koymaya çalışmadı.
Er akzeptierte sein neues Leben und gab bei jeder Aufgabe sein Bestes.
Yeni hayatını kabullendi ve her görevi en iyi şekilde yerine getirdi.
Alles an der Arbeit war ihm fremd und ungewohnt.
İşin her şeyi ona yabancı ve yabancı geliyordu.
François war streng und verlangte unverzüglichen Gehorsam.
François çok katıydı ve gecikmeden itaat edilmesini istiyordu.
Seine Peitsche sorgte dafür, dass jeder Befehl sofort befolgt wurde.
Kırbacı her emrin aynı anda yerine getirilmesini sağlıyordu.
Dave war der Schlittenführer, der Hund, der dem Schlitten hinter Buck am nächsten war.

Dave, kızak sürücüsüydü ve Buck'ın arkasında kızağa en yakın olan köpekti.
Dave biss Buck in die Hinterbeine, wenn er einen Fehler machte.
Dave, Buck hata yaptığında onu arka bacaklarından ısırıyordu.
Spitz war der Leithund und in dieser Rolle geschickt und erfahren.
Spitz, rolünde yetenekli ve deneyimli olan baş köpekti.
Spitz konnte Buck nicht leicht erreichen, korrigierte ihn aber trotzdem.
Spitz, Buck'a kolayca ulaşamadı ama yine de onu düzeltti.
Er knurrte barsch oder zog den Schlitten auf eine Art, die Buck etwas beibrachte.
Sertçe hırlıyor ya da kızakları Buck'a ders verecek şekilde çekiyordu.
Durch dieses Training lernte Buck schneller, als alle erwartet hatten.
Bu eğitim sayesinde Buck, herkesin beklediğinden daha hızlı öğrendi.
Er hat hart gearbeitet und sowohl von François als auch von den anderen Hunden gelernt.
Çok çalıştı ve hem François'dan hem de diğer köpeklerden çok şey öğrendi.
Als sie zurückkamen, kannte Buck die wichtigsten Befehle bereits.
Geri döndüklerinde Buck temel komutları çoktan öğrenmişti.
Von François hat er gelernt, beim Laut „ho" anzuhalten.
François'dan "ho" sesinde durmayı öğrendi.
Er lernte, wann er den Schlitten ziehen und rennen musste.
Kızak çekmesi ve koşması gerektiğini öğrendi.
Er lernte, in den Kurven des Weges ohne Probleme weit abzubiegen.
Patikanın virajlarında rahatça geniş dönmeyi öğrendi.
Er lernte auch, Dave auszuweichen, wenn der Schlitten schnell bergab fuhr.

Ayrıca kızak hızla aşağı doğru gittiğinde Dave'den kaçınmayı da öğrendi.

„Das sind sehr gute Hunde", sagte François stolz zu Perrault.
François gururla Perrault'a "Onlar çok iyi köpekler" dedi.

„Dieser Buck zieht wie der Teufel – ich bringe ihm das so schnell bei, wie ich nur kann."
"Bu Buck çok iyi çekiyor. Ona hemen öğretiyorum."

Später am Tag kam Perrault mit zwei weiteren Huskys zurück.
Aynı günün ilerleyen saatlerinde Perrault iki Sibirya kurduyla daha geri geldi.

Ihre Namen waren Billee und Joe und sie waren Brüder.
İsimleri Billee ve Joe'ydu ve kardeştiler.

Sie stammten von derselben Mutter, waren sich aber überhaupt nicht ähnlich.
Aynı anneden geliyorlardı ama birbirlerine hiç benzemiyorlardı.

Billee war gutmütig und zu allen sehr freundlich.
Billee çok tatlı huylu ve herkese karşı çok arkadaş canlısıydı.

Joe war das Gegenteil – ruhig, wütend und immer am Knurren.
Joe ise tam tersiydi; sessiz, öfkeli ve sürekli hırlayan biriydi.

Buck begrüßte sie freundlich und blieb beiden gegenüber ruhig.
Buck onları dostça karşıladı ve ikisine karşı da sakin davrandı.

Dave schenkte ihnen keine Beachtung und blieb wie üblich still.
Dave onlara aldırış etmedi ve her zamanki gibi sessiz kaldı.

Um seine Dominanz zu demonstrieren, griff Spitz zuerst Billee und dann Joe an.
Spitz önce Billee'ye, sonra da Joe'ya saldırarak üstünlüğünü gösterdi.

Billee wedelte mit dem Schwanz und versuchte, freundlich zu Spitz zu sein.
Billee kuyruğunu salladı ve Spitz'e dostça davranmaya çalıştı.

Als das nicht funktionierte, versuchte er stattdessen wegzulaufen.
Bu işe yaramayınca kaçmayı denedi.
Er weinte traurig, als Spitz ihn fest in die Seite biss.
Spitz onu sertçe yan tarafından ısırdığında hüzünle ağladı.
Aber Joe war ganz anders und ließ sich nicht einschüchtern.
Ama Joe çok farklıydı ve zorbalığa boyun eğmedi.
Jedes Mal, wenn Spitz näher kam, drehte sich Joe schnell um, um ihm in die Augen zu sehen.
Spitz her yaklaştığında Joe hızla ona doğru dönüyordu.
Sein Fell sträubte sich, seine Lippen kräuselten sich und seine Zähne schnappten wild.
Tüyleri diken diken oldu, dudakları kıvrıldı ve dişleri çılgınca birbirine çarptı.
Joes Augen glänzten vor Angst und Wut und forderten Spitz heraus, zuzuschlagen.
Joe'nun gözleri korku ve öfkeyle parlıyordu, Spitz'e saldırmaya cesaret ediyordu.
Spitz gab den Kampf auf und wandte sich gedemütigt und wütend ab.
Spitz mücadeleyi bıraktı ve aşağılanmış ve öfkelenmiş bir şekilde arkasını döndü.
Er ließ seine Frustration an dem armen Billee aus und jagte ihn davon.
Sinirini zavallı Billee'den çıkardı ve onu kovaladı.
An diesem Abend fügte Perrault dem Team einen weiteren Hund hinzu.
O akşam Perrault ekibe bir köpek daha ekledi.
Dieser Hund war alt, mager und mit Kampfnarben übersät.
Bu köpek yaşlıydı, zayıftı ve savaş yaralarıyla kaplıydı.
Eines seiner Augen fehlte, doch das andere blitzte kraftvoll auf.
Gözlerinden biri yoktu ama diğeri güçle parlıyordu.
Der neue Hund hieß Solleks, was „der Wütende" bedeutet.
Yeni köpeğin adı Solleks'ti; bu da Öfkeli anlamına geliyordu.
Wie Dave verlangte Solleks nichts von anderen und gab nichts zurück.

Dave gibi Solleks de başkalarından hiçbir şey istemedi ve karşılığında hiçbir şey vermedi.
Als Solleks langsam ins Lager ging, blieb sogar Spitz fern.
Solleks yavaşça kampa doğru yürürken Spitz bile uzak duruyordu.
Er hatte eine seltsame Angewohnheit, die Buck unglücklicherweise entdeckte.
Buck'ın şanssız bir şekilde keşfettiği garip bir alışkanlığı vardı.
Solleks hasste es, von der Seite angesprochen zu werden, auf der er blind war.
Solleks, kendisine kör olduğu taraftan yaklaşılmasından nefret ediyordu.
Buck wusste das nicht und machte diesen Fehler versehentlich.
Buck bunu bilmiyordu ve bu hatayı kazara yaptı.
Solleks wirbelte herum und versetzte Buck einen schnellen, tiefen Schlag auf die Schulter.
Solleks arkasını dönüp Buck'ın omzunu sert ve derin bir şekilde kesti.
Von diesem Moment an kam Buck nie wieder in die Nähe von Solleks' blinder Seite.
O andan sonra Buck, Solleks'in kör noktasına hiç yaklaşmadı.
Für den Rest ihrer gemeinsamen Zeit gab es nie wieder Probleme.
Birlikte geçirdikleri süre boyunca bir daha asla sorun yaşamadılar.
Solleks wollte nur in Ruhe gelassen werden, wie der ruhige Dave.
Solleks, tıpkı sessiz Dave gibi, sadece yalnız kalmak istiyordu.
Doch Buck erfuhr später, dass jeder von ihnen ein anderes geheimes Ziel hatte.
Ancak Buck daha sonra her birinin gizli bir amacının daha olduğunu öğrenecekti.
In dieser Nacht stand Buck vor einer neuen und beunruhigenden Herausforderung: Wie sollte er schlafen?
O gece Buck yeni ve sıkıntılı bir sorunla karşı karşıyaydı: Nasıl uyuyacaktı?

Das Zelt leuchtete warm im Kerzenlicht auf dem schneebedeckten Feld.
Çadır, karlı tarlada mum ışığıyla sıcacık parlıyordu.
Buck ging hinein und dachte, er könnte sich dort wie zuvor ausruhen.
Buck, daha önce olduğu gibi burada dinlenebileceğini düşünerek içeri girdi.
Aber Perrault und François schrien ihn an und warfen Pfannen.
Fakat Perrault ve François ona bağırıp tava fırlatıyorlardı.
Schockiert und verwirrt rannte Buck in die eisige Kälte hinaus.
Şok ve şaşkınlık içindeki Buck, dondurucu soğuğa doğru koştu.
Ein bitterkalter Wind stach ihm in die verletzte Schulter und ließ seine Pfoten erfrieren.
Acı bir rüzgâr yaralı omzunu acıttı ve patilerini dondurdu.
Er legte sich in den Schnee und versuchte, im Freien zu schlafen.
Karların üzerine uzanıp açıkta uyumaya çalıştı.
Doch die Kälte zwang ihn bald, heftig zitternd wieder aufzustehen.
Ancak soğuk onu kısa sürede tekrar ayağa kalkmaya zorladı, çok titriyordu.
Er wanderte durch das Lager und versuchte, ein wärmeres Plätzchen zu finden.
Kampın içinde dolaşıp daha sıcak bir yer bulmaya çalışıyordu.
Aber jede Ecke war genauso kalt wie die vorherige.
Ama her köşe bir önceki kadar soğuktu.
Manchmal sprangen ihn wilde Hunde aus der Dunkelheit an.
Bazen karanlığın içinden vahşi köpekler ona doğru atlıyordu.
Buck sträubte sein Fell, fletschte die Zähne und knurrte warnend.
Buck tüylerini kabarttı, dişlerini gösterdi ve uyarı amaçlı hırladı.

Er lernte schnell und die anderen Hunde zogen sich schnell zurück.
Hızla öğreniyordu ve diğer köpekler de hemen geri çekiliyordu.
Trotzdem hatte er keinen Platz zum Schlafen und keine Ahnung, was er tun sollte.
Ama uyuyacak yeri yoktu, ne yapacağını da bilmiyordu.
Endlich kam ihm ein Gedanke: Er sollte nach seinen Teamkollegen sehen.
En sonunda aklına bir fikir geldi: Takım arkadaşlarını kontrol etmek.
Er kehrte in ihre Gegend zurück und war überrascht, dass sie verschwunden waren.
Onların bulunduğu yere döndüğünde onların gitmiş olduğunu görünce şaşırdı.
Erneut durchsuchte er das Lager, konnte sie jedoch immer noch nicht finden.
Tekrar kampı aradı, ama yine bulamadı.
Er wusste, dass sie nicht im Zelt sein durften, sonst wäre er auch dort gewesen.
Onların çadırda olamayacaklarını biliyordu, yoksa kendisi de orada olacaktı.
Wo also waren all die Hunde in diesem eisigen Lager geblieben?
Peki bu donmuş kamptaki bütün köpekler nereye gitmişti?
Buck, kalt und elend, umrundete langsam das Zelt.
Buck, üşümüş ve perişan bir halde çadırın etrafında yavaşça daireler çiziyordu.
Plötzlich sanken seine Vorderbeine in den weichen Schnee und er erschrak.
Bir anda ön ayakları yumuşak karın içine gömüldü ve irkildi.
Etwas zappelte unter seinen Füßen und er sprang ängstlich zurück.
Ayaklarının altında bir şey kıpırdandı ve korkuyla geriye sıçradı.
Er knurrte und fauchte, ohne zu wissen, was sich unter dem Schnee verbarg.

Karın altında ne olduğunu bilmeden hırladı, homurdandı.
Dann hörte er ein freundliches kleines Bellen, das seine Angst linderte.
Sonra korkusunu hafifleten dostça bir havlama duydu.
Er schnüffelte in der Luft und kam näher, um zu sehen, was verborgen war.
Havayı kokladı ve neyin saklı olduğunu görmek için yaklaştı.
Unter dem Schnee lag, zu einer warmen Kugel zusammengerollt, der kleine Billee.
Karların altında, sıcacık bir top gibi kıvrılmış küçük Billee vardı.
Billee wedelte mit dem Schwanz und leckte Bucks Gesicht zur Begrüßung.
Billee kuyruğunu salladı ve Buck'ın yüzünü yalayarak onu selamladı.
Buck sah, wie Billee im Schnee einen Schlafplatz gebaut hatte.
Buck, Billee'nin karda nasıl bir uyku yeri yaptığını gördü.
Er hatte sich eingegraben und nutzte seine eigene Wärme, um sich warm zu halten.
Isınmak için toprağı kazmış ve kendi ısısını kullanmıştı.
Buck hatte eine weitere Lektion gelernt – so schliefen die Hunde.
Buck bir ders daha almıştı: Köpekler bu şekilde uyuyordu.
Er suchte sich eine Stelle aus und begann, sein eigenes Loch in den Schnee zu graben.
Bir yer seçip karda kendine bir çukur kazmaya başladı.
Anfangs bewegte er sich zu viel und verschwendete Energie.
İlk başlarda çok fazla hareket ediyordu ve enerjisini boşa harcıyordu.
Doch bald erwärmte sein Körper den Raum und er fühlte sich sicher.
Ama kısa süre sonra vücudu ortamı ısıttı ve kendini güvende hissetti.
Er rollte sich fest zusammen und schlief bald fest.
Sıkıca kıvrıldı ve çok geçmeden derin bir uykuya daldı.
Der Tag war lang und hart gewesen und Buck war erschöpft.

Gün uzun ve zor geçmişti, Buck bitkin düşmüştü.
Er schlief tief und fest, obwohl seine Träume wild waren.
Rüyaları çılgınca olsa da, derin ve rahat bir uyku çekiyordu.
Er knurrte und bellte im Schlaf und wand sich im Traum.
Uykusunda hırlıyor ve havlıyor, rüyasında kıvranıyordu.

Buck wachte erst auf, als im Lager bereits Leben erwachte.
Buck, kamp canlanana kadar uyanmadı.
Zuerst wusste er nicht, wo er war oder was passiert war.
İlk başta nerede olduğunu ve ne olduğunu anlayamadı.
Über Nacht war Schnee gefallen und hatte seinen Körper vollständig begraben.
Gece boyunca yağan kar, cesedini tamamen gömmüştü.
Der Schnee umgab ihn von allen Seiten dicht.
Kar her taraftan onu sıkıştırıyordu.
Plötzlich durchfuhr eine Welle der Angst Bucks ganzen Körper.
Aniden Buck'ın tüm vücudunu bir korku dalgası sardı.
Es war die Angst, gefangen zu sein, eine Angst aus tiefen Instinkten.
Bu, sıkışıp kalma korkusuydu, derin içgüdülerden gelen bir korku.
Obwohl er noch nie eine Falle gesehen hatte, lebte die Angst in ihm.
Hiç tuzak görmemiş olmasına rağmen içinde korku yaşıyordu.
Er war ein zahmer Hund, aber jetzt erwachten seine alten wilden Instinkte.
Evcil bir köpekti ama artık eski vahşi içgüdüleri uyanıyordu.
Bucks Muskeln spannten sich an und sein Fell stellte sich auf seinem ganzen Rücken auf.
Buck'ın kasları gerildi ve sırtındaki tüm tüyler diken diken oldu.
Er knurrte wild und sprang senkrecht durch den Schnee nach oben.
Şiddetle hırladı ve doğruca karın üzerine fırladı.
Als er ins Tageslicht trat, flog Schnee in alle Richtungen.
Gün ışığına çıktığında her yöne karlar uçuşuyordu.

Schon vor der Landung sah Buck das Lager vor sich ausgebreitet.
Buck, henüz karaya ayak basmadan önce kampın önünde uzandığını gördü.
Er erinnerte sich auf einmal an alles vom Vortag.
Bir anda önceki günden her şeyi hatırladı.
Er erinnerte sich daran, wie er mit Manuel spazieren gegangen war und an diesem Ort gelandet war.
Manuel'le birlikte yürüyüşlerini ve bu yere geldiklerini hatırladı.
Er erinnerte sich daran, wie er das Loch gegraben hatte und in der Kälte eingeschlafen war.
Çukuru kazdığını ve soğukta uyuyakaldığını hatırladı.
Jetzt war er wach und die wilde Welt um ihn herum war klar.
Artık uyanmıştı ve etrafındaki vahşi dünya net bir şekilde görülebiliyordu.
Ein Ruf von François begrüßte Bucks plötzliches Auftauchen.
François, Buck'ın aniden ortaya çıkışını sevinçle karşıladı.
„Was habe ich gesagt?", rief der Hundeführer Perrault laut zu.
"Ne dedim?" diye bağırdı köpek sürücüsü Perrault'a yüksek sesle.
„Dieser Buck lernt wirklich sehr schnell", fügte François hinzu.
François, "Bu Buck kesinlikle her şeyi çok çabuk öğreniyor," diye ekledi.
Perrault nickte ernst und war offensichtlich mit dem Ergebnis zufrieden.
Perrault ciddi bir tavırla başını salladı, sonuçtan açıkça memnundu.
Als Kurier für die kanadische Regierung beförderte er Depeschen.
Kanada Hükümeti'nin kuryesi olarak haber taşıyordu.
Er war bestrebt, die besten Hunde für seine wichtige Mission zu finden.

Önemli görevi için en iyi köpekleri bulma konusunda istekliydi.

Er war besonders erfreut, dass Buck nun Teil des Teams war.

Buck'ın da ekibin bir parçası olmasından dolayı artık kendini daha da mutlu hissediyordu.

Innerhalb einer Stunde kamen drei weitere Huskies zum Team hinzu.

Bir saat içerisinde takıma üç tane daha husky eklendi.

Damit betrug die Gesamtzahl der Hunde im Team neun.

Böylece takımdaki toplam köpek sayısı dokuza çıktı.

Innerhalb von fünfzehn Minuten lagen alle Hunde im Geschirr.

On beş dakika içinde bütün köpeklerin tasmaları takılmıştı.

Das Schlittenteam schwang sich den Weg hinauf in Richtung Dyea Cañon.

Kızak takımı patikada Dyea Kanyonu'na doğru ilerliyordu.

Buck war froh, gehen zu können, auch wenn die Arbeit, die vor ihm lag, hart war.

Buck, önünde zorlu bir iş olmasına rağmen, ayrıldığı için mutluydu.

Er stellte fest, dass er weder die Arbeit noch die Kälte besonders verabscheute.

Çalışmaktan veya soğuktan özellikle nefret etmediğini gördü.

Er war überrascht von der Begeisterung, die das gesamte Team erfüllte.

Tüm ekibi dolduran coşkuyu görünce şaşırdı.

Noch überraschender war die Veränderung, die bei Dave und Solleks vor sich ging.

Daha da şaşırtıcı olanı Dave ve Solleks'te meydana gelen değişimdi.

Diese beiden Hunde waren völlig unterschiedlich, als sie ein Geschirr trugen.

Bu iki köpek koşumlandığında tamamen farklıydı.

Ihre Passivität und Sorglosigkeit waren völlig verschwunden.

Pasiflikleri ve umursamazlıkları tamamen ortadan kalkmıştı.

Sie waren aufmerksam und aktiv und bestrebt, ihre Arbeit gut zu machen.
Uyanık ve aktiftiler, işlerini iyi yapmaya istekliydiler.
Sie reagierten äußerst verärgert über alles, was zu Verzögerungen oder Verwirrung führte.
Gecikmeye veya karışıklığa sebep olan her şeyden şiddetle rahatsız oluyorlardı.
Die harte Arbeit an den Zügeln stand im Mittelpunkt ihres gesamten Wesens.
Dizginlerdeki sıkı çalışma, tüm varlıklarının merkeziydi.
Das Schlittenziehen schien das Einzige zu sein, was ihnen wirklich Spaß machte.
Kızak çekmek gerçekten keyif aldıkları tek şey gibi görünüyordu.
Dave war am Ende der Gruppe und dem Schlitten am nächsten.
Dave grubun en arkasında, kızaklara en yakın olan kişiydi.
Buck landete vor Dave und Solleks zog an Buck vorbei.
Buck, Dave'in önüne yerleştirildi ve Solleks, Buck'ın önüne geçti.
Die übrigen Hunde liefen in einer Reihe vorn.
Diğer köpekler tek sıra halinde ön tarafa dizilmişlerdi.
Die Führungsposition an der Spitze besetzte Spitz.
Öndeki liderliği Spitz doldurdu.
Buck war zur Einweisung zwischen Dave und Solleks platziert worden.
Buck, eğitim için Dave ile Solleks'in arasına yerleştirilmişti.
Er lernte schnell und sie waren strenge und fähige Lehrer.
O çabuk öğrenen biriydi, onlar ise kararlı ve yetenekli öğretmenlerdi.
Sie ließen nie zu, dass Buck lange im Irrtum blieb.
Buck'ın uzun süre hata içinde kalmasına asla izin vermediler.
Sie erteilten ihre Lektionen, wenn nötig, mit scharfen Zähnen.
Gerektiğinde keskin dişlerle derslerini veriyorlardı.
Dave war fair und zeigte eine ruhige, ernste Art von Weisheit.

Dave adil biriydi ve sessiz, ciddi bir bilgelik sergiliyordu.
Er hat Buck nie ohne guten Grund gebissen.
O, hiçbir zaman geçerli bir sebebi olmadan Buck'ı ısırmazdı.
Aber er hat es nie versäumt, zuzubeißen, wenn Buck eine Korrektur brauchte.
Ama Buck'ın düzeltilmeye ihtiyacı olduğunda her zaman ısrarcıydı.
François' Peitsche war immer bereit und untermauerte ihre Autorität.
François'nın kırbacı her zaman hazırdı ve onların otoritesini destekliyordu.
Buck merkte bald, dass es besser war zu gehorchen, als sich zu wehren.
Buck kısa sürede karşılık vermektense itaat etmenin daha iyi olduğunu anladı.
Einmal verhedderte sich Buck während einer kurzen Pause in den Zügeln.
Bir gün, kısa bir dinlenme sırasında Buck dizginlere takıldı.
Er verzögerte den Start und brachte die Bewegungen des Teams durcheinander.
Başlangıcı geciktirdi ve takımın hareketini karıştırdı.
Dave und Solleks stürzten sich auf ihn und verprügelten ihn brutal.
Dave ve Solleks ona saldırdılar ve onu sert bir şekilde dövdüler.
Das Gewirr wurde nur noch schlimmer, aber Buck lernte seine Lektion.
Karmaşa daha da büyüdü ama Buck dersini iyi almıştı.
Von da an hielt er die Zügel straff und arbeitete vorsichtig.
O günden sonra dizginleri sıkı tuttu ve dikkatli çalıştı.
Bevor der Tag zu Ende war, hatte Buck einen Großteil seiner Aufgabe gemeistert.
Gün bitmeden Buck görevinin çoğunu başarmıştı.
Seine Teamkollegen hörten fast auf, ihn zu korrigieren oder zu beißen.
Takım arkadaşları neredeyse onu düzeltmeyi veya ısırmayı bırakmışlardı.

François' Peitsche knallte immer seltener durch die Luft.
François'nın kırbacının havadaki şakırtısı giderek azaldı.
Perrault hob sogar Bucks Füße an und untersuchte sorgfältig jede Pfote.
Perrault, Buck'ın ayaklarını kaldırıp her bir patisini dikkatle inceledi.
Es war ein harter Tageslauf gewesen, lang und anstrengend für alle.
Hepsi için zorlu, uzun ve yorucu bir gün olmuştu.
Sie reisten den Cañon hinauf, durch Sheep Camp und an den Scales vorbei.
Kanyon'dan yukarı doğru yol aldılar, Koyun Kampı'ndan geçtiler ve Teraziler'i geçtiler.
Sie überquerten die Baumgrenze, dann Gletscher und meterhohe Schneeverwehungen.
Orman sınırını geçtiler, sonra da metrelerce derinlikteki buzulları ve kar yığınlarını geçtiler.
Sie erklommen die große, kalte und unwirtliche Chilkoot-Wasserscheide.
Büyük, soğuk ve ürkütücü Chilkoot Bölgesi'ne tırmandılar.
Dieser hohe Bergrücken lag zwischen Salzwasser und dem gefrorenen Landesinneren.
O yüksek sırt, tuzlu su ile donmuş iç kısım arasında duruyordu.
Die Berge bewachten den traurigen und einsamen Norden mit Eis und steilen Anstiegen.
Dağlar, hüzünlü ve yalnız Kuzey'i buzlarla ve dik yokuşlarla koruyordu.
Sie kamen gut voran und erreichten eine lange Kette von Seen unterhalb der Wasserscheide.
Su ayrımının altında uzanan uzun göller zincirinde iyi vakit geçirdiler.
Diese Seen füllten die alten Krater erloschener Vulkane.
Bu göller sönmüş yanardağların eski kraterlerini dolduruyordu.
Spät in der Nacht erreichten sie ein großes Lager am Lake Bennett.

Aynı gece geç saatlerde Bennett Gölü kıyısındaki büyük bir kampa ulaştılar.
Tausende Goldsucher waren dort und bauten Boote für den Frühling.
Binlerce altın arayıcısı oradaydı, bahar için tekneler inşa ediyorlardı.
Das Eis würde bald aufbrechen und sie mussten bereit sein.
Buzlar yakında çözülecekti ve buna hazır olmaları gerekiyordu.
Buck grub sein Loch in den Schnee und fiel in einen tiefen Schlaf.
Buck karda bir çukur kazdı ve derin bir uykuya daldı.
Er schlief wie ein Arbeiter, erschöpft von einem harten Arbeitstag.
Zorlu bir günün yorgunluğuyla, işçi gibi uyuyordu.
Doch zu früh wurde er in der Dunkelheit aus dem Schlaf gerissen.
Fakat karanlığın çok erken saatlerinde uykudan uyandırıldı.
Er wurde wieder mit seinen Kumpels angeschirrt und vor den Schlitten gespannt.
Tekrar arkadaşlarıyla birlikte koşum takımına bağlandı ve kızaklara bağlandı.
An diesem Tag legten sie sechzig Kilometer zurück, weil der Schnee festgetreten war.
O gün kırk mil yol yaptılar, çünkü kar iyice çiğnenmişti.
Am nächsten Tag und noch viele Tage danach war der Schnee weich.
Ertesi gün ve ondan sonraki günler boyunca kar yumuşaktı.
Sie mussten den Weg selbst bahnen, härter arbeiten und langsamer vorankommen.
Daha çok çalışarak ve daha yavaş hareket ederek yolu kendileri çizmek zorundaydılar.
Normalerweise ging Perrault mit Schwimmhäuten an den Schneeschuhen vor dem Team her.
Perrault genellikle perdeli kar ayakkabılarıyla takımın önünde yürürdü.

Seine Schritte verdichteten den Schnee und erleichterten so die Fortbewegung des Schlittens.
Adımları karı sıkıştırıyor, kızak hareketini kolaylaştırıyordu.
François, der vom Steuerstand aus steuerte, übernahm manchmal die Kontrolle.
Dümeni dümen direğinden yöneten François, bazen dümeni devralıyordu.
Aber es kam selten vor, dass François die Führung übernahm
Ancak François'nın öne geçmesi nadirdi
weil Perrault es eilig hatte, die Briefe und Pakete auszuliefern.
Çünkü Perrault mektupları ve paketleri ulaştırmak için acele ediyordu.
Perrault war stolz auf sein Wissen über Schnee und insbesondere Eis.
Perrault kar ve özellikle buz hakkındaki bilgisiyle gurur duyuyordu.
Dieses Wissen war von entscheidender Bedeutung, da das Eis im Herbst gefährlich dünn war.
Bu bilgi çok önemliydi çünkü sonbahar buzları tehlikeli derecede inceydi.
Wo das Wasser unter der Oberfläche schnell floss, gab es überhaupt kein Eis.
Suyun yüzeyin altında hızla aktığı yerlerde hiç buz yoktu.

Tag für Tag wiederholte sich endlos die gleiche Routine.
Gün geçtikçe aynı rutin bitmek bilmeden tekrarlanıyordu.
Buck arbeitete unermüdlich von morgens bis abends in den Zügeln.
Buck, şafak vakti akşama kadar dizginleri elinde durmadan çalıştırdı.
Sie verließen das Lager im Dunkeln, lange bevor die Sonne aufgegangen war.
Güneş doğmadan çok önce, karanlıkta kamptan ayrıldılar.
Als es Tag wurde, hatten sie bereits viele Kilometer zurückgelegt.

Gün ışıdığında, kilometrelerce yol geride kalmıştı.
Sie schlugen ihr Lager nach Einbruch der Dunkelheit auf, aßen Fisch und gruben sich in den Schnee ein.
Karanlık çöktükten sonra kamp kurup balık yiyorlar ve karın içine gömülüyorlar.
Buck war immer hungrig und mit seiner Ration nie wirklich zufrieden.
Buck her zaman açtı ve aldığı erzaktan asla tam anlamıyla memnun kalmıyordu.
Er erhielt jeden Tag anderthalb Pfund getrockneten Lachs.
Her gün bir buçuk kilo kurutulmuş somon alıyordu.
Doch das Essen schien in ihm zu verschwinden und ließ den Hunger zurück.
Ama içindeki yiyecek sanki yok olmuş, geride açlık kalmıştı.
Er litt unter ständigem Hunger und träumte von mehr Essen.
Sürekli açlık sancıları çekiyordu ve daha fazla yemek hayal ediyordu.
Die anderen Hunde haben nur ein Pfund abgenommen, sind aber stark geblieben.
Diğer köpeklere sadece yarım kilo yiyecek verildi, ama onlar güçlü kaldılar.
Sie waren kleiner und in das Leben im Norden hineingeboren.
Daha küçüklerdi ve kuzey yaşamına doğmuşlardı.
Er verlor rasch die Sorgfalt, die sein früheres Leben geprägt hatte.
Eski yaşamına damgasını vuran titizliği hızla yitirdi.
Er war ein gieriger Esser gewesen, aber jetzt war das nicht mehr möglich.
Eskiden çok nazik bir yiyiciydi ama artık bu mümkün değildi.
Seine Kameraden waren zuerst fertig und raubten ihm seine noch nicht aufgegessene Ration.
Arkadaşları ondan önce bitirip, onun yarım kalan tayınını çaldılar.
Als sie einmal damit anfingen, gab es keine Möglichkeit mehr, sein Essen vor ihnen zu verteidigen.

Bir kere başlayınca, yiyeceğini onlara karşı savunmanın bir yolu kalmadı.
Während er zwei oder drei Hunde abwehrte, stahlen die anderen den Rest.
O iki üç köpeği kovalarken diğerleri geri kalanını çaldılar.
Um dies zu beheben, begann er, so schnell zu essen wie die anderen.
Bunu düzeltmek için, diğerleri ne kadar hızlı yiyorsa o da o kadar hızlı yemeye başladı.
Der Hunger trieb ihn so sehr an, dass er sogar Essen zu sich nahm, das ihm nicht gehörte.
Açlık onu öylesine bunaltmıştı ki, kendisine ait olmayan yiyecekleri bile yiyordu.
Er beobachtete die anderen und lernte schnell aus ihren Handlungen.
Başkalarını izliyor ve onların davranışlarından hemen ders çıkarıyordu.
Er sah, wie Pike, ein neuer Hund, Perrault eine Scheibe Speck stahl.
Yeni köpeği Pike'ın Perrault'dan bir dilim pastırma çaldığını gördü.
Pike hatte gewartet, bis Perrault sich umdrehte, um den Speck zu stehlen.
Pike pastırmayı çalmak için Perrault'un sırtını dönmesini beklemişti.
Am nächsten Tag machte Buck es Pike nach und stahl das ganze Stück.
Ertesi gün Buck, Pike'ın taklidini yaptı ve tüm parçayı çaldı.
Es folgte ein großer Aufruhr, doch Buck wurde nicht verdächtigt.
Büyük bir kargaşa yaşandı ama Buck'tan şüphelenilmedi.
Stattdessen wurde Dub bestraft, ein tollpatschiger Hund, der immer erwischt wurde.
Her zaman yakalanan beceriksiz köpek Dub ise cezalandırıldı.
Dieser erste Diebstahl machte Buck zu einem Hund, der in der Lage war, im Norden zu überleben.

İlk hırsızlığı Buck'ın Kuzey'de hayatta kalabilecek bir köpek olduğunu kanıtladı.

Er zeigte, dass er sich an neue Bedingungen anpassen und schnell lernen konnte.

Yeni koşullara uyum sağlayabildiğini ve çabuk öğrenebildiğini gösterdi.

Ohne diese Anpassungsfähigkeit wäre er schnell und auf schlimme Weise gestorben.

Bu uyum yeteneği olmasaydı, çok hızlı ve kötü bir şekilde ölürdü.

Es markierte auch den Zusammenbruch seiner moralischen Natur und seiner früheren Werte.

Aynı zamanda onun ahlaki yapısının ve geçmiş değerlerinin de çöküşüne işaret ediyordu.

Im Südland hatte er nach dem Gesetz der Liebe und Güte gelebt.

Güney'de sevgi ve nezaketin kanunları altında yaşamıştı.

Dort war es sinnvoll, Eigentum und die Gefühle anderer Hunde zu respektieren.

Bu noktada, mülkiyete ve diğer köpeklerin duygularına saygı göstermek mantıklıydı.

Aber das Nordland befolgte das Gesetz der Keule und das Gesetz der Reißzähne.

Ama Kuzeyliler sopalı dövüş yasasını ve diş yasasını izliyordu.

Wer hier alte Werte respektierte, war dumm und würde scheitern.

Burada eski değerlere saygı gösteren aptaldır ve başarısızlığa uğrayacaktır.

Buck hat das alles nicht durchdacht.

Buck bütün bunları kafasında tartıp çözemiyordu.

Er war fit und passte sich daher an, ohne darüber nachdenken zu müssen.

Formda olduğu için düşünmeden uyum sağladı.

Sein ganzes Leben lang war er noch nie vor einem Kampf davongelaufen.

Hayatı boyunca hiçbir kavgadan kaçmamıştı.

Doch die Holzkeule des Mannes im roten Pullover änderte diese Regel.
Ama kırmızı kazaklı adamın tahta sopası bu kuralı değiştirdi.
Jetzt folgte er einem tieferen, älteren Code, der in sein Wesen eingeschrieben war.
Artık varlığının derinliklerine yazılmış, daha eski bir kodu izliyordu.
Er stahl nicht aus Vergnügen, sondern aus Hunger.
Zevkten değil, açlık acısından çalıyordu.
Er raubte nie offen, sondern stahl mit List und Sorgfalt.
Hiçbir zaman açıkça soygun yapmazdı, ama kurnazca ve dikkatlice çalardı.
Er handelte aus Respekt vor der Holzkeule und aus Angst vor dem Fangzahn.
Tahta sopaya duyduğu saygıdan, dişe duyduğu korkudan dolayı böyle davranmıştı.
Kurz gesagt, er hat das getan, was einfacher und sicherer war, als es nicht zu tun.
Kısacası, yapmamaktan daha kolay ve güvenli olanı yaptı.
Seine Entwicklung – oder vielleicht seine Rückkehr zu alten Instinkten – verlief schnell.
Gelişimi -ya da belki eski içgüdülerine dönüşü- hızlıydı.
Seine Muskeln verhärteten sich, bis sie sich stark wie Eisen anfühlten.
Kasları demir gibi sertleşti.
Schmerzen machten ihm nichts mehr aus, es sei denn, sie waren ernst.
Artık acı umurunda değildi, ciddi olmadığı sürece.
Er wurde durch und durch effizient und verschwendete überhaupt nichts.
İçeride ve dışarıda verimli oldu, hiçbir şeyi israf etmedi.
Er konnte Dinge essen, die scheußlich, verdorben oder schwer verdaulich waren.
Kötü, çürümüş veya hazmı zor olan şeyleri yiyebilirdi.
Was auch immer er aß, sein Magen verbrauchte das letzte bisschen davon.
Ne yerse midesi onun son zerresini kullanıyordu.

Sein Blut transportierte die Nährstoffe weit durch seinen kräftigen Körper.
Kanı, besinleri güçlü bedeninin her yanına taşıyordu.
Dadurch baute er starkes Gewebe auf, das ihm eine unglaubliche Ausdauer verlieh.
Bu, ona inanılmaz bir dayanıklılık kazandıran güçlü dokular oluşturdu.
Sein Seh- und Geruchssinn wurden viel feiner als zuvor.
Görme ve koku alma duyusu eskisinden çok daha hassas hale gelmişti.
Sein Gehör wurde so scharf, dass er im Schlaf leise Geräusche wahrnehmen konnte.
İşitme duyusu o kadar keskinleşmişti ki, uykusunda hafif sesleri bile duyabiliyordu.
In seinen Träumen wusste er, ob die Geräusche Sicherheit oder Gefahr bedeuteten.
Rüyalarında seslerin güvenlik mi yoksa tehlike mi anlamına geldiğini biliyordu.
Er lernte, mit den Zähnen auf das Eis zwischen seinen Zehen zu beißen.
Ayak parmaklarının arasındaki buzu dişleriyle ısırmayı öğrendi.
Wenn ein Wasserloch zufror, brach er das Eis mit seinen Beinen.
Bir su birikintisi donarsa, bacaklarıyla buzu kırardı.
Er bäumte sich auf und schlug mit seinen steifen Vorderbeinen hart auf das Eis.
Ayağa kalktı ve sert ön ayaklarıyla buza sertçe vurdu.
Seine bemerkenswerteste Fähigkeit war die Vorhersage von Windänderungen über Nacht.
En dikkat çekici yeteneği ise gece boyunca rüzgar değişimlerini tahmin etmesiydi.
Selbst bei Windstille suchte er sich windgeschützte Stellen aus.
Hava sakin olduğunda bile rüzgârdan korunaklı yerleri seçiyordu.

Wo auch immer er sein Nest grub, der Wind des nächsten Tages strich an ihm vorbei.
Yuvasını nereye kazdıysa, ertesi günün rüzgârı yanından geçip gidiyordu.
Er landete immer gemütlich und geschützt, in Lee der Brise.
O her zaman rüzgarın rüzgâraltı tarafında, güvende ve korunaklı bir yerde olurdu.
Buck hat nicht nur durch Erfahrung gelernt – auch seine Instinkte sind zurückgekehrt.
Buck sadece deneyimle öğrenmedi; içgüdüleri de geri geldi.
Die Gewohnheiten der domestizierten Generationen begannen zu verschwinden.
Evcilleştirilmiş nesillerin alışkanlıkları azalmaya başladı.
Er erinnerte sich vage an die alten Zeiten seiner Rasse.
Belli belirsiz de olsa, kendi soyunun kadim zamanlarını hatırlıyordu.
Er dachte an die Zeit zurück, als wilde Hunde in Rudeln durch die Wälder rannten.
Vahşi köpeklerin sürüler halinde ormanlarda koştuğu zamanları düşündü.
Sie hatten ihre Beute gejagt und getötet, während sie sie verfolgten.
Avlarını kovalarken yakalayıp öldürmüşlerdi.
Buck lernte leicht, mit Biss und Schnelligkeit zu kämpfen.
Buck için dişle ve hızla dövüşmeyi öğrenmek kolaydı.
Er verwendete Schnitte, Hiebe und schnelle Schnappschüsse, genau wie seine Vorfahren.
Tıpkı ataları gibi kesme, eğik çizgi çekme ve hızlı fotoğraf çekme tekniklerini kullanıyordu.
Diese Vorfahren regten sich in ihm und erweckten seine wilde Natur.
İçindeki atalar harekete geçti ve vahşi doğasını uyandırdı.
Ihre alten Fähigkeiten waren ihm durch die Blutlinie vererbt worden.
Eski becerileri ona kan bağıyla geçmişti.
Ihre Tricks gehörten ihm nun, ohne dass er üben oder sich anstrengen musste.

Artık onların hileleri onundu, pratik yapmaya veya çaba
göstermeye gerek yoktu.

In stillen, kalten Nächten hob Buck die Nase und heulte.
Sessiz ve soğuk gecelerde Buck burnunu kaldırıp uluyordu.
**Er heulte lang und tief, so wie es die Wölfe vor langer Zeit
getan hatten.**
Uzun ve derin bir şekilde uluyordu, tıpkı kurtların uzun
zaman önce yaptığı gibi.
**Durch ihn streckten seine toten Vorfahren ihre Nasen und
heulten.**
Onun aracılığıyla ölmüş ataları burunlarını uzatıp uluyorlardı.
**Sie heulten durch die Jahrhunderte mit seiner Stimme und
Gestalt.**
Yüzyıllar boyunca onun sesi ve şekliyle uludular.
**Seine Kadenzen waren ihre, alte Schreie, die von Kummer
und Kälte erzählten.**
Onun ahenkleri onlarındı, kederi ve soğuğu anlatan eski
çığlıklar.
**Sie sangen von Dunkelheit, Hunger und der Bedeutung des
Winters.**
Karanlığın, açlığın ve kışın anlamının şarkılarını söylediler.
**Buck bewies, wie das Leben von Kräften jenseits des
eigenen Ichs geprägt wird.**
Buck, hayatın kişinin kendi dışındaki güçler tarafından nasıl
şekillendirildiğini kanıtladı.
Das uralte Lied stieg durch Buck auf und ergriff seine Seele.
kadim şarkı Buck'ın içinden yükselip ruhunu ele geçirdi.
**Er fand sich selbst, weil Menschen im Norden Gold
gefunden hatten.**
Kuzey'de altın bulan adamlar sayesinde kendini buldu.
**Und er fand sich selbst, weil Manuel, der Gärtnergehilfe,
Geld brauchte.**
Ve kendini buldu çünkü bahçıvanın yardımcısı Manuel'in
paraya ihtiyacı vardı.

Das dominante Urtier
Hakim İlkel Canavar

In Buck war das dominante Urtier so stark wie eh und je.
Buck'ın içindeki egemen ilkel canavar her zamanki gibi güçlüydü.
Doch das dominante Urtier hatte in ihm geschlummert.
Ama egemen ilkel canavar onun içinde uykuda kalmıştı.
Das Leben auf dem Trail war hart, aber es stärkte das Tier in Buck.
Patika hayatı zordu ama Buck'ın içindeki canavarı güçlendirdi.
Insgeheim wurde das Biest von Tag zu Tag stärker.
Gizlice canavar her geçen gün daha da güçleniyordu.
Doch dieses innere Wachstum blieb der Außenwelt verborgen.
Ama o içsel büyüme dış dünyadan gizli kaldı.
In Buck baute sich eine stille und ruhige Urkraft auf.
Buck'ın içinde sessiz ve sakin bir ilkel güç oluşuyordu.
Neue Gerissenheit verlieh Buck Gleichgewicht, Ruhe und Selbstbeherrschung.
Yeni kurnazlık Buck'a denge, sakinlik ve kontrol kazandırdı.
Buck konzentrierte sich sehr auf die Anpassung und fühlte sich nie völlig entspannt.
Buck, uyum sağlamaya çok odaklandı, ancak hiçbir zaman tam anlamıyla rahatlayamadığını hissetti.
Er ging Konflikten aus dem Weg, fing nie Streit an und suchte auch nie Ärger.
Çatışmadan uzak durdu, asla kavga çıkarmadı, sorun yaratmaya çalışmadı.
Jede Bewegung von Buck war von langsamer, stetiger Nachdenklichkeit geprägt.
Buck'ın her hareketini yavaş, istikrarlı bir düşüncelilik şekillendiriyordu.
Er vermied überstürzte Entscheidungen und plötzliche, rücksichtslose Entschlüsse.
Aceleci tercihlerden ve ani, pervasız kararlardan kaçındı.

Obwohl Buck Spitz zutiefst hasste, zeigte er ihm gegenüber keine Aggression.
Buck, Spitz'den çok nefret etmesine rağmen ona karşı hiçbir saldırganlık göstermedi.
Buck hat Spitz nie provoziert und sein Verhalten zurückhaltend gehalten.
Buck, Spitz'i hiçbir zaman kışkırtmadı ve hareketlerini sınırladı.
Spitz hingegen spürte die wachsende Gefahr, die von Buck ausging.
Spitz ise Buck'taki giderek artan tehlikeyi seziyordu.
Er sah in Buck eine Bedrohung und eine ernsthafte Herausforderung seiner Macht.
Buck'ı bir tehdit ve iktidarına karşı ciddi bir meydan okuma olarak görüyordu.
Er nutzte jede Gelegenheit, um zu knurren und seine scharfen Zähne zu zeigen.
Her fırsatta hırlayıp sivri dişlerini gösteriyordu.
Er versuchte, den tödlichen Kampf zu beginnen, der bevorstand.
Gelecek olan ölümcül mücadeleyi başlatmaya çalışıyordu.
Schon zu Beginn der Reise wäre es beinahe zu einem Streit zwischen ihnen gekommen.
Yolculuğun başlarında aralarında neredeyse kavga çıkacaktı.
Doch ein unerwarteter Unfall verhinderte den Kampf.
Ancak beklenmeyen bir kaza mücadeleyi engelledi.
An diesem Abend schlugen sie ihr Lager am bitterkalten Lake Le Barge auf.
O akşam, dondurucu soğuktaki Le Barge Gölü'nün kıyısına kamp kurdular.
Es schneite heftig und der Wind war schneidend wie ein Messer.
Kar çok şiddetli yağıyordu, rüzgar bıçak gibi kesiyordu.
Die Nacht war zu schnell hereingebrochen und Dunkelheit umgab sie.
Gece çok çabuk çökmüştü ve etraflarını karanlık sarmıştı.

Sie hätten sich kaum einen schlechteren Ort zum Ausruhen aussuchen können.
Dinlenmek için bundan daha kötü bir yer seçemezlerdi.
Die Hunde suchten verzweifelt nach einem Platz zum Hinlegen.
Köpekler çaresizce yatacak yer arıyorlardı.
Hinter der kleinen Gruppe erhob sich steil eine hohe Felswand.
Küçük grubun arkasında dik bir kaya duvarı yükseliyordu.
Das Zelt wurde in Dyea zurückgelassen, um die Last zu erleichtern.
Çadır yükün hafiflemesi için Dyea'da bırakılmıştı.
Ihnen blieb nichts anderes übrig, als das Feuer auf dem Eis selbst zu machen.
Ateşi buzun üzerinde yakmaktan başka çareleri yoktu.
Sie breiten ihre Schlafmäntel direkt auf dem zugefrorenen See aus.
Uyku tulumlarını doğrudan donmuş gölün üzerine serdiler.
Ein paar Stücke Treibholz gaben ihnen ein wenig Feuer.
Birkaç dal parçası onlara biraz ateş verdi.
Doch das Feuer wurde auf dem Eis entfacht und taute hindurch.
Ama ateş buzun üzerine yakılmıştı ve buzun içinden geçerek eridi.
Schließlich aßen sie ihr Abendessen im Dunkeln.
Sonunda akşam yemeklerini karanlıkta yiyorlardı.
Buck rollte sich neben dem Felsen zusammen, geschützt vor dem kalten Wind.
Buck, soğuk rüzgardan korunmak için kayanın yanına kıvrıldı.
Der Platz war so warm und sicher, dass Buck es hasste, wegzugehen.
Orası o kadar sıcak ve güvenliydi ki Buck oradan ayrılmak istemiyordu.
Aber François hatte den Fisch aufgewärmt und verteilte die Rationen.
Ama François balığı ısıtmıştı ve erzak dağıtıyordu.

Buck aß schnell fertig und ging zurück in sein Bett.
Buck yemeğini çabucak bitirip yatağına döndü.
Aber Spitz lag jetzt dort, wo Buck sein Bett gemacht hatte.
Ama Spitz şimdi Buck'ın yatağını yaptığı yerde yatıyordu.
Ein leises Knurren warnte Buck, dass Spitz sich weigerte, sich zu bewegen.
Alçak bir hırlama, Buck'ı Spitz'in hareket etmeyi reddettiği konusunda uyardı.
Bisher hatte Buck diesen Kampf mit Spitz vermieden.
Buck, şimdiye kadar Spitz'le olan bu kavgadan kaçınmıştı.
Doch tief in Bucks Innerem brach das Biest schließlich aus.
Ama Buck'ın içinde canavar sonunda serbest kaldı.
Der Diebstahl seines Schlafplatzes war zu viel für ihn.
Yattığı yerin çalınması tahammül edilemeyecek kadar büyük bir şeydi.
Buck stürzte sich voller Wut und Zorn auf Spitz.
Buck öfke ve hiddetle Spitz'e doğru atıldı.
Bis jetzt hatte Spitz gedacht, Buck sei bloß ein großer Hund.
Spitz, o zamana kadar Buck'ın sadece büyük bir köpek olduğunu düşünüyordu.
Er glaubte nicht, dass Buck durch seinen Geist überlebt hatte.
Buck'ın ruhu sayesinde hayatta kalabildiğini düşünmüyordu.
Er erwartete Angst und Feigheit, nicht Wut und Rache.
Öfke ve intikam değil, korku ve korkaklık bekliyordu.
François starrte die beiden Hunde an, als sie aus dem zerstörten Nest stürmten.
François, iki köpeğin de harap yuvadan fırladığını görünce bakakaldı.
Er verstand sofort, was den wilden Kampf ausgelöst hatte.
Vahşi mücadelenin nereden başladığını hemen anladı.
„Aa-ah!", rief François, um dem braunen Hund zuzujubeln.
"Aa-ah!" diye bağırdı François kahverengi köpeğe destek olmak için.
„Verprügelt ihn! Bei Gott, bestraft diesen hinterhältigen Dieb!"
"Dayak atın şuna! Vallahi o sinsi hırsızı cezalandırın!"

Spitz zeigte gleichermaßen Bereitschaft und wilden Kampfeswillen.
Spitz de aynı derecede hazır olma ve vahşi bir savaşma isteği gösterdi.
Er schrie wütend auf, während er schnell im Kreis kreiste und nach einer Öffnung suchte.
Hızla daireler çizerek bir açıklık ararken öfkeyle haykırdı.
Buck zeigte den gleichen Kampfeshunger und die gleiche Vorsicht.
Buck aynı savaş açlığını ve aynı temkinliliği gösteriyordu.
Auch er umkreiste seinen Gegner und versuchte, im Kampf die Oberhand zu gewinnen.
O da rakibini çevreleyerek savaşta üstünlük sağlamaya çalışıyordu.
Dann geschah etwas Unerwartetes und veränderte alles.
Sonra beklenmedik bir şey oldu ve her şey değişti.
Dieser Moment verzögerte den letztendlichen Kampf um die Führung.
İşte o an liderlik mücadelesinin ertelenmesine sebep oldu.
Bis zum Ende warteten noch viele Meilen voller Mühe und Anstrengung.
Sonuna kadar daha kilometrelerce patika ve mücadele bizi bekliyordu.
Perrault stieß einen Fluch aus, als eine Keule auf Knochen schlug.
Sopanın kemiğe çarpmasıyla Perrault bir küfür savurdu.
Es folgte ein scharfer Schmerzensschrei, dann brach überall Chaos aus.
Ardından keskin bir acı çığlığı duyuldu, ardından her tarafta kaos patlak verdi.
Dunkle Gestalten bewegten sich im Lager; wilde Huskys, ausgehungert und wild.
Kampta karanlık şekiller hareket ediyordu; aç ve vahşi Sibirya kurtları.
Vier oder fünf Dutzend Huskys hatten das Lager von weitem erschnüffelt.

Dört-beş düzine Sibirya kurdu uzaklardan kampın kokusunu almıştı.
Sie hatten sich leise hineingeschlichen, während die beiden Hunde in der Nähe kämpften.
Yakınlarda iki köpek kavga ederken sessizce içeriye girmişlerdi.
François und Perrault griffen an und schwangen Knüppel auf die Eindringlinge.
François ve Perrault, işgalcilere sopalarla saldırdılar.
Die ausgehungerten Huskies zeigten ihre Zähne und wehrten sich rasend.
Açlıktan ölmek üzere olan Sibirya kurtları dişlerini göstererek çılgınca mücadele ettiler.
Der Geruch von Fleisch und Brot hatte sie alle Angst vertreiben lassen.
Et ve ekmek kokusu onları tüm korkularından kurtarmıştı.
Perrault schlug einen Hund, der seinen Kopf in der Fresskiste vergraben hatte.
Perrault, kafasını yiyecek kutusuna gömen bir köpeği dövdü.
Der Schlag war hart, die Schachtel kippte um und das Essen quoll heraus.
Darbe sert oldu ve kutu devrilip içindeki yiyecekler döküldü.
Innerhalb von Sekunden rissen sich zwanzig wilde Tiere über das Brot und das Fleisch her.
Birkaç saniye içinde onlarca vahşi hayvan ekmeği ve eti parçalamaya başladı.
Die Keulen der Männer landeten Schlag auf Schlag, doch kein Hund ließ nach.
Erkeklerin sopaları ardı ardına darbeler indirdi, ancak hiçbir köpek geri dönmedi.
Sie schrien vor Schmerz, kämpften aber, bis kein Futter mehr übrig war.
Acı içinde uluyorlardı, ama yiyecek kalmayana kadar savaşıyorlardı.
Inzwischen waren die Schlittenhunde aus ihren verschneiten Betten gesprungen.
Bu arada kızak köpekleri karlı yataklarından atlamışlardı.

Sie wurden sofort von den bösartigen, hungrigen Huskys angegriffen.
Anında vahşi ve aç Sibirya kurtlarının saldırısına uğradılar.
Buck hatte noch nie zuvor so wilde und ausgehungerte Tiere gesehen.
Buck daha önce hiç bu kadar vahşi ve aç yaratıklar görmemişti.
Ihre Haut hing lose und verbarg kaum ihr Skelett.
Derileri sarkıyordu, iskeletlerini zar zor gizliyordu.
In ihren Augen brannte ein Feuer aus Hunger und Wahnsinn
Gözlerinde açlıktan ve delilikten bir ateş vardı
Sie waren nicht aufzuhalten, ihrem wilden Ansturm war kein Widerstand zu leisten.
Onları durdurmanın, vahşi saldırılarına karşı koymanın bir yolu yoktu.
Die Schlittenhunde wurden zurückgedrängt und gegen die Felswand gedrückt.
Kızak köpekleri geriye doğru itilerek uçurum duvarına sıkıştırıldılar.
Drei Huskies griffen Buck gleichzeitig an und rissen ihm das Fleisch auf.
Üç Sibirya kurdu aynı anda Buck'a saldırdı ve etini parçaladı.
Aus den Schnittwunden an seinem Kopf und seinen Schultern strömte Blut.
Başından ve omuzlarından kesildiği yerden kanlar akıyordu.
Der Lärm erfüllte das Lager: Knurren, Jaulen und Schmerzensschreie.
Gürültü kampı doldurdu; hırlamalar, ciyaklamalar ve acı dolu çığlıklar.
Billee weinte wie immer laut, gefangen im Kampf und in der Panik.
Billee her zamanki gibi, kavga ve paniğe kapılarak yüksek sesle ağladı.
Dave und Solleks standen Seite an Seite, blutend, aber trotzig.

Dave ve Solleks yan yana duruyorlardı, kanıyorlardı ama meydan okuyorlardı.

Joe kämpfte wie ein Dämon und biss alles, was ihm zu nahe kam.

Joe şeytan gibi dövüşüyor, yaklaşan her şeyi ısırıyordu.

Mit einem brutalen Schnappen seines Kiefers zerquetschte er das Bein eines Huskys.

Çenesinin tek bir vahşice şaklamasıyla bir Sibirya kurdunun bacağını ezdi.

Pike sprang auf den verletzten Husky und brach ihm sofort das Genick.

Pike yaralı köpeğin üzerine atladı ve boynunu anında kırdı.

Buck packte einen Husky an der Kehle und riss ihm die Ader auf.

Buck, bir Sibirya kurdunun boğazını yakaladı ve damarını parçaladı.

Blut spritzte und der warme Geschmack trieb Buck in Raserei.

Kan fışkırdı ve sıcak tat Buck'ı çılgına çevirdi.

Ohne zu zögern stürzte er sich auf einen anderen Angreifer.

Hiç tereddüt etmeden diğer saldırgana doğru atıldı.

Im selben Moment gruben sich scharfe Zähne in Bucks Kehle.

Aynı anda keskin dişler Buck'ın boğazına saplandı.

Spitz hatte von der Seite zugeschlagen und ohne Vorwarnung angegriffen.

Spitz, uyarıda bulunmadan yan taraftan saldırmıştı.

Perrault und François hatten die Hunde besiegt, die das Futter stahlen.

Perrault ve François, yiyecekleri çalan köpekleri yenmişlerdi.

Nun eilten sie ihren Hunden zu Hilfe, um die Angreifer abzuwehren.

Şimdi saldırganlara karşı koymak için köpeklerine yardıma koştular.

Die ausgehungerten Hunde zogen sich zurück, als die Männer ihre Keulen schwangen.

Adamlar sopalarını sallayınca aç köpekler geri çekildi.

Buck konnte sich dem Angriff befreien, doch die Flucht war nur von kurzer Dauer.
Buck saldırıdan kurtuldu ancak kaçışı kısa sürdü.
Die Männer rannten los, um ihre Hunde zu retten, und die Huskies kamen erneut zum Vorschein.
Adamlar köpeklerini kurtarmak için koşuştururken, Sibirya kurdu tekrar üşüştü.
Billee, der aus Angst Mut fasste, sprang in die Hundemeute.
Billee korkudan cesaret bularak köpek sürüsünün içine atladı.
Doch dann floh er in blanker Angst und Panik über das Eis.
Ama sonra büyük bir korku ve panik içinde buzun üzerinden kaçmaya başladı.
Pike und Dub folgten dicht dahinter und rannten um ihr Leben.
Pike ve Dub da canlarını kurtarmak için hemen arkalarından koştular.
Der Rest des Teams löste sich auf, zerstreute sich und folgte ihnen.
Takımın geri kalanı da dağılıp onları takip etti.
Buck nahm all seine Kräfte zusammen, um loszurennen, doch dann sah er einen Blitz.
Buck koşmak için gücünü topladı ama sonra bir ışık gördü.
Spitz stürzte sich auf Buck und versuchte, ihn zu Boden zu schlagen.
Spitz, Buck'ın yanına atılarak onu yere sermeye çalıştı.
Unter dieser Meute von Huskys hätte Buck nicht entkommen können.
Buck'ın o Sibirya kurdu sürüsü altında kaçması mümkün değildi.
Aber Buck blieb standhaft und wappnete sich für den Schlag von Spitz.
Ama Buck, Spitz'in darbesine karşı dik durdu ve kendini hazırladı.
Dann drehte er sich um und rannte mit dem fliehenden Team auf das Eis hinaus.
Daha sonra dönüp kaçan takımla birlikte buzun üzerine koştu.

Später versammelten sich die neun Schlittenhunde im Schutz des Waldes.
Daha sonra dokuz kızak köpeği ormanın sığınağında toplandılar.
Niemand verfolgte sie mehr, aber sie waren geschlagen und verwundet.
Artık onları kovalayan yoktu ama darp edilmişlerdi, yaralanmışlardı.
Jeder Hund hatte Wunden; vier oder fünf tiefe Schnitte an jedem Körper.
Her köpeğin yaraları vardı; her birinin vücudunda dört veya beş derin kesik vardı.
Dub hatte ein verletztes Hinterbein und konnte kaum noch laufen.
Dub'ın arka bacağında bir sakatlık vardı ve artık yürümekte zorlanıyordu.
Dolly, der neueste Hund aus Dyea, hatte eine aufgeschlitzte Kehle.
Dyea'nın en yeni köpeği Dolly'nin boğazı kesilmişti.
Joe hatte ein Auge verloren und Billees Ohr war in Stücke geschnitten
Joe bir gözünü kaybetmişti ve Billee'nin kulağı parçalanmıştı
Alle Hunde schrien die ganze Nacht vor Schmerz und Niederlage.
Bütün köpekler gece boyunca acı ve yenilgiyle ağladılar.
Im Morgengrauen krochen sie wund und gebrochen zurück ins Lager.
Şafak vakti yaralı ve bitkin bir halde kampa geri döndüler.
Die Huskies waren verschwunden, aber der Schaden war angerichtet.
Sibirya kurdu köpekleri kaybolmuştu ama asıl zarar verilmişti.
Perrault und François standen schlecht gelaunt vor der Ruine.
Perrault ve François harabenin başında sinirli sinirli duruyorlardı.

Die Hälfte der Lebensmittel war verschwunden und von den hungrigen Dieben geschnappt worden.
Aç hırsızlar yiyeceklerin yarısını kapmışlardı.
Die Huskies hatten Schlittenbindungen und Planen zerrissen.
Kızak köpekleri kızak bağlarını ve brandaları parçalamıştı.
Alles, was nach Essen roch, wurde vollständig verschlungen.
Yemek kokusu olan her şey tamamen yenmişti.
Sie aßen ein Paar von Perraults Reisestiefeln aus Elchleder.
Perrault'un geyik derisinden yapılmış seyahat çizmelerinden bir çiftini yediler.
Sie zerkauten Lederreis und ruinierten Riemen, sodass sie nicht mehr verwendet werden konnten.
Deri reisleri çiğnediler ve kayışları kullanılamaz hale getirdiler.
François hörte auf, auf die zerrissene Peitsche zu starren, um nach den Hunden zu sehen.
François kopan kirpiğe bakmayı bırakıp köpekleri kontrol etti.
„Ah, meine Freunde", sagte er mit leiser, besorgter Stimme.
"Ah, dostlarım," dedi, sesi alçak ve endişe doluydu.
„Vielleicht verwandeln euch all diese Bisse in tollwütige Tiere."
"Belki de bütün bu ısırıklar sizi çılgın canavarlara dönüştürecek."
„Vielleicht alles tollwütige Hunde, heiliger Scheiß! Was meinst du, Perrault?"
"Belki de hepsi deli köpekler, sacredam! Sen ne düşünüyorsun, Perrault?"
Perrault schüttelte den Kopf, seine Augen waren dunkel vor Sorge und Angst.
Perrault başını iki yana salladı, gözleri endişe ve korkuyla kararmıştı.
Zwischen ihnen und Dawson lagen noch sechshundertvierzig Kilometer.
Onlarla Dawson arasında hâlâ dört yüz mil mesafe vardı.
Der Hundewahnsinn könnte nun jede Überlebenschance zerstören.

Artık köpek çılgınlığı hayatta kalma şansını yok edebilir.
Sie verbrachten zwei Stunden damit, zu fluchen und zu versuchen, die Ausrüstung zu reparieren.
İki saat küfür edip teçhizatı tamir etmeye çalıştılar.
Das verwundete Team verließ schließlich gebrochen und besiegt das Lager.
Yaralı tim sonunda dağılmış ve yenik bir halde kamptan ayrıldı.
Dies war der bisher schwierigste Weg und jeder Schritt war schmerzhaft.
Bu şimdiye kadarki en zor parkurdu ve her adımı acı vericiydi.
Der Thirty Mile River war nicht zugefroren und rauschte wild.
Otuz Mil Nehri donmamıştı ve çılgınca akıyordu.
Nur an ruhigen Stellen und in wirbelnden Wirbeln konnte das Eis halten.
Buz, yalnızca sakin noktalarda ve girdaplı yerlerde tutunmayı başardı.
Sechs Tage harter Arbeit vergingen, bis die dreißig Meilen geschafft waren.
Otuz mil tamamlanana kadar altı gün boyunca zorlu bir çalışma yapıldı.
Jeder Kilometer des Weges barg Gefahren und Todesgefahr.
Yolun her bir mili tehlike ve ölüm tehdidi taşıyordu.
Die Männer und Hunde riskierten mit jedem schmerzhaften Schritt ihr Leben.
Adamlar ve köpekler her acı dolu adımda hayatlarını tehlikeye atıyorlardı.
Perrault durchbrach ein Dutzend Mal dünne Eisbrücken.
Perrault ince buz köprülerini bir düzineden fazla kez aştı.
Er trug eine Stange und ließ sie über das Loch fallen, das sein Körper hinterlassen hatte.
Bir sırık alıp vücudunun açtığı deliğin üzerine düşürdü.
Mehr als einmal rettete diese Stange Perrault vor dem Ertrinken.
O direk Perrault'u birçok kez boğulmaktan kurtardı.

Die Kältewelle hielt an, die Lufttemperatur lag bei minus fünfzig Grad.
Soğuk hava etkisini sürdürüyordu, hava sıfırın altında elli dereceydi.
Jedes Mal, wenn er hineinfiel, musste Perrault ein Feuer anzünden, um zu überleben.
Perrault her düştüğünde hayatta kalmak için ateş yakmak zorunda kalıyordu.
Nasse Kleidung gefror schnell, also trocknete er sie in der Nähe der sengenden Hitze.
Islak elbiseler çabuk donuyordu, bu yüzden onları yakıcı sıcağın yanında kurutuyordu.
Perrault hatte nie Angst und das machte ihn zu einem Kurier.
Perrault'un hiçbir zaman korkusu olmadı ve bu onu bir kurye yaptı.
Er wurde für die Gefahr auserwählt und begegnete ihr mit stiller Entschlossenheit.
Tehlike için seçilmişti ve o, bu tehlikeyi sessiz bir kararlılıkla karşıladı.
Er drängte sich gegen den Wind vorwärts, sein runzliges Gesicht war erfroren.
Rüzgâra doğru ilerledi, buruşmuş yüzü donmuştu.
Von der Morgendämmerung bis zum Einbruch der Nacht führte Perrault sie weiter.
Perrault, şafak vakti karanlık çökene kadar onları ileriye doğru götürdü.
Er ging auf einer schmalen Eiskante, die bei jedem Schritt knackte.
Her adımda çatlayan dar buz kütlesinin üzerinde yürüyordu.
Sie wagten nicht, anzuhalten – jede Pause hätte das Risiko eines tödlichen Zusammenbruchs bedeutet.
Durmaya cesaret edemiyorlardı; her duraklama ölümcül bir çöküşe yol açma tehlikesi taşıyordu.
Einmal brach der Schlitten durch und zog Dave und Buck hinein.
Bir keresinde kızak kırılarak Dave ve Buck'ı içeri çekti.

Als sie freigezogen wurden, waren beide fast erfroren.
Serbest bırakıldıklarında ikisi de neredeyse donmuştu.
Die Männer machten schnell ein Feuer, um Buck und Dave am Leben zu halten.
Adamlar Buck ve Dave'i hayatta tutmak için hemen ateş yaktılar.
Die Hunde waren von der Nase bis zum Schwanz mit Eis bedeckt und steif wie geschnitztes Holz.
Köpekler burunlarından kuyruklarına kadar buzla kaplıydı, oyulmuş tahta kadar serttiler.
Die Männer ließen sie in der Nähe des Feuers im Kreis laufen, um ihre Körper aufzutauen.
Adamlar, vücutlarının erimesini sağlamak için onları ateşin etrafında daireler çizerek koşturuyorlardı.
Sie kamen den Flammen so nahe, dass ihr Fell versengt wurde.
Alevlere o kadar yaklaştılar ki, tüyleri yandı.
Als nächster durchbrach Spitz das Eis und zog das Team hinter sich her.
Spitz daha sonra buzları kırarak arkasındaki takımı da içeri çekti.
Der Bruch reichte bis zu der Stelle, an der Buck zog.
Kopuş Buck'ın çektiği yere kadar uzanıyordu.
Buck lehnte sich weit zurück, seine Pfoten rutschten und zitterten auf der Kante.
Buck sertçe geriye yaslandı, pençeleri kenarda kayıyor ve titriyordu.
Dave streckte sich ebenfalls nach hinten, direkt hinter Buck auf der Leine.
Dave de Buck'ın hemen arkasında çizgide geriye doğru zorlandı.
François zog den Schlitten, seine Muskeln knackten vor Anstrengung.
François kızakla çekişirken kasları çabadan çatırdıyordu.
Ein anderes Mal brach das Randeis vor und hinter dem Schlitten.
Başka bir sefer de kızak önünde ve arkasında buzlar çatladı.

Sie hatten keinen anderen Ausweg, als eine gefrorene Felswand zu erklimmen.
Donmuş bir uçurum duvarına tırmanmaktan başka çıkış yolları yoktu.
Perrault schaffte es irgendwie, die Mauer zu erklimmen; wie durch ein Wunder blieb er am Leben.
Perrault bir şekilde duvarı tırmanmayı başardı; bir mucize onu hayatta tuttu.
François blieb unten und betete um dasselbe Glück.
François aşağıda kaldı ve aynı şansın kendisi için de geçerli olması için dua etti.
Sie banden jeden Riemen, jede Zurrschnur und jede Leine zu einem langen Seil zusammen.
Her kayışı, bağı ve izi tek bir uzun ipe bağladılar.
Die Männer zogen jeden Hund einzeln nach oben.
Adamlar her köpeği teker teker yukarı doğru çektiler.
François kletterte als Letzter, nach dem Schlitten und der gesamten Ladung.
François, kızak ve tüm yükün ardından en son tırmanan oldu.
Dann begann eine lange Suche nach einem Weg von den Klippen hinunter.
Sonra uçurumlardan aşağı inecek bir yol bulmak için uzun bir arayış başladı.
Schließlich stiegen sie mit demselben Seil ab, das sie selbst hergestellt hatten.
En sonunda yaptıkları ipi kullanarak aşağı indiler.
Es wurde Nacht, als sie erschöpft und wund zum Flussbett zurückkehrten.
Yorgun ve bitkin bir halde nehir yatağına döndüklerinde gece olmuştu.
Der ganze Tag hatte ihnen nur eine Viertelmeile Gewinn eingebracht.
Sadece çeyrek mil yol kat etmek için tam bir gün harcamışlardı.
Als sie das Hootalinqua erreichten, war Buck erschöpft.
Hootalinqua'ya vardıklarında Buck bitkin düşmüştü.

Die anderen Hunde litten ebenso sehr unter den Bedingungen auf dem Trail.
Diğer köpekler de parkur koşullarından en az onlar kadar etkilendi.
Aber Perrault musste Zeit gutmachen und trieb sie jeden Tag weiter an.
Ancak Perrault'un zamana ihtiyacı vardı ve onları her gün zorluyordu.
Am ersten Tag reisten sie dreißig Meilen nach Big Salmon.
İlk gün otuz mil uzaklıktaki Big Salmon'a doğru yola çıktılar.
Am nächsten Tag reisten sie fünfunddreißig Meilen nach Little Salmon.
Ertesi gün otuz beş mil yol kat ederek Little Salmon'a ulaştılar.
Am dritten Tag kämpften sie sich durch sechzig Kilometer lange, eisige Strecken.
Üçüncü gün kırk uzun, donmuş mil boyunca yol aldılar.
Zu diesem Zeitpunkt näherten sie sich der Siedlung Five Fingers.
Artık Beş Parmak yerleşimine yaklaşıyorlardı.

Bucks Füße waren weicher als die harten Füße der einheimischen Huskys.
Buck'ın ayakları yerli Sibirya kurdunun sert ayaklarından daha yumuşaktı.
Seine Pfoten waren im Laufe vieler zivilisierter Generationen zart geworden.
Pençeleri birçok medeni nesil boyunca yumuşamıştı.
Vor langer Zeit wurden seine Vorfahren von Flussmännern oder Jägern gezähmt.
Çok eskiden ataları nehir adamları veya avcılar tarafından evcilleştirilmişti.
Jeden Tag humpelte Buck unter Schmerzen und ging auf wunden, schmerzenden Pfoten.
Buck her gün acı içinde topallıyor, ağrıyan patileriyle yürüyordu.
Im Lager fiel Buck wie eine leblose Gestalt in den Schnee.
Kampta Buck cansız bir beden gibi karın üzerine yığıldı.

Obwohl Buck am Verhungern war, stand er nicht auf, um sein Abendessen einzunehmen.
Buck açlıktan ölmek üzere olmasına rağmen akşam yemeğini yemeye kalkmadı.
François brachte Buck seine Ration und legte ihm Fisch neben die Schnauze.
François, Buck'a erzakını getirdi ve balığı onun ağzına koydu.
Jeden Abend massierte der Fahrer Bucks Füße eine halbe Stunde lang.
Şoför her gece Buck'ın ayaklarını yarım saat ovuyordu.
François hat sogar seine eigenen Mokassins zerschnitten, um daraus Hundeschuhe zu machen.
François, köpek ayakkabıları yapmak için kendi mokasenlerini bile kesiyordu.
Vier warme Schuhe waren für Buck eine große und willkommene Erleichterung.
Dört sıcak ayakkabı Buck'a büyük ve hoş bir rahatlama sağladı.
Eines Morgens vergaß François die Schuhe und Buck weigerte sich aufzustehen.
Bir sabah François ayakkabılarını unutmuştu ve Buck kalkmayı reddetti.
Buck lag auf dem Rücken, die Füße in der Luft, und wedelte mitleiderregend damit herum.
Buck sırtüstü yatıyordu, ayakları havadaydı ve acınası bir şekilde onları sallıyordu.
Sogar Perrault grinste beim Anblick von Bucks dramatischer Bitte.
Buck'ın bu dramatik yalvarışı karşısında Perrault bile sırıttı.
Bald wurden Bucks Füße hart und die Schuhe konnten weggeworfen werden.
Kısa süre sonra Buck'ın ayakları sertleşti ve ayakkabılar atılmak zorunda kaldı.
In Pelly stieß Dolly beim Angeschirrtwerden ein schreckliches Heulen aus.
Pelly'de, koşum zamanı Dolly korkunç bir uluma sesi çıkardı.

Der Schrei war lang und voller Wahnsinn und erschütterte jeden Hund.
Çığlık uzun ve çılgıncaydı, her köpeği sarsıyordu.
Jeder Hund zuckte vor Angst zusammen, ohne den Grund zu kennen.
Her köpek nedenini bilmeden korkudan kıpırdanıyordu.
Dolly war verrückt geworden und stürzte sich direkt auf Buck.
Dolly çılgına dönmüştü ve kendini Buck'a doğru fırlattı.
Buck hatte noch nie Wahnsinn gesehen, aber sein Herz war von Entsetzen erfüllt.
Buck deliliği hiç görmemişti ama yüreği dehşetle doluydu.
Ohne nachzudenken, drehte er sich um und floh in absoluter Panik.
Hiç düşünmeden dönüp panik içinde kaçtı.
Dolly jagte ihm hinterher, ihre Augen waren wild, Speichel spritzte aus ihrem Maul.
Dolly onu kovalıyordu, gözleri çılgınca açılmıştı, çenesinden salyalar akıyordu.
Sie blieb direkt hinter Buck, holte nie auf und fiel nie zurück.
Buck'ın hemen arkasında kaldı, ne ona yetişebildi ne de geriye düşebildi.
Buck rannte durch den Wald, die Insel hinunter und über zerklüftetes Eis.
Buck ormanın içinden, adanın aşağısına, engebeli buzların üzerinden koşarak geçti.
Er überquerte die Insel und erreichte eine weitere, bevor er im Kreis zurück zum Fluss ging.
Önce bir adaya, sonra bir başka adaya geçti ve nehre geri döndü.
Dolly jagte ihn immer noch und knurrte ihn bei jedem Schritt an.
Dolly hâlâ onu kovalıyordu, her adımda hırlaması hemen arkasından geliyordu.
Buck konnte ihren Atem und ihre Wut hören, obwohl er es nicht wagte, zurückzublicken.

Buck onun nefesini ve öfkesini duyabiliyordu ama geriye bakmaya cesaret edemiyordu.

François rief aus der Ferne und Buck drehte sich in die Richtung der Stimme um.

François uzaktan bağırdı ve Buck sese doğru döndü.

Immer noch nach Luft schnappend rannte Buck vorbei und setzte seine ganze Hoffnung auf François.

Hala nefes almaya çalışan Buck, tüm umudunu François'ya bağlayarak koşarak yanından geçti.

Der Hundeführer hob eine Axt und wartete, während Buck vorbeiflog.

Köpek sürücüsü baltasını kaldırdı ve Buck'ın uçarak geçmesini bekledi.

Die Axt kam schnell herunter und traf Dollys Kopf mit tödlicher Wucht.

Balta hızla indi ve Dolly'nin kafasına ölümcül bir güçle çarptı.

Buck brach neben dem Schlitten zusammen, keuchte und konnte sich nicht bewegen.

Buck kızak yakınında yere yığıldı, hırıltılı bir şekilde soluk alıp veriyordu ve hareket edemiyordu.

In diesem Moment hatte Spitz die Chance, einen erschöpften Gegner zu schlagen.

İşte o an Spitz'e yorgun düşmüş rakibine saldırma şansı verdi.

Zweimal biss er Buck und riss das Fleisch bis auf den weißen Knochen auf.

Buck'ı iki kez ısırdı, eti beyaz kemiğe kadar parçaladı.

François' Peitsche knallte und traf Spitz mit voller, wütender Wucht.

François'nın kırbacı şakladı ve Spitz'e tüm gücüyle, öfkeyle çarptı.

Buck sah mit Freude zu, wie Spitz seine bisher härteste Tracht Prügel bekam.

Buck, Spitz'in bugüne kadar gördüğü en sert dayağı sevinçle izledi.

„Er ist ein Teufel, dieser Spitz", murmelte Perrault düster vor sich hin.

"Şu Spitz bir şeytan," diye mırıldandı Perrault kendi kendine.

„Eines Tages wird dieser verfluchte Hund Buck töten – das schwöre ich."
"Yakında o lanet köpek Buck'ı öldürecek, yemin ederim."
„Dieser Buck hat zwei Teufel in sich", antwortete François mit einem Nicken.
"Bu Buck'ın içinde iki şeytan var," diye cevapladı François başını sallayarak.
„Wenn ich Buck beobachte, weiß ich, dass etwas Wildes in ihm lauert."
"Buck'ı izlediğimde, içinde vahşi bir şeyin beklediğini biliyorum."
„Eines Tages wird er rasend vor Wut werden und Spitz in Stücke reißen."
"Bir gün ateş gibi öfkelenecek ve Spitz'i parçalara ayıracak."
„Er wird den Hund zerkauen und ihn auf den gefrorenen Schnee spucken."
"O köpeği çiğneyip donmuş karın üzerine tükürecek."
„Das weiß ich ganz sicher tief in meinem Innern."
"Her şeyden önce bunu içimde hissediyorum."
Von diesem Moment an befanden sich die beiden Hunde im Krieg.
O andan itibaren iki köpek arasında bir savaş başladı.
Spitz führte das Team an und hatte die Macht, aber Buck stellte das in Frage.
Spitz takımın başındaydı ve iktidarı elinde tutuyordu, ancak Buck buna meydan okudu.
Spitz sah seinen Rang durch diesen seltsamen Fremden aus dem Süden bedroht.
Spitz, rütbesinin bu tuhaf Güneyli yabancı tarafından tehdit edildiğini gördü.
Buck war anders als alle Südstaatenhunde, die Spitz zuvor gekannt hatte.
Buck, Spitz'in daha önce tanıdığı güneyli köpeklerin hiçbirine benzemiyordu.
Die meisten von ihnen scheiterten – sie waren zu schwach, um Kälte und Hunger zu überleben.

Çoğu başarısız oldu; soğuk ve açlığa dayanamayacak kadar zayıftılar.

Sie starben schnell unter der harten Arbeit, dem Frost und der langsamen Hungersnot.

Çalışmanın, donun ve kıtlığın yavaş yavaş getirdiği acıların altında hızla öldüler.

Buck stand abseits – mit jedem Tag stärker, klüger und wilder.

Buck diğerlerinden farklıydı; her geçen gün daha güçlü, daha akıllı ve daha vahşi oluyordu.

Er gedieh trotz aller Härte und wuchs heran, bis er den nördlichen Huskies ebenbürtig war.

Zorluklara göğüs gererek kuzeydeki Sibirya kurtlarıyla boy ölçüşecek kadar büyüdü.

Buck hatte Kraft, wilde Geschicklichkeit und einen geduldigen, tödlichen Instinkt.

Buck'ın gücü, vahşi becerisi ve sabırlı, ölümcül bir içgüdüsü vardı.

Der Mann mit der Keule hatte Buck die Unbesonnenheit ausgetrieben.

Sopalı adam Buck'ın pervasızlığını döverek gidermişti.

Die blinde Wut war verschwunden und durch stille Gerissenheit und Kontrolle ersetzt worden.

Kör öfke gitmiş, yerini sessiz kurnazlık ve kontrol almıştı.

Er wartete ruhig und ursprünglich und wartete auf den richtigen Moment.

Sakin ve ilkel bir şekilde bekledi, doğru anı bekledi.

Ihr Kampf um die Vorherrschaft wurde unvermeidlich und deutlich.

Komuta mücadeleleri kaçınılmaz ve açık hale gelmişti.

Buck strebte nach einer Führungsposition, weil sein Geist es verlangte.

Buck liderliği istiyordu çünkü ruhu bunu gerektiriyordu.

Er wurde von dem seltsamen Stolz getrieben, der aus der Jagd und dem Geschirr entstand.

O, iz ve koşumdan doğan tuhaf bir gururla hareket ediyordu.

Dieser Stolz ließ die Hunde ziehen, bis sie im Schnee zusammenbrachen.
O gurur, köpekleri karda yığılıncaya kadar çekiştiriyordu.
Der Stolz verleitete sie dazu, all ihre Kraft einzusetzen.
Gurur onları, ellerindeki bütün gücü vermeye yöneltti.
Stolz kann einen Schlittenhund sogar in den Tod treiben.
Kibir, kızak köpeğini ölüme kadar sürükleyebilir.
Der Verlust des Geschirrs ließ die Hunde gebrochen und ziellos zurück.
Tasmayı kaybetmek köpekleri kırgın ve amaçsız bıraktı.
Das Herz eines Schlittenhundes kann vor Scham brechen, wenn er in den Ruhestand geht.
Bir kızak köpeğinin yüreği emekliye ayrıldığında utançtan kırılabilir.
Dave lebte von diesem Stolz, während er den Schlitten hinter sich herzog.
Dave kızakları arkadan çekerken bu gururla yaşıyordu.
Auch Solleks gab mit grimmiger Stärke und Loyalität alles.
Solleks de tüm gücüyle ve sadakatiyle elinden geleni yaptı.
Jeden Morgen verwandelte der Stolz ihre Verbitterung in Entschlossenheit.
Her sabah gurur onları öfkeden kararlılığa dönüştürüyordu.
Sie drängten den ganzen Tag und verstummten dann am Ende des Lagers.
Bütün gün itişip kakıştılar, sonra kampın sonuna vardıklarında sessizliğe gömüldüler.
Dieser Stolz gab Spitz die Kraft, Drückeberger zur Räson zu bringen.
Bu gurur Spitz'e, tembellik edenleri hizaya getirme gücünü verdi.
Spitz fürchtete Buck, weil Buck denselben tiefen Stolz in sich trug.
Spitz, Buck'tan korkuyordu çünkü Buck da aynı derin gururu taşıyordu.
Bucks Stolz wandte sich nun gegen Spitz, und er ließ nicht locker.
Buck'ın gururu artık Spitz'e karşı kabarıyordu ve o durmadı.

Buck widersetzte sich Spitz' Macht und hinderte ihn daran, Hunde zu bestrafen.
Buck, Spitz'in gücüne meydan okudu ve onun köpekleri cezalandırmasını engelledi.

Als andere versagten, stellte sich Buck zwischen sie und ihren Anführer.
Diğerleri başarısız olduğunda Buck, onlarla liderlerinin arasına girdi.

Er tat dies mit Absicht und brachte seine Herausforderung offen und deutlich zum Ausdruck.
Bunu kasıtlı olarak yaptı, meydan okumasını açık ve net bir şekilde dile getirdi.

In einer Nacht hüllte schwerer Schnee die Welt in tiefe Stille.
Bir gece, yoğun bir kar yağışı dünyayı derin bir sessizliğe boğdu.

Am nächsten Morgen stand Pike, faul wie immer, nicht zur Arbeit auf.
Ertesi sabah Pike her zamanki gibi tembeldi ve işe gitmek için kalkmadı.

Er blieb in seinem Nest unter einer dicken Schneeschicht verborgen.
Kalın bir kar tabakasının altındaki yuvasında saklı duruyordu.

François rief und suchte, konnte den Hund jedoch nicht finden.
François seslenip aradı ama köpeği bulamadı.

Spitz wurde wütend und stürmte durch das schneebedeckte Lager.
Spitz öfkelendi ve karla kaplı kampa doğru ilerledi.

Er knurrte und schnüffelte und grub wie verrückt mit flammenden Augen.
Hırladı, kokladı, parlayan gözleriyle çılgınca kazdı.

Seine Wut war so heftig, dass Pike vor Angst unter dem Schnee zitterte.
Öfkesi o kadar şiddetliydi ki Pike korkudan kar altında titriyordu.

Als Pike schließlich gefunden wurde, stürzte sich Spitz auf den versteckten Hund, um ihn zu bestrafen.
Pike sonunda bulunduğunda, Spitz saklanan köpeği cezalandırmak için harekete geçti.
Doch Buck sprang mit einer Wut zwischen sie, die Spitz' eigener ebenbürtig war.
Ama Buck, Spitz'inkine eşit bir öfkeyle aralarına atıldı.
Der Angriff erfolgte so plötzlich und geschickt, dass Spitz umfiel.
Saldırı o kadar ani ve akıllıcaydı ki Spitz'in ayakları yerden kesildi.
Pike, der gezittert hatte, schöpfte aus diesem Trotz neuen Mut.
Titreyen Pike, bu meydan okumadan cesaret aldı.
Er sprang auf den gefallenen Spitz und folgte Bucks mutigem Beispiel.
Buck'ın cesur örneğini izleyerek yere düşen Spitz'in üzerine atladı.
Buck, der nicht länger an Fairness gebunden war, beteiligte sich am Angriff auf Spitz.
Artık adalet duygusuyla bağlı olmayan Buck, Spitz'e yapılan greve katıldı.
François, amüsiert, aber dennoch diszipliniert, schwang seine schwere Peitsche.
François, eğlenerek ama disiplinli bir şekilde ağır kırbacını savurdu.
Er schlug Buck mit aller Kraft, um den Kampf zu beenden.
Kavgayı ayırmak için Buck'a tüm gücüyle vurdu.
Buck weigerte sich, sich zu bewegen und blieb auf dem gefallenen Anführer sitzen.
Buck hareket etmeyi reddetti ve düşen liderin tepesinde kaldı.
Dann benutzte François den Griff der Peitsche und schlug Buck damit heftig.
François daha sonra kırbacın sapını kullanarak Buck'a sert bir darbe indirdi.
Buck taumelte unter dem Schlag und fiel zurück.

Darbenin etkisiyle sendeleyen Buck, saldırının etkisiyle geriye düştü.
François schlug immer wieder zu, während Spitz Pike bestrafte.
François defalarca vururken Spitz, Pike'ı cezalandırıyordu.

Die Tage vergingen und Dawson City kam immer näher.
Günler geçiyordu ve Dawson City giderek yaklaşıyordu.
Buck mischte sich immer wieder ein und schlüpfte zwischen Spitz und andere Hunde.
Buck, Spitz ile diğer köpeklerin arasına girerek sürekli müdahale ediyordu.
Er wählte seine Momente gut und wartete immer darauf, dass François ging.
Anları iyi seçiyordu, François'nın gitmesini bekliyordu hep.
Bucks stille Rebellion breitete sich aus und im Team breitete sich Unordnung aus.
Buck'ın sessiz isyanı yayıldı ve ekipte düzensizlik kök saldı.
Dave und Solleks blieben loyal, andere jedoch wurden widerspenstig.
Dave ve Solleks sadık kaldılar, ancak diğerleri asileştiler.
Die Situation im Team wurde immer schlimmer – es wurde unruhig, streitsüchtig und geriet aus der Reihe.
Takım giderek kötüleşiyordu; huzursuz, kavgacı ve çizgiyi aşan bir hale gelmişti.
Nichts lief mehr reibungslos und es kam immer wieder zu Streit.
Artık hiçbir şey yolunda gitmiyordu ve kavgalar yaygınlaşmıştı.
Buck blieb im Zentrum des Chaos und provozierte ständig Unruhe.
Buck, her zaman huzursuzluk yaratarak sorunların merkezinde yer aldı.
François blieb wachsam, aus Angst vor dem Kampf zwischen Buck und Spitz.
François, Buck ile Spitz arasındaki kavgadan korkarak tetikte bekliyordu.

Jede Nacht wurde er durch Rangeleien geweckt, aus Angst, dass es endlich losgehen würde.
Her gece çıkan arbedeler onu uyandırıyordu, başlangıcın nihayet geldiğinden korkuyordu.
Er sprang aus seiner Robe, bereit, den Kampf zu beenden.
Cüppesini çıkarıp kavgayı ayırmaya hazırlandı.
Aber der Moment kam nie und sie erreichten schließlich Dawson.
Ama o an hiç gelmedi ve sonunda Dawson'a ulaştılar.
Das Team betrat die Stadt an einem trüben Nachmittag, angespannt und still.
Ekip, kasvetli bir öğleden sonra, gergin ve sessiz bir şekilde kasabaya girdi.
Der große Kampf um die Führung hing noch immer in der eisigen Luft.
Liderlik için verilen büyük mücadele hâlâ buz gibi havada asılı duruyordu.
Dawson war voller Männer und Schlittenhunde, die alle mit der Arbeit beschäftigt waren.
Dawson, hepsi işleriyle meşgul adamlar ve kızak köpekleriyle doluydu.
Buck beobachtete die Hunde von morgens bis abends beim Lastenziehen.
Buck, köpeklerin sabahın erken saatlerinden akşama kadar yük çekmesini izliyordu.
Sie transportierten Baumstämme und Brennholz und lieferten Vorräte an die Minen.
Odun ve odun taşıdılar, madenlere malzeme taşıdılar.
Wo früher im Süden Pferde arbeiteten, schufteten heute Hunde.
Bir zamanlar Güney'de atların çalıştığı yerde, artık köpekler çalışıyordu.
Buck sah einige Hunde aus dem Süden, aber die meisten waren wolfsähnliche Huskys.
Buck, Güney'den gelen bazı köpekler gördü, ama çoğu kurt benzeri Sibirya kurduydu.

Nachts erhoben die Hunde pünktlich zum ersten Mal ihre Stimmen zum Singen.
Geceleri, her zamanki gibi, köpekler şarkı söyleyerek seslerini yükseltiyorlardı.
Um neun, um Mitternacht und erneut um drei begann der Gesang.
Saat dokuzda, gece yarısı, sonra yine üçte şarkı söylemeye başladık.
Buck liebte es, in ihren unheimlichen Gesang einzustimmen, der wild und uralt klang.
Buck, onların ürkütücü, vahşi ve kadim seslere sahip tezahüratlarına katılmayı çok seviyordu.
Das Polarlicht flammte, die Sterne tanzten und das Land war mit Schnee bedeckt.
Aurora parlıyor, yıldızlar dans ediyor ve kar her yeri kaplıyordu.
Der Gesang der Hunde erhob sich als Aufschrei gegen die Stille und die bittere Kälte.
Köpeklerin şarkısı, sessizliğe ve dondurucu soğuğa karşı bir haykırış gibi yükseldi.
Doch in jedem langen Ton ihres Heulens war Trauer und nicht Trotz zu hören.
Ama ulumaları her uzun notada meydan okuma değil, üzüntü taşıyordu.
Jeder Klageschrei war voller Flehen; die Last des Lebens selbst.
Her feryat, yalvarışla doluydu; hayatın yükünün ta kendisiydi.
Dieses Lied war alt – älter als Städte und älter als Feuer
O şarkı eskiydi, kasabalardan ve yangınlardan daha eskiydi
Dieses Lied war sogar älter als die Stimmen der Menschen.
O şarkı insan seslerinden bile daha eskiydi.
Es war ein Lied aus der jungen Welt, als alle Lieder traurig waren.
Gençlik dünyasından, bütün şarkılar hüzünlüyken söylenen bir şarkıydı.

Das Lied trug den Kummer unzähliger Hundegenerationen in sich.
Şarkı, nesiller boyu köpeklerin acısını taşıyordu.
Buck spürte die Melodie tief und stöhnte vor jahrhundertealtem Schmerz.
Buck melodiyi derinden hissetti, asırlardır süregelen acıyla inledi.
Er schluchzte aus einem Kummer, der so alt war wie das wilde Blut in seinen Adern.
Damarlarındaki vahşi kan kadar eski bir kederle hıçkırarak ağlıyordu.
Die Kälte, die Dunkelheit und das Geheimnisvolle berührten Bucks Seele.
Soğuk, karanlık ve gizem Buck'ın ruhuna dokundu.
Dieses Lied bewies, wie weit Buck zu seinen Ursprüngen zurückgekehrt war.
Bu şarkı Buck'ın ne kadar köklerine döndüğünü kanıtlıyordu.
Durch Schnee und Heulen hatte er den Anfang seines eigenen Lebens gefunden.
Karlar ve ulumalar arasında kendi hayatının başlangıcını bulmuştu.

Sieben Tage nach ihrer Ankunft in Dawson brachen sie erneut auf.
Dawson'a vardıktan yedi gün sonra tekrar yola koyuldular.
Das Team verließ die Kaserne und fuhr hinunter zum Yukon Trail.
Takım Kışla'dan Yukon Yolu'na doğru indi.
Sie begannen die Rückreise nach Dyea und Salt Water.
Dyea ve Tuzlu Su'ya doğru dönüş yolculuğuna başladılar.
Perrault überbrachte noch dringlichere Depeschen als zuvor.
Perrault, eskisinden daha da acil haberler taşıyordu.
Auch ihn packte der Trail-Stolz, und er wollte einen Rekord aufstellen.
O da iz sürme gururuna kapılmıştı ve rekor kırmayı hedefliyordu.
Diesmal hatte Perrault mehrere Vorteile.

Bu kez Perrault'un lehine birçok avantaj vardı.
Die Hunde hatten eine ganze Woche lang geruht und ihre Kräfte wiedererlangt.
Köpekler bir hafta boyunca dinlenip güçlerini yeniden kazanmışlardı.
Die Spur, die sie gebahnt hatten, wurde nun von anderen festgestampft.
Onların açtığı yol şimdi başkaları tarafından sıkıştırılmıştı.
An manchen Stellen hatte die Polizei Futter für Hunde und Menschen gelagert.
Polisler bazı yerlerde hem köpekler hem de adamlar için yiyecek depolamıştı.
Perrault reiste mit leichtem Gepäck und bewegte sich schnell, ohne dass ihn etwas belastete.
Perrault hafif ve hızlı seyahat ediyordu, onu aşağı çekecek çok az şey vardı.
Sie erreichten Sixty-Mile, eine Strecke von achtzig Kilometern, noch in der ersten Nacht.
İlk gecede elli mil koşu olan Altmış Mil'e ulaştılar.
Am zweiten Tag eilten sie den Yukon hinauf nach Pelly.
İkinci gün Yukon Nehri'nden yukarı doğru Pelly'ye doğru yola koyuldular.
Doch dieser tolle Fortschritt war für François mit vielen Strapazen verbunden.
Fakat bu güzel ilerleme François için büyük bir sıkıntıyı da beraberinde getirdi.
Bucks stille Rebellion hatte die Disziplin des Teams zerstört.
Buck'ın sessiz isyanı takımın disiplinini paramparça etmişti.
Sie zogen nicht mehr wie ein Tier an den Zügeln.
Artık tek bir hayvan gibi dizginleri ellerinde tutmuyorlardı.
Buck hatte durch sein mutiges Beispiel andere zum Trotz verleitet.
Buck, cesur örneğiyle başkalarını da meydan okumaya yöneltmişti.
Spitz' Befehl stieß weder auf Furcht noch auf Respekt.
Spitz'in emri artık korkuyla ya da saygıyla karşılanmıyordu.

Die anderen verloren ihre Ehrfurcht vor ihm und wagten es, sich seiner Herrschaft zu widersetzen.
Diğerleri ona olan korkularını yitirdiler ve onun yönetimine karşı koymaya cesaret ettiler.
Eines Nachts stahl Pike einen halben Fisch und aß ihn vor Bucks Augen.
Bir gece Pike yarım bir balık çaldı ve Buck'ın gözü önünde yedi.
In einer anderen Nacht kämpften Dub und Joe gegen Spitz und blieben ungestraft.
Başka bir gece, Dub ve Joe, Spitz'le dövüştüler ve cezasız kaldılar.
Sogar Billee jammerte weniger süß und zeigte eine neue Schärfe.
Billee bile daha az tatlı bir şekilde sızlanmaya başladı ve yeni bir keskinlik gösterdi.
Buck knurrte Spitz jedes Mal an, wenn sich ihre Wege kreuzten.
Buck, Spitz'le yolları her kesiştiğinde ona hırlıyordu.
Bucks Haltung wurde dreist und bedrohlich, fast wie die eines Tyrannen.
Buck'ın tavrı neredeyse bir zorba gibi cüretkar ve tehditkar bir hal aldı.
Mit stolzgeschwellter Brust und voller spöttischer Bedrohung schritt er vor Spitz auf und ab.
Spitz'in önünde alaycı bir tehditle dolu bir tavırla yürüyordu.
Dieser Zusammenbruch der Ordnung breitete sich auch unter den Schlittenhunden aus.
Düzenin bozulması kızak köpeklerine de sıçradı.
Sie stritten und stritten mehr denn je und erfüllten das Lager mit Lärm.
Her zamankinden daha fazla kavga edip tartışıyorlardı, kampı gürültüyle dolduruyorlardı.
Das Lagerleben verwandelte sich jede Nacht in ein wildes, heulendes Chaos.
Kamp hayatı her gece vahşi, uluyan bir kaosa dönüşüyordu.
Nur Dave und Solleks blieben ruhig und konzentriert.

Sadece Dave ve Solleks istikrarlı ve odaklanmış kalmayı başardı.
Doch selbst sie wurden durch die ständigen Schlägereien ungehalten.
Ama onlar bile sürekli kavgalardan dolayı sinirlenmeye başladılar.
François fluchte in fremden Sprachen und stampfte frustriert auf.
François garip dillerde küfürler savuruyor ve öfkeyle ayaklarını yere vuruyordu.
Er riss sich die Haare aus und schrie, während der Schnee unter seinen Füßen wirbelte.
Ayaklarının altında karlar uçuşurken saçlarını yoluyor ve bağırıyordu.
Seine Peitsche knallte über das Rudel, konnte es aber kaum in Schach halten.
Kırbacı sürünün üzerinden şakladı ama onları hizaya sokmaya yetmedi.
Immer wenn er sich umdrehte, brachen die Kämpfe erneut aus.
Ne zaman sırtını dönse, kavga yeniden başlıyordu.
François setzte die Peitsche für Spitz ein, während Buck die Rebellen anführte.
François kırbaç darbesini Spitz'e karşı kullanırken, Buck isyancıları yönetiyordu.
Jeder kannte die Rolle des anderen, aber Buck vermied jegliche Schuldzuweisungen.
Her ikisi de diğerinin rolünü biliyordu ama Buck herhangi bir suçlamadan kaçındı.
François hat Buck nie dabei erwischt, wie er eine Schlägerei anfing oder sich vor seiner Arbeit drückte.
François, Buck'ın hiçbir zaman kavga çıkardığını veya işinden kaytardığını görmedi.
Buck arbeitete hart im Geschirr – die Mühe erfüllte ihn jetzt mit Begeisterung.
Buck koşumlarda çok çalışıyordu; bu emek artık ruhunu heyecanlandırıyordu.

Doch noch mehr Freude bereitete ihm das Anzetteln von Kämpfen und Chaos im Lager.
Ama kampta kavga ve kaos çıkarmaktan daha çok zevk alıyordu.

Eines Abends schreckte Dub an der Mündung des Tahkeena ein Kaninchen auf.
Bir akşam, Tahkeena'nın ağzında Dub bir tavşanı ürküttü.
Er verpasste den Fang und das Schneeschuhkaninchen sprang davon.
Avı kaçırınca kar ayakkabılı tavşan kaçtı.
Innerhalb von Sekunden nahm das gesamte Schlittenteam unter wildem Geschrei die Verfolgung auf.
Birkaç saniye içinde tüm kızak ekibi çığlıklar atarak kızın peşine düştü.
In der Nähe beherbergte ein Lager der Northwest Police fünfzig Huskys.
Yakınlardaki bir Kuzeybatı Polis kampında elli tane Sibirya kurdu köpeği bulunuyordu.
Sie schlossen sich der Jagd an und stürmten gemeinsam den zugefrorenen Fluss hinunter.
Birlikte ava katıldılar, donmuş nehrin aşağısına doğru ilerlediler.
Das Kaninchen verließ den Fluss und floh in ein gefrorenes Bachbett.
Tavşan nehri bırakıp donmuş dere yatağına doğru kaçtı.
Das Kaninchen hüpfte leichtfüßig über den Schnee, während die Hunde sich durchkämpften.
Tavşan karın üzerinde hafifçe zıplarken, köpekler zorlukla ilerliyordu.
Buck führte das riesige Rudel von sechzig Hunden um jede Kurve.
Buck, altmış köpekten oluşan devasa sürüyü her virajda yönlendiriyordu.
Er drängte tief und eifrig vorwärts, konnte jedoch keinen Boden gutmachen.

Alçak ve istekli bir şekilde ileri doğru atıldı, ancak ilerleme kaydedemedi.

Bei jedem kraftvollen Sprung blitzte sein Körper im blassen Mondlicht auf.

Her güçlü sıçrayışta, bedeni soluk ayın altında parlıyordu.

Vor uns bewegte sich das Kaninchen wie ein Geist, lautlos und zu schnell, um es einzufangen.

Önündeki tavşan bir hayalet gibi sessizce ve yakalanamayacak kadar hızlı hareket ediyordu.

All diese alten Instinkte – der Hunger, der Nervenkitzel – durchströmten Buck.

Tüm o eski içgüdüler - açlık, heyecan - Buck'ın içinde hücum etti.

Manchmal verspüren Menschen diesen Instinkt und werden dazu getrieben, mit Gewehr und Kugel zu jagen.

İnsanlar zaman zaman bu içgüdüyü hisseder, silahla, mermiyle avlanmaya yönelir.

Aber Buck empfand dieses Gefühl auf einer tieferen und persönlicheren Ebene.

Ama Buck bu duyguyu daha derin ve daha kişisel bir düzeyde hissediyordu.

Sie konnten die Wildnis nicht in ihrem Blut spüren, so wie Buck sie spüren konnte.

Buck'ın hissettiği vahşiliği kanlarında hissedemiyorlar.

Er jagte lebendes Fleisch, bereit, mit seinen Zähnen zu töten und Blut zu schmecken.

Canlı etin peşindeydi, dişleriyle öldürmeye ve kan tadına bakmaya hazırdı.

Sein Körper spannte sich vor Freude, er wollte in warmem, rotem Leben baden.

Vücudu sevinçle geriliyor, sıcak kırmızı bir yaşamda yıkanmak istiyordu.

Eine seltsame Freude markiert den höchsten Punkt, den das Leben jemals erreichen kann.

Hayatın ulaşabileceği en yüksek noktayı garip bir sevinç belirler.

Das Gefühl eines Gipfels, bei dem die Lebenden vergessen, dass sie überhaupt am Leben sind.
Yaşayanların, yaşadıklarını bile unuttukları bir zirve hissi.
Diese tiefe Freude berührt den Künstler, der sich in glühender Inspiration verliert.
Bu derin sevinç, alev alev ilhama gömülmüş sanatçıyı etkiler.
Diese Freude ergreift den Soldaten, der wild kämpft und keinen Feind verschont.
Bu sevinç, çılgınca savaşan ve hiçbir düşmanı esirgemeyen askeri yakalar.
Diese Freude erfasste nun Buck, der das Rudel mit seinem Urhunger anführte.
Bu sevinç, ilkel açlıkta sürünün başında yer alan Buck'ı da ele geçirmişti.
Er heulte mit dem uralten Wolfsschrei, aufgeregt durch die lebendige Jagd.
Yaşayan kovalamacanın heyecanıyla, eski kurt çığlığıyla uluyordu.
Buck hat den ältesten Teil seiner selbst angezapft, der in der Wildnis verloren war.
Buck, vahşi doğada kaybolmuş olan kendi en eski yanına ulaştı.
Er griff tief in sein Inneres, in die Vergangenheit, in die raue, uralte Zeit.
Derinlere, geçmiş hafızaya, ham, kadim zamana ulaştı.
Eine Welle puren Lebens durchströmte jeden Muskel und jede Sehne.
Saf bir yaşam dalgası her kas ve tendondan yayılıyordu.
Jeder Sprung schrie, dass er lebte, dass er durch den Tod ging.
Her sıçrayış onun yaşadığını, ölümden geçtiğini haykırıyordu.
Sein Körper schwebte freudig über stilles, kaltes Land, das sich nie regte.
Vücudu hiç kıpırdamayan, soğuk ve hareketsiz toprağın üzerinde neşeyle yükseldi.
Spitz blieb selbst in seinen wildesten Momenten kalt und listig.

Spitz en çılgın anlarında bile soğukkanlı ve kurnazdı.
Er verließ den Pfad und überquerte das Land, wo der Bach eine weite Biegung machte.
Patikadan ayrılıp derenin genişçe kıvrıldığı araziye doğru ilerledi.
Buck, der davon nichts wusste, blieb auf dem gewundenen Pfad des Kaninchens.
Buck, bunun farkında olmadan tavşanın dolambaçlı yolunda ilerlemeye devam etti.
Dann, als Buck um eine Kurve bog, stand das geisterhafte Kaninchen vor ihm.
Sonra Buck bir virajı döndüğünde hayalet tavşan tam karşısındaydı.
Er sah, wie eine zweite Gestalt vor der Beute vom Ufer sprang.
Avın önünde kıyıdan sıçrayan ikinci bir figür gördü.
Bei der Gestalt handelte es sich um Spitz, der direkt auf dem Weg des fliehenden Kaninchens landete.
Bu figür Spitz'di ve kaçan tavşanın tam yoluna düştü.
Das Kaninchen konnte sich nicht umdrehen und traf mitten in der Luft auf Spitz' Kiefer.
Tavşan dönemedi ve havada Spitz'in çenesiyle karşılaştı.
Das Rückgrat des Kaninchens brach mit einem Schrei, der so scharf war wie der Schrei eines sterbenden Menschen.
Tavşanın omurgası, ölmekte olan bir insanın çığlığı kadar keskin bir çığlıkla kırıldı.
Bei diesem Geräusch – dem Sturz vom Leben in den Tod – heulte das Rudel laut auf.
O sesle, yani hayattan ölüme düşüşle, sürü yüksek sesle uludu.
Hinter Buck erhob sich ein wilder Chor voller dunkler Freude.
Buck'ın arkasından karanlık bir zevkle dolu vahşi bir koro yükseldi.
Buck gab keinen Schrei von sich, keinen Laut, und stürmte direkt auf Spitz zu.

Buck hiçbir çığlık atmadı, hiçbir ses çıkarmadı ve doğruca Spitz'e doğru koştu.
Er zielte auf die Kehle, traf aber stattdessen die Schulter.
Boğazını hedef aldı ama omzuna isabet etti.
Sie stürzten durch den weichen Schnee, ihre Körper waren in einen Kampf verstrickt.
Yumuşak karda yuvarlanıyorlardı; bedenleri mücadele halindeydi.
Spitz sprang schnell auf, als wäre er nie niedergeschlagen worden.
Spitz sanki hiç yere düşmemiş gibi hızla ayağa fırladı.
Er schlug auf Bucks Schulter und sprang dann aus dem Kampf.
Buck'ın omzunu kesti, sonra da kavga alanından atlayıp uzaklaştı.
Zweimal schnappten seine Zähne wie Stahlfallen, seine Lippen waren grimmig gekräuselt.
Dişleri iki kez çelik kapanlar gibi kırıldı, dudakları kıvrıldı ve vahşileşti.
Er wich langsam zurück und suchte festen Boden unter seinen Füßen.
Yavaşça geri çekildi, ayaklarının altında sağlam bir zemin arıyordu.
Buck verstand den Moment sofort und vollkommen.
Buck o anı anında ve tam olarak anladı.
Die Zeit war gekommen; der Kampf würde ein Kampf auf Leben und Tod werden.
Zamanı gelmişti; dövüş ölümüne olacaktı.
Die beiden Hunde umkreisten knurrend den Raum, legten die Ohren an und kniffen die Augen zusammen.
İki köpek hırlayarak, kulaklarını dikleştirerek, gözlerini kısarak daireler çiziyorlardı.
Jeder Hund wartete darauf, dass der andere Schwäche zeigte oder einen Fehltritt machte.
Her köpek diğerinin zayıflık göstermesini veya yanlış adım atmasını bekliyordu.

Buck hatte ein unheimliches Gefühl, die Szene zu kennen und tief in Erinnerung zu behalten.
Buck için bu sahne ürkütücü bir şekilde tanıdık ve derinden hatırlanıyordu.
Die weißen Wälder, die kalte Erde, die Schlacht im Mondlicht.
Beyaz ormanlar, soğuk toprak, ay ışığında savaş.
Eine schwere Stille erfüllte das Land, tief und unnatürlich.
Ülkeyi derin ve doğaya aykırı ağır bir sessizlik kapladı.
Kein Wind regte sich, kein Blatt bewegte sich, kein Geräusch unterbrach die Stille.
Hiçbir rüzgar esmedi, hiçbir yaprak kımıldamadı, hiçbir ses sessizliği bozmadı.
Der Atem der Hunde stieg wie Rauch in die eiskalte, stille Luft.
Köpeklerin nefesleri donmuş, sessiz havada duman gibi yükseliyordu.
Das Kaninchen war von der Meute der wilden Tiere längst vergessen.
Tavşan, vahşi hayvan sürüsü tarafından çoktan unutulmuştu.
Diese halb gezähmten Wölfe standen nun still in einem weiten Kreis.
Yarı evcilleşmiş bu kurtlar şimdi geniş bir daire şeklinde hareketsiz duruyorlardı.
Sie waren still, nur ihre leuchtenden Augen verrieten ihren Hunger.
Sessizdiler, sadece parlayan gözleri açlıklarını ele veriyordu.
Ihr Atem stieg auf, als sie den Beginn des Endkampfes beobachteten.
Nefesleri yukarıya doğru yükseldi, son dövüşün başlamasını izlediler.
Für Buck war dieser Kampf alt und erwartet, überhaupt nicht ungewöhnlich.
Buck'a göre bu savaş eski ve beklenen bir şeydi, hiç de garip değildi.
Es fühlte sich an wie die Erinnerung an etwas, das schon immer passieren sollte.

Her zaman olması gereken bir şeyin hatırası gibiydi.
Spitz war ein ausgebildeter Kampfhund, gestählt durch zahllose wilde Schlägereien.
Spitz, sayısız vahşi kavgayla geliştirilmiş, eğitimli bir dövüş köpeğiydi.
Von Spitzbergen bis Kanada hatte er viele Feinde besiegt.
Spitzbergen'den Kanada'ya kadar birçok düşmanı alt etmişti.
Er war voller Wut, ließ seiner Wut jedoch nie freien Lauf.
Çok öfkeliydi ama öfkesini asla kontrol altına alamıyordu.
Seine Leidenschaft war scharf, aber immer durch einen harten Instinkt gemildert.
Tutkusu keskindi ama her zaman sert içgüdülerle yumuşatılırdı.
Er griff nie an, bis seine eigene Verteidigung stand.
Kendi savunması hazır olana kadar asla saldırmadı.
Buck versuchte immer wieder, Spitz' verwundbaren Hals zu erreichen.
Buck, Spitz'in savunmasız boynuna ulaşmak için tekrar tekrar çabaladı.
Doch jeder Schlag wurde von Spitz' scharfen Zähnen mit einem Hieb beantwortet.
Ama her vuruş, Spitz'in keskin dişlerinin bir darbesiyle karşılanıyordu.
Ihre Reißzähne prallten aufeinander und beide Hunde bluteten aus den aufgerissenen Lippen.
Dişleri çarpıştı ve her iki köpeğin de yırtılan dudaklarından kan aktı.
Egal, wie sehr Buck sich auch wehrte, er konnte die Verteidigung nicht durchbrechen.
Buck ne kadar atak yaparsa yapsın savunmayı aşamadı.
Er wurde immer wütender und stürmte mit wilden Kraftausbrüchen hinein.
Daha da öfkelendi, vahşi güç patlamalarıyla hücum etti.
Immer wieder schlug Buck nach der weißen Kehle von Spitz.
Buck, Spitz'in beyaz boğazına defalarca saldırdı.

Jedes Mal wich Spitz aus und schlug mit einem schneidenden Biss zurück.
Spitz her seferinde kaçıp kurtuluyor ve keskin bir ısırıkla karşılık veriyordu.
Dann änderte Buck seine Taktik und stürzte sich erneut darauf, als wolle er ihm die Kehle zu Leibe rücken.
Sonra Buck taktik değiştirdi, sanki tekrar boğazına doğru saldırıyormuş gibi.
Doch er zog sich mitten im Angriff zurück und drehte sich um, um von der Seite zuzuschlagen.
Ancak atak sırasında geri çekildi ve yan taraftan vurmaya başladı.
Er warf Spitz seine Schulter entgegen, um ihn niederzuschlagen.
Omzunu Spitz'e doğru fırlattı, onu yere sermeyi amaçlıyordu.
Bei jedem Versuch wich Spitz aus und konterte mit einem Hieb.
Spitz her seferinde kaçmayı başarıyor ve vuruşuyla karşılık veriyordu.
Bucks Schulter wurde wund, als Spitz nach jedem Schlag davonsprang.
Spitz her vuruştan sonra sıçrayarak uzaklaşırken Buck'ın omzu ağrımaya başladı.
Spitz war nicht berührt worden, während Buck aus vielen Wunden blutete.
Spitz'e dokunulmamıştı, Buck ise birçok yarasından kanıyordu.
Bucks Atem ging schnell und schwer, sein Körper war blutverschmiert.
Buck'ın nefesi hızlı ve ağırdı, vücudu kanla kaplıydı.
Mit jedem Biss und Angriff wurde der Kampf brutaler.
Her ısırık ve saldırıyla kavga daha da vahşileşiyordu.
Um sie herum warteten sechzig stille Hunde darauf, dass der erste fiel.
Etraflarında altmış tane sessiz köpek ilk düşen köpeği bekliyordu.

Wenn ein Hund zu Boden ging, würde das Rudel den Kampf beenden.
Eğer bir köpek düşerse sürünün tamamı dövüşü bitirecekti.
Spitz sah, dass Buck schwächer wurde, und begann, den Angriff voranzutreiben.
Spitz, Buck'ın zayıfladığını fark etti ve saldırıya geçmeye başladı.
Er brachte Buck aus dem Gleichgewicht und zwang ihn, um Halt zu kämpfen.
Buck'ın dengesini bozdu ve onu ayakta durmak için mücadele etmeye zorladı.
Einmal stolperte Buck und fiel, und alle Hunde standen auf.
Bir gün Buck tökezleyip düştü ve bütün köpekler ayağa kalktı.
Doch Buck richtete sich mitten im Fall auf und alle sanken wieder zu Boden.
Ancak Buck düşüşün ortasında doğruldu ve herkes tekrar yere yığıldı.
Buck hatte etwas Seltenes – eine Vorstellungskraft, die aus tiefem Instinkt geboren war.
Buck'ın nadir bir yeteneği vardı: Derin içgüdülerden doğan hayal gücü.
Er kämpfte mit natürlichem Antrieb, aber auch mit List.
Doğal dürtüleriyle savaşıyordu ama aynı zamanda kurnazlıkla da savaşıyordu.
Er griff erneut an, als würde er seinen Schulterangriffstrick wiederholen.
Omuz saldırısı numarasını tekrarlıyormuş gibi tekrar saldırdı.
Doch in der letzten Sekunde ließ er sich fallen und flog unter Spitz hindurch.
Ancak son saniyede alçaldı ve Spitz'in altından geçti.
Seine Zähne schnappten um Spitz' linkes Vorderbein.
Dişleri Spitz'in ön sol bacağına şak diye kenetlendi.
Spitz stand nun unsicher da, sein Gewicht ruhte nur noch auf drei Beinen.
Spitz artık dengesiz duruyordu, ağırlığını sadece üç bacağına vermişti.

Buck schlug erneut zu und versuchte dreimal, ihn zu Fall zu bringen.
Buck tekrar saldırdı, onu yere sermek için üç kez denedi.
Beim vierten Versuch nutzte er denselben Zug mit Erfolg
Dördüncü denemede aynı hareketi başarıyla kullandı
Diesmal gelang es Buck, Spitz in das rechte Bein zu beißen.
Buck bu sefer Spitz'in sağ bacağını ısırmayı başardı.
Obwohl Spitz verkrüppelt war und große Schmerzen litt, kämpfte er weiter ums Überleben.
Spitz, sakat ve acı içinde olmasına rağmen hayatta kalma mücadelesini sürdürüyordu.
Er sah, wie der Kreis der Huskys enger wurde, die Zungen herausstreckten und deren Augen leuchteten.
Sibirya kurdu çemberinin giderek daraldığını, dillerinin dışarıda, gözlerinin parladığını gördü.
Sie warteten darauf, ihn zu verschlingen, so wie sie es mit anderen getan hatten.
Başkalarına yaptıkları gibi onu da yutmak için beklediler.
Dieses Mal stand er im Mittelpunkt: besiegt und verdammt.
Bu sefer ortada duruyordu; yenilmiş ve mahkûm.
Für den weißen Hund gab es jetzt keine Möglichkeit mehr zu entkommen.
Artık beyaz köpeğin kaçma şansı kalmamıştı.
Buck kannte keine Gnade, denn Gnade hatte in der Wildnis nichts zu suchen.
Buck merhamet göstermedi, çünkü merhamet vahşi doğada bulunmazdı.
Buck bewegte sich vorsichtig und bereitete sich auf den letzten Angriff vor.
Buck son hücum için hazırlık yaparak dikkatlice hareket etti.
Der Kreis der Huskys schloss sich, er spürte ihren warmen Atem.
Sibirya kurdu çemberi giderek daralıyordu; onların sıcak nefeslerini hissediyordu.
Sie duckten sich und waren bereit, im richtigen Moment zu springen.
An geldiğinde atılmaya hazır bir şekilde çömeldiler.

Spitz zitterte im Schnee, knurrte und veränderte seine Haltung.
Spitz karda titredi, hırladı ve duruşunu değiştirdi.
Seine Augen funkelten, seine Lippen waren gekräuselt und seine Zähne blitzten in verzweifelter Drohung.
Gözleri parlıyor, dudakları kıvrılıyor, dişleri umutsuz bir tehditle parlıyordu.
Er taumelte und versuchte immer noch, dem kalten Biss des Todes standzuhalten.
Ölümün soğuk ısırığını hâlâ hissetmemeye çalışarak sendeledi.
Er hatte das schon früher erlebt, aber immer von der Gewinnerseite.
Bunu daha önce de görmüştü ama hep kazanan taraftan.
Jetzt war er auf der Verliererseite, der Besiegte, die Beute, der Tod.
Artık kaybeden taraftaydı; yenilen taraftaydı; avdı; ölümdü.
Buck umkreiste ihn für den letzten Schlag, der Hundekreis rückte näher.
Buck son darbeyi indirmek için daireler çizdi, köpek halkası gittikçe yaklaşıyordu.
Er konnte ihren heißen Atem spüren; bereit zum Töten.
Sıcak nefeslerini hissedebiliyordu; öldürmeye hazırdılar.
Stille breitete sich aus; alles war an seinem Platz; die Zeit war stehen geblieben.
Bir sessizlik çöktü; her şey yerli yerindeydi; zaman durmuştu.
Sogar die kalte Luft zwischen ihnen gefror für einen letzten Moment.
Aralarındaki soğuk hava bile son bir an için dondu.
Nur Spitz bewegte sich und versuchte, sein bitteres Ende abzuwenden.
Sadece Spitz, acı sonunu atlatmaya çalışarak kıpırdadı.
Der Kreis der Hunde schloss sich um ihn, und das war sein Schicksal.
Köpeklerin çemberi, kaderi gibi, onu da sıkıştırıyordu.
Er war jetzt verzweifelt, da er wusste, was passieren würde.
Artık ne olacağını bildiği için çaresizdi.

Buck sprang hinein, Schulter an Schulter traf ein letztes Mal.
Buck atıldı, omuz omuza son kez buluştu.
Die Hunde drängten vorwärts und deckten Spitz in der verschneiten Dunkelheit.
Köpekler ileri atıldılar ve karlı karanlıkta Spitz'i korudular.
Buck sah zu, aufrecht stehend; der Sieger in einer wilden Welt.
Buck, vahşi bir dünyanın galibi olarak dimdik ayakta izliyordu.
Das dominante Urtier hatte seine Beute gemacht, und es war gut.
Egemen ilkel canavar öldürücü darbeyi indirmişti ve bu iyiydi.

Wer die Meisterschaft erlangt hat
Üstünlüğe Kazanan O

„Wie? Was habe ich gesagt? Ich sage die Wahrheit, wenn ich sage, dass Buck ein Teufel ist."
"Eh? Ne dedim? Buck'ın bir şeytan olduğunu söylediğimde doğruyu söylüyorum."

François sagte dies am nächsten Morgen, nachdem er festgestellt hatte, dass Spitz verschwunden war.
François, Spitz'in kaybolduğunu öğrendiği ertesi sabah bu sözleri söyledi.

Buck stand da, übersät mit Wunden aus dem erbitterten Kampf.
Buck, vahşi dövüşten kalan yaralarla orada duruyordu.

François zog Buck zum Feuer und zeigte auf die Verletzungen.
François, Buck'ı ateşin yanına çekti ve yaraları işaret etti.

„Dieser Spitz hat gekämpft wie der Devik", sagte Perrault und beäugte die tiefen Schnittwunden.
"Bu Spitz, Devik gibi dövüşüyordu," dedi Perrault, derin yaralara bakarak.

„Und dieser Buck hat wie zwei Teufel gekämpft", antwortete François sofort.
"Ve Buck iki şeytan gibi dövüşüyordu," diye hemen cevap verdi François.

„Jetzt kommen wir gut voran; kein Spitz mehr, kein Ärger mehr."
"Artık iyi vakit geçireceğiz; Spitz yok, sorun yok."

Perrault packte die Ausrüstung und belud den Schlitten sorgfältig.
Perrault malzemeleri topluyor ve kızakları dikkatle yüklüyordu.

François spannte die Hunde für den Lauf des Tages an.
François, günlük koşuya hazırlanmak için köpekleri koşumlara taktı.

Buck trabte direkt an die Führungsposition, die einst Spitz innehatte.

Buck, Spitz'in elinde tuttuğu lider pozisyonuna doğru koştu.
Doch François bemerkte es nicht und führte Solleks nach vorne.
Fakat François, bunun farkında olmadan Solleks'i öne doğru götürdü.
Nach François' Einschätzung war Solleks nun der beste Leithund.
François'nın yargısına göre Solleks artık en iyi lider köpekti.
Buck stürzte sich wütend auf Solleks und trieb ihn aus Protest zurück.
Buck öfkeyle Solleks'e doğru atıldı ve onu protesto etmek için geri püskürttü.
Er stand dort, wo einst Spitz gestanden hatte, und beanspruchte die Führungsposition.
Spitz'in bir zamanlar durduğu yerde durarak liderliği ele geçirdi.
„Wie? Wie?", rief François und schlug sich amüsiert auf die Schenkel.
"Eh? Eh?" diye haykırdı François, eğlenerek uyluklarına vurarak.
„Sehen Sie sich Buck an – er hat Spitz umgebracht und jetzt will er ihm den Job wegnehmen!"
"Buck'a bak, Spitz'i öldürdü, şimdi de işi almak istiyor!"
„Geh weg, Chook!", schrie er und versuchte, Buck zu vertreiben.
"Defol git, Chook!" diye bağırdı, Buck'ı uzaklaştırmaya çalışarak.
Aber Buck weigerte sich, sich zu bewegen und blieb fest im Schnee stehen.
Ama Buck hareket etmeyi reddetti ve karda dimdik ayakta durdu.
François packte Buck am Genick und zog ihn beiseite.
François, Buck'ı ensesinden yakalayıp bir kenara çekti.
Buck knurrte leise und drohend, griff aber nicht an.
Buck alçak sesle ve tehditkar bir şekilde hırladı ama saldırmadı.

François brachte Solleks wieder in Führung und versuchte, den Streit zu schlichten
François, Solleks'i tekrar öne geçirerek anlaşmazlığı çözmeye çalıştı
Der alte Hund zeigte Angst vor Buck und wollte nicht bleiben.
Yaşlı köpek Buck'tan korkuyordu ve kalmak istemiyordu.
Als François ihm den Rücken zuwandte, verjagte Buck Solleks wieder.
François arkasını döndüğünde Buck, Solleks'i tekrar dışarı attı.
Solleks leistete keinen Widerstand und trat erneut leise zur Seite.
Solleks direnmedi ve bir kez daha sessizce kenara çekildi.
François wurde wütend und schrie: „Bei Gott, ich werde dich heilen!"
François öfkelendi ve bağırdı: "Aman Tanrım, seni düzelteceğim!"
Er kam mit einer schweren Keule in der Hand auf Buck zu.
Elinde ağır bir sopayla Buck'a doğru yaklaştı.
Buck erinnerte sich gut an den Mann im roten Pullover.
Buck, kırmızı kazaklı adamı çok iyi hatırlıyordu.
Er zog sich langsam zurück, beobachtete François, knurrte jedoch tief.
Yavaşça geri çekildi, François'yı izliyordu ama derinden hırlıyordu.
Er eilte nicht zurück, auch nicht, als Solleks an seiner Stelle stand.
Solleks onun yerine geçtiğinde bile geri dönmek için acele etmedi.
Buck kreiste knapp außerhalb seiner Reichweite und knurrte wütend und protestierend.
Buck öfke ve itirazla hırlayarak, erişilemeyecek kadar uzakta daireler çizdi.
Er behielt den Schläger im Auge und war bereit auszuweichen, falls François warf.
François atarsa kaçmak için gözünü sopadan ayırmadı.

Er war weise und vorsichtig geworden im Umgang mit bewaffneten Männern.
Silahlı adamların yollarına karşı daha akıllı ve dikkatli olmuştu.
François gab auf und rief Buck erneut an seinen alten Platz.
François pes etti ve Buck'ı tekrar eski yerine çağırdı.
Aber Buck trat vorsichtig zurück und weigerte sich, dem Befehl Folge zu leisten.
Ancak Buck, emre itaat etmeyi reddederek ihtiyatla geri çekildi.
François folgte ihm, aber Buck wich nur ein paar Schritte zurück.
François onu takip etti, ancak Buck sadece birkaç adım geri çekildi.
Nach einiger Zeit warf François frustriert die Waffe hin.
Bir süre sonra François öfkeyle silahı yere attı.
Er dachte, Buck hätte Angst vor einer Tracht Prügel und würde ruhig kommen.
Buck'ın dayaktan korktuğunu ve sessizce geleceğini düşündü.
Aber Buck wollte sich nicht vor einer Strafe drücken – er kämpfte um seinen Rang.
Ama Buck cezadan kaçmıyordu; rütbe için mücadele ediyordu.
Er hatte sich den Platz als Leithund durch einen Kampf auf Leben und Tod verdient
Ölümüne bir mücadeleyle lider köpek konumunu kazanmıştı
er würde sich mit nichts Geringerem zufrieden geben, als der Anführer zu sein.
Lider olmaktan başka hiçbir şeye razı olmayacaktı.

Perrault beteiligte sich an der Verfolgung, um den rebellischen Buck zu fangen.
Perrault, asi Buck'ı yakalamak için kovalamacaya katıldı.
Gemeinsam ließen sie ihn fast eine Stunde lang durch das Lager laufen.
İkisi birlikte onu yaklaşık bir saat boyunca kampın içinde koşturdular.

Sie warfen Knüppel nach ihm, aber Buck wich jedem Schlag geschickt aus.
Ona sopalar fırlattılar ama Buck her birini ustalıkla savuşturdu.
Sie verfluchten ihn, seine Vorfahren, seine Nachkommen und jedes Haar an ihm.
Ona, atalarına, soyuna ve üzerindeki her bir saç teline lanet ettiler.
Aber Buck knurrte nur zurück und blieb gerade außerhalb ihrer Reichweite.
Ama Buck sadece hırladı ve onların erişemeyeceği bir mesafede durdu.
Er versuchte nie wegzulaufen, sondern umkreiste das Lager absichtlich.
Kaçmaya hiç çalışmadı, aksine kampın etrafında bilerek tur attı.
Er machte klar, dass er gehorchen würde, sobald sie ihm gäben, was er wollte.
İstediğini verdiklerinde itaat edeceğini açıkça belli etti.
Schließlich setzte sich François hin und kratzte sich frustriert am Kopf.
François sonunda oturdu ve hayal kırıklığıyla başını kaşıdı.
Perrault sah auf seine Uhr, fluchte und murmelte etwas über die verlorene Zeit.
Perrault saatine baktı, küfürler savurdu ve zaman kaybından yakındı.
Obwohl sie eigentlich auf der Spur sein sollten, war bereits eine Stunde vergangen.
Yola çıkmaları gereken saatten bir saat geçmişti.
François zuckte verlegen mit den Achseln, als der Kurier resigniert seufzte.
François, yenilgiyi kabul ederek iç çeken kuryeye utangaç bir tavırla omuz silkti.
Dann ging François zu Solleks und rief Buck noch einmal.
Sonra François Solleks'in yanına yürüdü ve bir kez daha Buck'a seslendi.

Buck lachte wie ein Hund, wahrte jedoch vorsichtig seine Distanz.
Buck bir köpeğin gülüşü gibi güldü, ama dikkatli bir mesafeyi korudu.
François nahm Solleks das Geschirr ab und brachte ihn an seinen Platz zurück.
François, Solleks'in koşum takımını çıkarıp onu yerine geri koydu.
Das Schlittenteam stand voll angespannt da, nur ein Platz war unbesetzt.
Kızak takımı tam donanımlıydı, sadece bir yer boştu.
Die Führungsposition blieb leer und war eindeutig nur für Buck bestimmt.
Liderlik pozisyonu boş kaldı, açıkça sadece Buck'a ayrılmıştı.
François rief erneut, und wieder lachte Buck und blieb standhaft.
François tekrar seslendi, Buck yine güldü ve direndi.
„Wirf die Keule weg", befahl Perrault ohne zu zögern.
"Sopayı atın," diye emretti Perrault tereddüt etmeden.
François gehorchte und Buck trabte sofort stolz vorwärts.
François itaat etti ve Buck hemen gururla öne doğru koştu.
Er lachte triumphierend und übernahm die Führungsposition.
Zafer kazanmışçasına gülerek öne geçti.
François befestigte seine Leinen und der Schlitten wurde losgerissen.
François izlerini sabitledi ve kızak çözüldü.
Beide Männer liefen neben dem Team her, als es auf den Flusspfad rannte.
Takım nehir parkurunda yarışırken her iki adam da yan yana koşuyordu.
François hatte Bucks „zwei Teufel" sehr geschätzt,
François, Buck'ın "iki şeytanı"nı çok beğenmişti
aber er merkte bald, dass er den Hund tatsächlich unterschätzt hatte.
ancak kısa süre sonra köpeği aslında hafife aldığını fark etti.

Buck übernahm schnell die Führung und erbrachte hervorragende Leistungen.
Buck kısa sürede liderliği üstlendi ve mükemmel bir performans sergiledi.
In puncto Urteilsvermögen, schnelles Denken und schnelles Handeln übertraf Buck Spitz.
Yargılama, hızlı düşünme ve hızlı hareket etme konusunda Buck, Spitz'i geride bıraktı.
François hatte noch nie einen Hund gesehen, der dem von Buck gleichkam.
François, Buck'ın şimdi sergilediği gibi bir köpek daha önce hiç görmemişti.
Aber Buck war wirklich herausragend darin, für Ordnung zu sorgen und Respekt zu erlangen.
Ama Buck düzeni sağlama ve saygı uyandırma konusunda gerçekten de mükemmeldi.
Dave und Solleks akzeptierten die Änderung ohne Bedenken oder Protest.
Dave ve Solleks bu değişikliği kaygı duymadan veya itiraz etmeden kabul ettiler.
Sie konzentrierten sich nur auf die Arbeit und zogen kräftig die Zügel an.
Onlar sadece çalışmaya ve dizginleri sıkı sıkı çekmeye odaklandılar.
Es war ihnen egal, wer führte, solange der Schlitten in Bewegung blieb.
Kızak hareket ettiği sürece kimin önde olduğu umurlarında değildi.
Billee, der Fröhliche, hätte, soweit es sie interessierte, die Führung übernehmen können.
Neşeli olan Billee, umurlarında olsa liderlik edebilirdi.
Was ihnen wichtig war, waren Frieden und Ordnung in den Reihen.
Onlar için önemli olan saflarda huzur ve düzenin sağlanmasıydı.

Der Rest des Teams war während Spitz' Niedergang unbändig geworden.
Spitz'in çöküşü sırasında takımın geri kalanı asileşmişti.
Sie waren schockiert, als Buck sie sofort zur Ordnung rief.
Buck hemen onları düzene soktuğunda şok oldular.
Pike war immer faul gewesen und hatte Buck hinterhergehangen.
Pike her zaman tembeldi ve Buck'ın peşinden sürükleniyordu.
Doch nun wurde er von der neuen Führung scharf diszipliniert.
Ama şimdi yeni liderlik tarafından sert bir şekilde disiplin altına alınıyordu.
Und er lernte schnell, seinen Teil zum Team beizutragen.
Ve kısa sürede takımda üzerine düşen görevi yerine getirmeyi öğrendi.
Am Ende des Tages hatte Pike härter gearbeitet als je zuvor.
Günün sonunda Pike her zamankinden daha çok çalışıyordu.
In dieser Nacht im Lager wurde Joe, der mürrische Hund, endlich beruhigt.
O gece kampta, asabi köpek Joe nihayet sakinleştirildi.
Spitz hatte es nicht geschafft, ihn zu disziplinieren, aber Buck versagte nicht.
Spitz onu disiplin altına almayı başaramamıştı ama Buck başarısız olmamıştı.
Durch die Nutzung seines größeren Gewichts überwältigte Buck Joe in Sekundenschnelle.
Buck, daha fazla ağırlığını kullanarak Joe'yu saniyeler içinde alt etti.
Er biss und schlug Joe, bis dieser wimmerte und aufhörte, sich zu wehren.
Joe'yu ısırdı ve dövdü, ta ki inleyip direnmeyi bırakana kadar.
Von diesem Moment an verbesserte sich das gesamte Team.
O andan itibaren bütün takım gelişmeye başladı.
Die Hunde erlangten ihre alte Einheit und Disziplin zurück.
Köpekler eski birlik ve disiplinlerine kavuştular.
In Rink Rapids kamen zwei neue einheimische Huskies hinzu, Teek und Koona.

Rink Rapids'te Teek ve Koona adında iki yeni yerli Sibirya kurdu aramıza katıldı.
Bucks schnelle Ausbildung erstaunte sogar François.
Buck'ın onları bu kadar hızlı eğitmesi François'yı bile şaşırtmıştı.
„So einen Hund wie diesen Buck hat es noch nie gegeben!", rief er erstaunt.
"Buck gibi bir köpek hiç olmadı!" diye hayretle haykırdı.
„Nein, niemals! Er ist tausend Dollar wert, bei Gott!"
"Hayır, asla! Tanrı aşkına, o bin dolar değerinde!"
„Wie? Was sagst du dazu, Perrault?", fragte er stolz.
"Eh? Ne diyorsun, Perrault?" diye sordu gururla.
Perrault nickte zustimmend und überprüfte seine Notizen.
Perrault onaylarcasına başını salladı ve notlarını kontrol etti.
Wir liegen bereits vor dem Zeitplan und kommen täglich weiter voran.
Zaten programın önündeyiz ve her geçen gün daha fazlasını kazanıyoruz.
Der Weg war festgestampft und glatt, es lag kein Neuschnee.
Yol sert ve pürüzsüzdü, taze kar yoktu.
Es war konstant kalt und lag die ganze Zeit bei minus fünfzig Grad.
Soğuk hava sürekli olarak eksi elli civarında seyrediyordu.
Die Männer ritten und rannten abwechselnd, um sich warm zu halten und Zeit zu gewinnen.
Erkekler ısınmak ve zaman kazanmak için sırayla ata binip koşuyorlardı.
Die Hunde rannten schnell, mit wenigen Pausen, immer vorwärts.
Köpekler çok az durarak, sürekli ileri doğru iterek hızlı koşuyorlardı.
Der Thirty Mile River war größtenteils zugefroren und leicht zu überqueren.
Otuz Mil Nehri büyük ölçüde donmuş olduğundan üzerinden geçmek kolaydı.

Was zehn Tage gedauert hatte, wurde an einem Tag verschickt.
On gün süren geliş işini bir günde tamamladılar.
Sie legten einen sechsundneunzig Kilometer langen Sprint vom Lake Le Barge nach White Horse zurück.
Le Barge Gölü'nden White Horse'a kadar altmış millik bir koşu yaptılar.
Sie bewegten sich unglaublich schnell über die Seen Marsh, Tagish und Bennett.
Marsh, Tagish ve Bennett Gölleri'nden inanılmaz hızlı hareket ettiler.
Der laufende Mann wird an einem Seil hinter dem Schlitten hergezogen.
Koşan adam bir ip yardımıyla kızak arkasından çekiliyordu.
In der letzten Nacht der zweiten Woche erreichten sie ihr Ziel.
İkinci haftanın son gecesi varış noktalarına ulaştılar.
Sie hatten gemeinsam die Spitze des White Pass erreicht.
Birlikte Beyaz Geçit'in tepesine ulaşmışlardı.
Sie sanken auf Meereshöhe hinab, mit den Lichtern von Skaguay unter ihnen.
Altlarında Skaguay'ın ışıklarının olduğu deniz seviyesine indiler.
Es war ein Rekordlauf durch kilometerlange kalte Wildnis.
Mil uzunluğundaki soğuk vahşi doğada rekor kıran bir koşu olmuştu.
An vierzehn aufeinanderfolgenden Tagen legten sie im Durchschnitt satte vierundsechzig Kilometer zurück.
On dört gün boyunca, ortalama olarak güçlü bir şekilde kırk mil yol kat ettiler.
In Skaguay transportierten Perrault und François Fracht durch die Stadt.
Skaguay'da Perrault ve François, yükleri şehirden taşıyorlardı.
Die bewundernde Menge jubelte ihnen zu und bot ihnen viele Getränke an.
Hayran kitlesinin coşkusu karşısında alkışlandılar ve kendilerine bol bol içki ikram edildi.

Hundefänger und Arbeiter versammelten sich um das berühmte Hundegespann.
Ünlü köpek takımının etrafında köpek avcıları ve işçiler toplandı.
Dann kamen Gesetzlose aus dem Westen in die Stadt und erlitten eine brutale Niederlage.
Daha sonra batılı haydutlar şehre geldiler ve şiddetli bir yenilgiyle karşılaştılar.
Die Leute vergaßen bald das Team und konzentrierten sich auf neue Dramen.
İnsanlar kısa sürede takımı unuttular ve yeni dramalara odaklandılar.
Dann kamen die neuen Befehle, die alles auf einen Schlag veränderten.
Sonra her şeyi bir anda değiştiren yeni emirler geldi.
François rief Buck zu sich und umarmte ihn mit tränenreichem Stolz.
François, Buck'ı yanına çağırdı ve gözyaşlarıyla gururla ona sarıldı.
In diesem Moment sah Buck François zum letzten Mal wieder.
Buck, François'yı bir daha asla bu kadar iyi görmedi.
Wie viele Männer zuvor waren sowohl François als auch Perrault nicht mehr da.
Daha önceki birçok erkek gibi, François ve Perrault da gitmişti.
Ein schottischer Mischling übernahm das Kommando über Buck und seine Schlittenhunde-Kollegen.
Buck ve kızak köpeği takım arkadaşlarının sorumluluğunu bir İskoç melezi üstlendi.
Mit einem Dutzend anderer Hundegespanne kehrten sie auf dem Weg nach Dawson zurück.
Bir düzine kadar diğer köpek takımıyla birlikte patika boyunca Dawson'a geri döndüler.
Es war kein Schnelllauf mehr, sondern harte Arbeit mit einer schweren Last jeden Tag.

Artık hızlı bir koşu yoktu; sadece her gün ağır bir yük ile ağır bir emek gerekiyordu.

Dies war der Postzug, der den Goldsuchern in der Nähe des Pols Nachrichten brachte.

Bu, Kutup yakınlarındaki altın avcılarına haber getiren posta treniydi.

Buck mochte die Arbeit nicht, ertrug sie jedoch gut und war stolz auf seine Leistung.

Buck bu işten hoşlanmıyordu ama çabasının gururunu yaşayarak buna katlanıyordu.

Wie Dave und Solleks zeigte Buck Hingabe bei jeder täglichen Aufgabe.

Dave ve Solleks gibi Buck da günlük işlerin hepsine özveriyle bağlılık gösteriyordu.

Er stellte sicher, dass jeder seiner Teamkollegen seinen Teil beitrug.

Takım arkadaşlarının her birinin üzerlerine düşeni yaptığından emin oldu.

Das Leben auf dem Trail wurde langweilig und wiederholte sich mit der Präzision einer Maschine.

Patika hayatı sıkıcılaştı, bir makine hassasiyetiyle tekrarlandı.

Jeder Tag fühlte sich gleich an, ein Morgen ging in den nächsten über.

Her gün aynıydı, bir sabah diğerine karışıyordu.

Zur gleichen Stunde standen die Köche auf, um Feuer zu machen und Essen zuzubereiten.

Aynı saatte aşçılar kalkıp ateşi yakıp yemek hazırlamaya başladılar.

Nach dem Frühstück verließen einige das Lager, während andere die Hunde anspannten.

Kahvaltının ardından bazıları kamptan ayrılırken, bazıları da köpeklerini koşturdu.

Sie machten sich auf den Weg, bevor die schwache Morgendämmerung den Himmel berührte.

Şafağın ilk ışıkları gökyüzüne ulaşmadan önce yola koyuldular.

Nachts hielten sie an, um ihr Lager aufzuschlagen, wobei jeder Mann eine festgelegte Aufgabe hatte.
Geceleyin kamp kurmak için dururlardı, her adamın belli bir görevi vardı.
Einige stellten die Zelte auf, andere hackten Feuerholz und sammelten Kiefernzweige.
Kimisi çadırlarını kurdu, kimisi odun kesti, çam dalları topladı.
Zum Abendessen wurde den Köchen Wasser oder Eis mitgebracht.
Akşam yemeği için aşçılara su veya buz götürülürdü.
Die Hunde wurden gefüttert und das war für sie der schönste Teil des Tages.
Köpeklere yemek verildi ve bu onlar için günün en güzel kısmıydı.
Nachdem sie Fisch gegessen hatten, entspannten sich die Hunde und machten es sich in der Nähe des Feuers gemütlich.
Balıklarını yedikten sonra köpekler dinlenip ateşin başında dinlendiler.
Im Konvoi waren noch hundert andere Hunde, unter die man sich mischen konnte.
Konvoyda kaynaşabileceği yüz tane daha köpek vardı.
Viele dieser Hunde waren wild und kämpften ohne Vorwarnung.
Bu köpeklerin çoğu vahşiydi ve uyarı vermeden kavga etmeye hazırdı.
Doch nach drei Siegen war Buck selbst den härtesten Kämpfern überlegen.
Ancak üç galibiyetten sonra Buck, en sert dövüşçüleri bile alt etmeyi başardı.
Als Buck nun knurrte und die Zähne fletschte, traten sie zur Seite.
Buck hırlayıp dişlerini gösterdiğinde ise kenara çekildiler.
Und das Beste war vielleicht, dass Buck es liebte, neben dem flackernden Lagerfeuer zu liegen.

Belki de en çok, Buck'ın titrek kamp ateşinin yanında yatmayı sevmesi hoşuma gidiyordu.
Er hockte mit angezogenen Hinterbeinen und nach vorne gestreckten Vorderbeinen.
Arka ayaklarını kıvırıp ön ayaklarını öne doğru uzatarak çömeldi.
Er hatte den Kopf erhoben und blinzelte sanft in die glühenden Flammen.
Başını kaldırıp parlayan alevlere doğru yumuşakça gözlerini kırpıştırdı.
Manchmal musste er an Richter Millers großes Haus in Santa Clara denken.
Bazen Yargıç Miller'ın Santa Clara'daki büyük evini hatırlıyordu.
Er dachte an den Zementpool, an Ysabel und den Mops namens Toots.
Çimento havuzunu, Ysabel'i ve Toots adlı pug cinsi köpeği düşündü.
Aber häufiger musste er an die Keule des Mannes mit dem roten Pullover denken.
Ama daha çok kırmızı kazaklı adamın sopasını hatırlıyordu.
Er erinnerte sich an Curlys Tod und seinen erbitterten Kampf mit Spitz.
Kıvırcık'nin ölümünü ve Spitz'le olan amansız mücadelesini hatırladı.
Er erinnerte sich auch an das gute Essen, das er gegessen hatte oder von dem er immer noch träumte.
Yediği veya hâlâ rüyasında gördüğü güzel yemekleri de hatırladı.
Buck hatte kein Heimweh – das warme Tal war weit weg und unwirklich.
Buck, memleketini özlemiyordu; sıcak vadi uzaktaydı ve gerçek dışıydı.
Die Erinnerungen an Kalifornien hatten keine große Anziehungskraft mehr auf ihn.
Kaliforniya'daki anılar artık onun üzerinde pek bir etki bırakmıyordu.

Stärker als die Erinnerung waren die tief in seinem Blut verwurzelten Instinkte.

Hafızasından daha güçlü olan şey, kanının derinliklerindeki içgüdülerdi.

Einst verlorene Gewohnheiten waren zurückgekehrt und durch den Weg und die Wildnis wiederbelebt worden.

Bir zamanlar kaybedilen alışkanlıklar, patika ve vahşi doğa tarafından yeniden canlandırılarak geri dönmüştü.

Während Buck das Feuerlicht betrachtete, veränderte sich seine Wahrnehmung manchmal.

Buck ateşin ışığını izlerken, bazen bu ışık başka bir şeye dönüşüyordu.

Er sah im Feuerschein ein anderes Feuer, älter und tiefer als das gegenwärtige.

Ateşin ışığında, şimdikinden daha eski ve daha derin bir ateş gördü.

Neben dem anderen Feuer hockte ein Mann, der anders aussah als der Mischlingskoch.

Diğer ateşin yanında melez aşçıya benzemeyen bir adam çömelmişti.

Diese Figur hatte kurze Beine, lange Arme und harte, verknotete Muskeln.

Bu figürün kısa bacakları, uzun kolları ve sert, düğümlü kasları vardı.

Sein Haar war lang und verfilzt und fiel von den Augen nach hinten ab.

Saçları uzun ve keçeleşmişti, gözlerinden geriye doğru uzuyordu.

Er gab seltsame Geräusche von sich und starrte voller Angst in die Dunkelheit.

Garip sesler çıkarıyor, korkuyla karanlığa bakıyordu.

Er hielt eine Steinkeule tief in seiner langen, rauen Hand fest.

Uzun, sert elinde sıkıca tuttuğu taş bir sopayı alçakta tutuyordu.

Der Mann trug wenig, nur eine verkohlte Haut, die ihm den Rücken hinunterhing.

Adamın üzerinde pek az şey vardı; sırtından aşağı doğru
sarkan kömürleşmiş bir deri.
**Sein Körper war an Armen, Brust und Oberschenkeln mit
dichtem Haar bedeckt.**
Vücudu, kolları, göğsü ve uylukları boyunca sık kıllarla
kaplıydı.
**Einige Teile des Haares waren zu rauen Fellbüscheln
verfilzt.**
Saçların bazı kısımları sert kürk parçaları halinde birbirine
karışmıştı.
**Er stand nicht gerade, sondern war von der Hüfte bis zu den
Knien nach vorne gebeugt.**
Ayakta dik durmuyordu, kalçadan dizlere kadar öne doğru
eğilmişti.
**Seine Schritte waren federnd und katzenartig, als wäre er
immer zum Sprung bereit.**
Adımları sanki her an sıçramaya hazırmış gibi yaylı ve kedi
gibiydi.
**Er war in höchster Wachsamkeit, als lebte er in ständiger
Angst.**
Sürekli bir korku içinde yaşıyormuş gibi keskin bir teyakkuz
hali vardı.
**Dieser alte Mann schien mit Gefahr zu rechnen, ob er die
Gefahr nun sah oder nicht.**
Bu kadim insan, tehlike görülse de görülmese de tehlikeyi
önceden seziyor gibiydi.
**Manchmal schlief der haarige Mann am Feuer, den Kopf
zwischen die Beine gesteckt.**
Bazen tüylü adam ateşin başında başını bacaklarının arasına
sokup uyurdu.
**Seine Ellbogen ruhten auf seinen Knien, die Hände waren
über seinem Kopf gefaltet.**
Dirseklerini dizlerine dayamış, ellerini başının üstünde
kavuşturmuştu.
**Wie ein Hund benutzte er seine haarigen Arme, um den
fallenden Regen abzuschütteln.**

Bir köpek gibi, tüylü kollarını kullanarak yağan yağmuru döküyordu.
Hinter dem Feuerschein sah Buck zwei Kohlen im Dunkeln glühen.
Buck, ateş ışığının ötesinde karanlıkta parlayan iki kömür gördü.
Immer zu zweit, waren sie die Augen der sich anpirschenden Raubtiere.
Her zaman ikişer ikişer, yırtıcı hayvanların peşindeki gözleriydiler.
Er hörte, wie Körper durchs Unterholz krachten und Geräusche in der Nacht.
Çalılıklarda ezilen cesetlerin sesini ve gecenin karanlığında çıkan sesleri duydu.
Buck lag blinzelnd am Ufer des Yukon und träumte am Feuer.
Yukon kıyısında yatan Buck, gözlerini kırpıştırarak ateşin başında hayal kuruyordu.
Die Anblicke und Geräusche dieser wilden Welt ließen ihm die Haare zu Berge stehen.
O vahşi dünyanın görüntüleri ve sesleri tüylerini diken diken ediyordu.
Das Fell stand ihm über den Rücken, die Schultern und den Hals hinauf.
Tüyler sırtından omuzlarına, boynuna kadar uzanıyordu.
Er wimmerte leise oder gab ein tiefes Knurren aus der Brust von sich.
Hafifçe inliyordu ya da göğsünün derinliklerinden gelen alçak bir homurtu çıkarıyordu.
Dann rief der Mischlingskoch: „Hey, du Buck, wach auf!"
Sonra melez aşçı bağırdı: "Hey, Buck, uyan!"
Die Traumwelt verschwand und das wirkliche Leben kehrte in Bucks Augen zurück.
Rüya dünyası kaybolmuş, gerçek hayat Buck'ın gözlerine geri dönmüştü.
Er wollte aufstehen, sich strecken und gähnen, als wäre er aus einem Nickerchen erwacht.

Sanki uykudan uyanmış gibi kalkıp gerinecek, esneyecekti.
Die Reise war anstrengend, da sie den Postschlitten hinter sich herziehen mussten.
Posta kızaklarının arkalarında sürüklenmesiyle yolculuk zordu.
Schwere Lasten und harte Arbeit zermürbten die Hunde jeden langen Tag.
Ağır yükler ve zorlu çalışma, köpekleri her uzun günde yıpratıyordu.
Sie kamen dünn und müde in Dawson an und brauchten über eine Woche Ruhe.
Dawson'a zayıf, yorgun ve bir haftalık dinlenmeye ihtiyaç duyarak ulaştılar.
Doch nur zwei Tage später machten sie sich erneut auf den Weg den Yukon hinunter.
Ancak sadece iki gün sonra tekrar Yukon'a doğru yola koyuldular.
Sie waren mit weiteren Briefen beladen, die für die Außenwelt bestimmt waren.
İçlerinde dış dünyaya gönderilmek üzere hazırlanmış daha çok mektup vardı.
Die Hunde waren erschöpft und die Männer beschwerten sich ständig.
Köpekler bitkin düşmüştü ve adamlar sürekli şikâyet ediyorlardı.
Jeden Tag fiel Schnee, der den Weg weicher machte und die Schlitten verlangsamte.
Her gün yağan kar, patikayı yumuşatıyor ve kızakların hızını düşürüyordu.
Dies führte zu einem stärkeren Ziehen und einem größeren Widerstand der Läufer.
Bu durum koşucuların daha zor çekilmesine ve daha fazla sürtünmeye neden oldu.
Trotzdem waren die Fahrer fair und kümmerten sich um ihre Teams.
Buna rağmen sürücüler adil davrandılar ve takımlarına değer verdiler.

Jeden Abend wurden die Hunde gefüttert, bevor die Männer etwas zu essen bekamen.
Her gece, adamlar yemek yemeden önce köpeklere yemek veriliyordu.
Kein Mann geht schlafen, ohne vorher die Pfoten seines eigenen Hundes zu kontrollieren.
Hiçbir adam kendi köpeğinin ayaklarını kontrol etmeden uyumazdı.
Dennoch wurden die Hunde mit jeder zurückgelegten Strecke schwächer.
Ancak köpekler, kat ettikleri kilometreler vücutlarını yıprattıkça giderek zayıfladılar.
Sie waren den ganzen Winter über zweitausendachthundert Kilometer gereist.
Kış boyunca bin sekiz yüz mil yol kat etmişlerdi.
Sie zogen Schlitten über jede Meile dieser brutalen Distanz.
O acımasız mesafenin her milini kızaklarla kat ettiler.
Selbst die härtesten Schlittenhunde spüren nach so vielen Kilometern die Belastung.
En dayanıklı kızak köpekleri bile bu kadar kilometre kat ettikten sonra zorlanırlar.
Buck hielt durch, sorgte für die Weiterarbeit seines Teams und sorgte für die nötige Disziplin.
Buck direndi, ekibini çalışır durumda tuttu ve disiplini korudu.
Aber Buck war müde, genau wie die anderen auf der langen Reise.
Ama Buck, uzun yolculuktaki diğerleri gibi yorgundu.
Billee wimmerte und weinte jede Nacht ohne Ausnahme im Schlaf.
Billee her gece uykusunda sızlanıp ağlıyordu.
Joe wurde noch verbitterter und Solleks blieb kalt und distanziert.
Joe daha da öfkelendi, Solleks ise soğuk ve mesafeli davranmaya devam etti.
Doch Dave war derjenige des gesamten Teams, der am meisten darunter litt.

Ama tüm takım içinde en çok zarar gören Dave oldu.
Irgendetwas in seinem Inneren war schiefgelaufen, doch niemand wusste, was.
İçinde bir şeyler ters gidiyordu ama kimse ne olduğunu bilmiyordu.
Er wurde launischer und fuhr andere mit wachsender Wut an.
Daha da huysuzlaştı ve giderek artan bir öfkeyle başkalarına saldırmaya başladı.
Jede Nacht ging er direkt zu seinem Nest und wartete darauf, gefüttert zu werden.
Her gece doğruca yuvasına gidiyor ve beslenmeyi bekliyordu.
Als Dave einmal unten war, stand er bis zum Morgen nicht mehr auf.
Dave bir kere yere düştükten sonra sabaha kadar ayağa kalkmadı.
Plötzliche Rucke oder Anlaufe an den Zügeln ließen ihn vor Schmerzen aufschreien.
Dizginlerde ani sarsıntılar veya sıçramalar onun acı içinde çığlık atmasına neden oluyordu.
Sein Fahrer suchte nach der Ursache, konnte jedoch keine Verletzungen feststellen.
Sürücüsü kazanın nedenini araştırdı ancak herhangi bir yaralanmaya rastlamadı.
Alle Fahrer beobachteten Dave und besprachen seinen Fall.
Tüm şoförler Dave'i izlemeye ve durumunu tartışmaya başladılar.
Sie unterhielten sich beim Essen und während ihrer letzten Zigarette des Tages.
Yemeklerde ve günün son sigara içmelerinde sohbet ettiler.
Eines Nachts hielten sie eine Versammlung ab und brachten Dave zum Feuer.
Bir gece toplantı yapıp Dave'i ateşin başına getirdiler.
Sie drückten und untersuchten seinen Körper und er schrie oft.
Vücuduna bastırıp yokluyorlardı, o da sık sık bağırıyordu.

Offensichtlich stimmte etwas nicht, auch wenn keine Knochen gebrochen zu sein schienen.
Kemiklerin hiçbiri kırılmamış gibi görünse de, bir şeylerin ters gittiği açıkça belliydi.
Als sie Cassiar Bar erreichten, war Dave am Umfallen.
Cassiar Bar'a vardıklarında Dave yere yığılıyordu.
Der schottische Mischling machte Schluss und nahm Dave aus dem Team.
İskoç melezi yarışı durdurdu ve Dave'i takımdan çıkardı.
Er befestigte Solleks an Daves Stelle, ganz vorne am Schlitten.
Solleks'i Dave'in yerine, kızakların ön tarafına en yakın yere bağladı.
Er wollte Dave ausruhen und ihm die Freiheit geben, hinter dem fahrenden Schlitten herzulaufen.
Dave'in dinlenmesini ve hareket eden kızak arkasında serbestçe koşmasını istiyordu.
Doch selbst als er krank war, hasste Dave es, von seinem Job geholt zu werden.
Ama Dave hasta bile olsa, sahip olduğu işinden alınmasından nefret ediyordu.
Er knurrte und wimmerte, als ihm die Zügel aus dem Körper gerissen wurden.
Dizginler vücudundan çekilirken hırladı ve sızlandı.
Als er Solleks an seiner Stelle sah, weinte er vor gebrochenem Herzen.
Solleks'i kendi yerinde görünce yüreği parçalanarak ağladı.
Dave war noch immer stolz auf seine Arbeit auf dem Weg, selbst als der Tod nahte.
Dave, ölüm yaklaşırken bile, patika çalışmalarının gururunu yaşıyordu.
Während der Schlitten fuhr, kämpfte sich Dave durch den weichen Schnee in der Nähe des Pfades.
Kızak hareket ettikçe Dave patikanın yakınındaki yumuşak karda tökezleyerek ilerliyordu.
Er griff Solleks an, biss ihn und stieß ihn von der Seite des Schlittens.

Solleks'e saldırdı, onu ısırdı ve kızak tarafından itti.
Dave versuchte, in das Geschirr zu springen und seinen Arbeitsplatz zurückzuerobern.
Dave koşum takımına atlayıp çalışma yerini geri almaya çalıştı.
Er schrie, jammerte und weinte, hin- und hergerissen zwischen Schmerz und Stolz auf die Wehen.
Acıyla emeğinin gururu arasında kalmış bir halde, bağırıyor, sızlanıyor ve ağlıyordu.
Der Mischling versuchte, Dave mit seiner Peitsche vom Team zu vertreiben.
Melez, Dave'i takımdan uzaklaştırmak için kırbacını kullandı.
Doch Dave ignorierte den Hieb und der Mann konnte nicht härter zuschlagen.
Ama Dave kırbacı görmezden geldi ve adam ona daha sert vuramadı.
Dave lehnte den einfacheren Weg hinter dem Schlitten ab, wo der Schnee festgefahren war.
Dave, kızak arkasındaki karın sıkıştırıldığı daha kolay yolu reddetti.
Stattdessen kämpfte er sich elend durch den tiefen Schnee neben dem Weg.
Bunun yerine, patikanın kenarındaki derin karda sefalet içinde mücadele etti.
Schließlich brach Dave zusammen, blieb im Schnee liegen und schrie vor Schmerzen.
Sonunda Dave yere yığıldı, karda yattı ve acı içinde inledi.
Er schrie auf, als die lange Schlittenkette einer nach dem anderen an ihm vorbeifuhr.
Uzun kızak kafilesi birer birer yanından geçerken haykırdı.
Dennoch stand er mit der ihm verbleibenden Kraft auf und stolperte ihnen hinterher.
Yine de kalan gücüyle ayağa kalktı ve onların peşinden sendeleyerek yürüdü.
Als der Zug wieder anhielt, holte er ihn ein und fand seinen alten Schlitten.
Tren tekrar durduğunda yetişip eski kızaklarını buldu.

Er kämpfte sich an den anderen Teams vorbei und stand wieder neben Solleks.
Diğer takımların arasından sıyrılıp tekrar Solleks'in yanına geldi.
Als der Fahrer anhielt, um seine Pfeife anzuzünden, nutzte Dave seine letzte Chance.
Şoför piposunu yakmak için durduğunda Dave son şansını kullandı.
Als der Fahrer zurückkam und schrie, bewegte sich das Team nicht weiter.
Şoför geri dönüp bağırdığında ise takım ilerlemedi.
Die Hunde hatten ihre Köpfe gedreht, verwirrt durch den plötzlichen Stopp.
Köpekler, aniden durmanın verdiği şaşkınlıkla başlarını çevirmişlerdi.
Auch der Fahrer war schockiert – der Schlitten hatte sich keinen Zentimeter vorwärts bewegt.
Sürücü de şok olmuştu; kızak bir santim bile ilerlememişti.
Er rief den anderen zu, sie sollten kommen und nachsehen, was passiert sei.
Diğerlerine seslenerek gelip ne olduğunu görmelerini söyledi.
Dave hatte Solleks' Zügel durchgekaut und beide auseinandergerissen.
Dave, Solleks'in dizginlerini çiğnemiş, ikisini de parçalamıştı.
Nun stand er vor dem Schlitten, wieder an seinem rechtmäßigen Platz.
Şimdi kızak önünde, hak ettiği pozisyonda duruyordu.
Dave blickte zum Fahrer auf und flehte ihn stumm an, in der Spur zu bleiben.
Dave şoföre baktı, sessizce iz bırakmaması için yalvardı.
Der Fahrer war verwirrt und wusste nicht, was er für den zappelnden Hund tun sollte.
Sürücü, çırpınan köpeği için ne yapacağını bilemeyerek şaşkına döndü.
Die anderen Männer sprachen von Hunden, die beim Rausbringen gestorben waren.

Diğer adamlar dışarı çıkarılıp öldürülen köpeklerden bahsettiler.

Sie erzählten von alten oder verletzten Hunden, denen es das Herz brach, als sie zurückgelassen wurden.

Yaşlı veya yaralı köpeklerin geride bırakıldıklarında kalplerinin kırıldığını anlattılar.

Sie waren sich einig, dass es Gnade wäre, Dave sterben zu lassen, während er noch im Geschirr steckte.

Dave'in hala koşum takımıyla ölmesine izin vermenin bir merhamet olduğunu kabul ettiler.

Er wurde wieder auf dem Schlitten festgeschnallt und Dave zog voller Stolz.

Kızağa tekrar bağlandı ve Dave gururla çekti.

Obwohl er manchmal schrie, arbeitete er, als könne man den Schmerz ignorieren.

Bazen ağlasa da sanki acıyı görmezden gelebilirmiş gibi çalışıyordu.

Mehr als einmal fiel er und wurde mitgeschleift, bevor er wieder aufstand.

Birkaç kez düştü ve tekrar ayağa kalkmadan önce sürüklendi.

Einmal wurde er vom Schlitten überrollt und von diesem Moment an humpelte er.

Bir ara kızak üzerinden geçti ve o andan itibaren topallamaya başladı.

Trotzdem arbeitete er, bis das Lager erreicht war, und legte sich dann ans Feuer.

Yine de kampa varıncaya kadar çalıştı, sonra da ateşin başında uzandı.

Am Morgen war Dave zu schwach, um zu reisen oder auch nur aufrecht zu stehen.

Sabah olduğunda Dave, yola çıkamayacak ve hatta ayakta duramayacak kadar güçsüzdü.

Als es Zeit war, das Geschirr anzulegen, versuchte er mit zitternder Anstrengung, seinen Fahrer zu erreichen.

Koşum takımının takılması sırasında titrek bir çabayla sürücüsüne ulaşmaya çalıştı.

Er rappelte sich auf, taumelte und brach auf dem schneebedeckten Boden zusammen.
Kendini zorlayarak ayağa kalktı, sendeledi ve karlı zemine yığıldı.
Mithilfe seiner Vorderbeine zog er seinen Körper in Richtung des Angeschirrs.
Ön ayaklarını kullanarak vücudunu koşum alanına doğru sürükledi.
Zentimeter für Zentimeter schob er sich auf die Arbeitshunde zu.
Kendini santim santim, çalışan köpeklere doğru çekti.
Er verließ die Kraft, aber er machte mit seinem letzten verzweifelten Vorstoß weiter.
Gücü tükendi, ama son çaresiz hamlesiyle hareket etmeye devam etti.
Seine Teamkollegen sahen ihn im Schnee nach Luft schnappen und sich immer noch danach sehnen, zu ihnen zu kommen.
Takım arkadaşları onun karda soluk soluğa kaldığını ve hâlâ onlara katılmayı özlediğini gördüler.
Sie hörten ihn vor Kummer schreien, als sie das Lager hinter sich ließen.
Kampı geride bırakırken onun üzüntüyle bağırdığını duydular.
Als das Team zwischen den Bäumen verschwand, hallte Daves Schrei hinter ihnen wider.
Takım ağaçların arasında kaybolurken Dave'in çığlığı arkalarında yankılandı.
Der Schlittenzug hielt kurz an, nachdem er einen Abschnitt des Flusswalds überquert hatte.
Kızak treni, nehir kıyısındaki bir bölümü geçtikten sonra kısa bir süre durdu.
Der schottische Mischling ging langsam zurück zum Lager dahinter.
İskoç melezi yavaşça arkadaki kampa doğru yürüdü.
Die Männer verstummten, als sie ihn den Schlittenzug verlassen sahen.

Adamlar onun kızak treninden indiğini görünce konuşmayı bıraktılar.

Dann ertönte ein einzelner Schuss klar und scharf über den Weg.

Sonra patikanın karşısından tek bir el silah sesi duyuldu, net ve keskin bir şekilde.

Der Mann kam schnell zurück und nahm wortlos seinen Platz ein.

Adam hemen geri döndü ve tek kelime etmeden yerini aldı.

Peitschen knallten, Glöckchen bimmelten und die Schlitten rollten durch den Schnee.

Kırbaçlar şaklıyor, çanlar şıngırdadı ve kızaklar karda yol aldı.

Aber Buck wusste, was passiert war – und alle anderen Hunde auch.

Ama Buck olan biteni biliyordu; diğer köpekler de biliyordu.

Die Mühen der Zügel und des Trails
Dizginlerin ve İz Sürmenin Zorluğu

Dreißig Tage nach dem Verlassen von Dawson erreichte die Salt Water Mail Skaguay.
Dawson'dan ayrıldıktan otuz gün sonra Salt Water Mail Skaguay'a ulaştı.

Buck und seine Teamkollegen gingen in Führung, kamen aber in einem erbärmlichen Zustand an.
Buck ve takım arkadaşları, acınası bir durumda olsalar da öne geçtiler.

Buck hatte von hundertvierzig auf hundertfünfzehn Pfund abgenommen.
Buck 75 kilodan 85 kiloya düşmüştü.

Die anderen Hunde hatten, obwohl kleiner, noch mehr Körpergewicht verloren.
Diğer köpekler daha küçük olmalarına rağmen daha fazla kilo kaybetmişlerdi.

Pike, einst ein vorgetäuschter Hinker, schleppte nun ein wirklich verletztes Bein hinter sich her.
Bir zamanlar sahte bir topallama yaşayan Pike, şimdi gerçekten yaralı bacağını arkasından sürüklüyordu.

Solleks humpelte stark und Dub hatte ein verrenktes Schulterblatt.
Solleks çok topallıyordu ve Dub'ın kürek kemiği de burkulmuştu.

Die Füße aller Hunde im Team waren von den Wochen auf dem gefrorenen Pfad wund.
Takımdaki her köpeğin haftalardır buzlu yolda yürümesi nedeniyle ayakları yara içindeydi.

Ihre Schritte waren völlig federnd und bewegten sich nur langsam und schleppend.
Adımlarında hiç canlılık kalmamıştı, sadece yavaş, sürünen bir hareket vardı.

Ihre Füße treffen den Weg hart und jeder Schritt belastet ihren Körper stärker.

Ayakları sertçe yola basıyordu, her adımda vücutlarına daha fazla yük biniyordu.

Sie waren nicht krank, sondern nur so erschöpft, dass sie sich auf natürliche Weise nicht mehr erholen konnten.

Hasta değillerdi, sadece doğal iyileşmenin ötesinde bitkin düşmüşlerdi.

Dies war nicht die Müdigkeit eines harten Tages, die durch eine Nachtruhe geheilt werden konnte.

Bu, bir gecelik dinlenmeyle düzelen, bir günün yorgunluğu değildi.

Es war eine Erschöpfung, die sich durch monatelange, zermürbende Anstrengungen langsam aufgebaut hatte.

Aylarca süren yorucu çabalar sonucunda yavaş yavaş oluşan bir yorgunluktu bu.

Es waren keine Kraftreserven mehr vorhanden, sie hatten alles aufgebraucht, was sie hatten.

Hiçbir yedek güçleri kalmamıştı; ellerindeki her zerreyi tüketmişlerdi.

Jeder Muskel, jede Faser und jede Zelle ihres Körpers war erschöpft und abgenutzt.

Vücutlarındaki her kas, her lif, her hücre tükenmiş ve yıpranmıştı.

Und das hatte seinen Grund: Sie hatten zweitausendfünfhundert Meilen zurückgelegt.

Ve bunun bir nedeni vardı; iki bin beş yüz mil yol kat etmişlerdi.

Auf den letzten zweitausendachthundert Kilometern hatten sie sich nur fünf Tage ausgeruht.

Son bin sekiz yüz milde sadece beş gün dinlenmişlerdi.

Als sie Skaguay erreichten, sahen sie aus, als könnten sie kaum aufrecht stehen.

Skaguay'a vardıklarında ayakta durmakta bile güçlük çekiyorlardı.

Sie hatten Mühe, die Zügel straff zu halten und vor dem Schlitten zu bleiben.

Dizginleri sıkı tutmak ve kızakların önünde kalmak için çabalıyorlardı.

Auf abschüssigen Hängen konnten sie nur noch vermeiden, überfahren zu werden.
Yokuş aşağı inerken ise ezilmekten kurtuluyorlardı.
„Weiter, ihr armen, wunden Füße", sagte der Fahrer, während sie weiterhumpelten.
"Yürümeye devam edin, zavallı yaralı ayaklar," dedi şoför aksayarak ilerlerken.
„Das ist die letzte Strecke, danach bekommen wir alle auf jeden Fall noch eine lange Pause."
"Bu son bölüm, sonra hepimiz uzun bir dinlenme yapacağız, kesinlikle."
„Eine richtig lange Pause", versprach er und sah ihnen nach, wie sie weiter taumelten.
"Gerçekten uzun bir dinlenme," diye söz verdi, onların sendeleyerek ilerlemesini izlerken.
Die Fahrer rechneten damit, dass sie nun eine lange, notwendige Pause bekommen würden.
Sürücüler artık uzun ve ihtiyaç duydukları bir molaya kavuşacaklarını umuyorlardı.
Sie hatten zweitausend Meilen zurückgelegt und nur zwei Tage Pause gemacht.
Sadece iki günlük dinlenmeyle bin iki yüz mil yol kat etmişlerdi.
Sie waren der Meinung, dass sie sich die Zeit zum Entspannen verdient hätten, und das aus fairen und vernünftigen Gründen.
Adil olmak ve akıl yürütmek adına rahatlamak için zaman kazandıklarını düşünüyorlardı.
Aber zu viele waren zum Klondike gekommen und zu wenige waren zu Hause geblieben.
Fakat Klondike'a çok fazla kişi gelmişti ve çok azı evde kalmıştı.
Es gingen unzählige Briefe von Familien ein, die zu Bergen verspäteter Post führten.
Ailelerden gelen mektuplar, gecikmiş posta yığınlarının oluşmasına neden oldu.

Offizielle Anweisungen trafen ein – neue Hudson Bay-Hunde würden die Nachfolge antreten.
Resmi emirler geldi; Hudson Körfezi'ndeki yeni köpekler görevi devralacaktı.
Die erschöpften Hunde, die nun als wertlos galten, sollten entsorgt werden.
Artık işe yaramaz hale gelen bitkin köpeklerin bertaraf edilmesi gerekiyordu.
Da Geld wichtiger war als Hunde, sollten sie billig verkauft werden.
Çünkü köpekler paradan daha önemliydi ve ucuza satılacaklardı.
Drei weitere Tage vergingen, bevor die Hunde spürten, wie schwach sie waren.
Köpeklerin ne kadar güçsüz olduklarını anlamaları üç gün daha sürdü.
Am vierten Morgen kauften zwei Männer aus den Staaten das gesamte Team.
Dördüncü sabah, Amerika'dan iki adam tüm takımı satın aldı.
Der Verkauf umfasste alle Hunde sowie ihre abgenutzte Geschirrausrüstung.
Satışa tüm köpekler ve yıpranmış koşum takımları da dahil edildi.
Die Männer nannten sich gegenseitig „Hal" und „Charles", als sie den Deal abschlossen.
Anlaşmayı tamamlayan adamlar birbirlerine "Hal" ve "Charles" diye seslendiler.
Charles war mittleren Alters, blass, hatte schlaffe Lippen und wilde Schnurrbartspitzen.
Charles orta yaşlı, solgun yüzlü, sarkık dudaklı ve sert bıyık uçlu bir adamdı.
Hal war ein junger Mann, vielleicht neunzehn, der einen Patronengürtel trug.
Hal, on dokuz yaşlarında genç bir adamdı ve fişek dolu bir kemer takıyordu.
Am Gürtel befanden sich ein großer Revolver und ein Jagdmesser, beide unbenutzt.

Kemerinde kullanılmamış büyük bir tabanca ve bir av bıçağı vardı.
Es zeigte, wie unerfahren und ungeeignet er für das Leben im Norden war.
Kuzey yaşamına ne kadar deneyimsiz ve uygunsuz olduğunu gösteriyordu.
Keiner der beiden Männer gehörte in die Wildnis; ihre Anwesenheit widersprach jeder Vernunft.
Hiçbir adam vahşi doğaya ait değildi; onların varlığı her türlü mantığa meydan okuyordu.
Buck beobachtete, wie das Geld zwischen Käufer und Makler den Besitzer wechselte.
Buck, alıcı ile emlakçı arasında para alışverişinin gerçekleştiğini izledi.
Er wusste, dass die Postzugführer sein Leben wie alle anderen verlassen würden.
Posta treni sürücülerinin de diğerleri gibi hayatından çıkacağını biliyordu.
Sie folgten Perrault und François, die nun unwiederbringlich verschwunden waren.
Artık hatırlanamayacak durumda olan Perrault ve François'yı takip ettiler.
Buck und das Team wurden in das schlampige Lager ihrer neuen Besitzer geführt.
Buck ve ekibi yeni sahiplerinin bakımsız kampına götürüldüler.
Das Zelt hing durch, das Geschirr war schmutzig und alles lag in Unordnung.
Çadır çökmüştü, tabaklar kirliydi, her şey darmadağındı.
Buck bemerkte dort auch eine Frau – Mercedes, Charles' Frau und Hals Schwester.
Buck orada bir kadın daha olduğunu fark etti; Mercedes, Charles'ın karısı ve Hal'in kız kardeşi.
Sie bildeten eine vollständige Familie, obwohl sie alles andere als für den Wanderpfad geeignet waren.
Tam bir aileydiler ama patikaya pek uygun değillerdi.

Buck beobachtete nervös, wie das Trio begann, die Vorräte einzupacken.
Buck, üçlünün malzemeleri toplamaya başlamasını gergin bir şekilde izliyordu.
Sie arbeiteten hart, aber ohne Ordnung – nur Aufhebens und vergeudete Mühe.
Çok çalışıyorlardı ama düzensiz bir şekilde; sadece telaş ve boşa giden bir emek.
Das Zelt war zu einer sperrigen Form zusammengerollt und viel zu groß für den Schlitten.
Çadır kızak için çok büyük olacak şekilde yuvarlanıp hantal bir hale getirilmişti.
Schmutziges Geschirr wurde eingepackt, ohne dass es gespült oder getrocknet worden wäre.
Kirli bulaşıklar hiç temizlenmeden veya kurutulmadan paketleniyordu.
Mercedes flatterte herum, redete, korrigierte und mischte sich ständig ein.
Mercedes sürekli konuşuyor, düzeltiyor ve karışıyordu.
Als ein Sack vorne platziert wurde, bestand sie darauf, dass er hinten drankam.
Ön tarafa çuval konulduğunda, çuvalın arka tarafa konulması konusunda ısrarcıydı.
Sie packte den Sack ganz unten rein und im nächsten Moment brauchte sie ihn.
Çuvalı dibe yerleştirdi ve bir sonraki an ona ihtiyacı oldu.
Also wurde der Schlitten erneut ausgepackt, um an die eine bestimmte Tasche zu gelangen.
Böylece kızak tekrar açılıp belirli bir çantaya ulaşıldı.
In der Nähe standen drei Männer vor einem Zelt und beobachteten die Szene.
Yakınlarda, üç adam bir çadırın dışında durmuş, olup biteni izliyordu.
Sie lächelten, zwinkerten und grinsten über die offensichtliche Verwirrung der Neuankömmlinge.
Yeni gelenlerin apaçık şaşkınlığına gülümsediler, göz kırptılar ve sırıttılar.

„Sie haben schon eine ziemlich schwere Last", sagte einer der Männer.
"Zaten çok ağır bir yükün var," dedi adamlardan biri.
„Ich glaube nicht, dass Sie das Zelt tragen sollten, aber es ist Ihre Entscheidung."
"Bence o çadırı taşımamalısın ama bu senin seçimin."
„Unvorstellbar!", rief Mercedes und warf verzweifelt die Hände in die Luft.
"Aklıma bile gelmedi!" diye haykırdı Mercedes, çaresizlik içinde ellerini havaya kaldırarak.
„Wie könnte ich ohne Zelt reisen, unter dem ich übernachten kann?"
"Çadır altında kalmadan nasıl seyahat edebilirim ki?"
„Es ist Frühling – Sie werden kein kaltes Wetter mehr erleben", antwortete der Mann.
"Bahar geldi, bir daha soğuk hava görmeyeceksin," diye cevapladı adam.
Aber sie schüttelte den Kopf und sie stapelten weiterhin Gegenstände auf den Schlitten.
Ama o başını iki yana salladı ve onlar eşyaları kızaklara yığmaya devam ettiler.
Als sie die letzten Dinge hinzufügten, türmte sich die Ladung gefährlich hoch auf.
Son şeyler eklendikçe yük tehlikeli bir şekilde yükseldi.
„Glauben Sie, der Schlitten fährt?", fragte einer der Männer mit skeptischem Blick.
"Kızak gidebilir mi sence?" diye sordu adamlardan biri şüpheci bir bakışla.
„Warum sollte es nicht?", blaffte Charles mit scharfer Verärgerung zurück.
"Neden olmasın ki?" diye terslendi Charles, keskin bir sinirle.
„Oh, das ist schon in Ordnung", sagte der Mann schnell und wich seiner Beleidigung aus.
"Ah, sorun değil," dedi adam hemen, gücenmekten kaçınarak.
„Ich habe mich nur gewundert – es sah für mich einfach ein bisschen zu kopflastig aus."

"Sadece merak ediyordum, bana biraz fazla üstten ağır göründü."

Charles drehte sich um und band die Ladung so gut fest, wie er konnte.

Charles arkasını döndü ve yükü elinden geldiğince bağlamaya çalıştı.

Allerdings waren die Zurrgurte locker und die Verpackung insgesamt schlecht ausgeführt.

Ancak bağlamalar gevşekti ve paketleme genel olarak kötü yapılmıştı.

„Klar, die Hunde machen das den ganzen Tag", sagte ein anderer Mann sarkastisch.

"Elbette, köpekler bunu bütün gün çekecektir," dedi başka bir adam alaycı bir şekilde.

„Natürlich", antwortete Hal kalt und packte die lange Lenkstange des Schlittens.

"Elbette," diye soğuk bir şekilde cevapladı Hal, kızaktaki uzun gergi çubuğunu tutarak.

Mit einer Hand an der Stange schwang er mit der anderen die Peitsche.

Bir eli sopanın üzerinde, diğer eliyle kırbacı sallıyordu.

„Los geht's!", rief er. „Bewegt euch!", und trieb die Hunde zum Aufbruch an.

"Hadi gidelim!" diye bağırdı. "Hadi!" diyerek köpekleri harekete geçmeye teşvik etti.

Die Hunde lehnten sich in das Geschirr und spannten sich einige Augenblicke lang an.

Köpekler koşum takımına yaslanıp birkaç saniye zorlandılar.

Dann blieben sie stehen, da sie den überladenen Schlitten keinen Zentimeter bewegen konnten.

Sonra durdular, aşırı yüklenmiş kızakları bir santim bile oynatamadılar.

„Diese faulen Bestien!", schrie Hal und hob die Peitsche, um sie zu schlagen.

"Tembel hayvanlar!" diye bağırdı Hal, kırbacı kaldırıp onlara vurarak.

Doch Mercedes stürzte herein und riss Hal die Peitsche aus der Hand.
Ama Mercedes hemen gelip kırbacı Hal'in elinden aldı.
„Oh, Hal, wage es ja nicht, ihnen wehzutun", rief sie alarmiert.
"Ah Hal, sakın onlara zarar vermeye kalkma," diye korkuyla bağırdı.
„Versprich mir, dass du nett zu ihnen bist, sonst gehe ich keinen Schritt weiter."
"Bana onlara karşı nazik olacağına söz ver, yoksa bir adım daha ileri gitmem."
„Du weißt nichts über Hunde", fuhr Hal seine Schwester an.
"Köpekler hakkında hiçbir şey bilmiyorsun," diye çıkıştı Hal kız kardeşine.
„Sie sind faul, und die einzige Möglichkeit, sie zu bewegen, besteht darin, sie zu peitschen."
"Onlar tembeldir ve onları hareket ettirmenin tek yolu onları kırbaçlamaktır."
„Fragen Sie irgendjemanden – fragen Sie einen dieser Männer dort drüben, wenn Sie mir nicht glauben."
"Kime sorsanız sorun, eğer benden şüphe ediyorsanız şuradaki adamlardan birine sorun."
Mercedes sah die Zuschauer mit flehenden, tränennassen Augen an.
Mercedes, yalvaran, yaşlı gözlerle seyircilere baktı.
Ihr Gesicht zeigte, wie sehr sie den Anblick jeglichen Schmerzes hasste.
Yüzünden, acının görüntüsünden ne kadar nefret ettiği anlaşılıyordu.
„Sie sind schwach, das ist alles", sagte ein Mann. „Sie sind erschöpft."
"Onlar zayıf, hepsi bu," dedi bir adam. "Yıpranmışlar."
„Sie brauchen Ruhe – sie haben zu lange ohne Pause gearbeitet."
"Dinlenmeye ihtiyaçları var. Uzun süre ara vermeden çalıştırıldılar."

„Der Rest sei verflucht", murmelte Hal mit verzogenen Lippen.
"Geri kalanı lanet olsun," diye mırıldandı Hal, dudağını bükerek.
Mercedes schnappte nach Luft, sein grobes Wort schmerzte sie sichtlich.
Mercedes, onun bu kaba sözünden dolayı açıkça acı çekerek nefesini tuttu.
Dennoch blieb sie loyal und verteidigte ihren Bruder sofort.
Ama yine de sadık kaldı ve hemen kardeşini savundu.
„Kümmere dich nicht um den Mann", sagte sie zu Hal. „Das sind unsere Hunde."
"O adamı umursama," dedi Hal'e. "Onlar bizim köpeklerimiz."
„Fahren Sie sie, wie Sie es für richtig halten – tun Sie, was Sie für richtig halten."
"Onları uygun gördüğünüz şekilde yönlendirin, doğru olduğunu düşündüğünüz şeyi yapın."
Hal hob die Peitsche und schlug die Hunde erneut gnadenlos.
Hal kırbacı kaldırdı ve köpeklere yine acımasızca vurdu.
Sie stürzten sich nach vorne, die Körper tief gebeugt, die Füße in den Schnee gedrückt.
İleri doğru atıldılar, vücutları alçaktı, ayakları kara saplanıyordu.
Sie gaben sich alle Mühe, den Schlitten zu ziehen, aber er bewegte sich nicht.
Bütün güçlerini kızak çekmeye harcıyorlardı ama kızak hareket etmiyordu.
Der Schlitten blieb wie ein im Schnee festgefrorener Anker stecken.
Kızak, sıkışmış karın içine donmuş bir çapa gibi saplanıp kalmıştı.
Nach einem zweiten Versuch blieben die Hunde wieder stehen und keuchten schwer.
İkinci denemeden sonra köpekler tekrar durdu, soluk soluğaydılar.

Hal hob die Peitsche noch einmal, gerade als Mercedes erneut eingriff.
Hal, tam Mercedes'in müdahalesi sırasında kırbacı bir kez daha kaldırdı.
Sie fiel vor Buck auf die Knie und umarmte seinen Hals.
Buck'ın önünde diz çöktü ve boynuna sarıldı.
Tränen traten ihr in die Augen, als sie den erschöpften Hund anflehte.
Yorgun köpeğe yalvarırken gözleri yaşlarla doldu.
„Ihr Armen", sagte sie, „warum zieht ihr nicht einfach stärker?"
"Zavallıcıklar," dedi, "neden daha sert çekmiyorsunuz?"
„Wenn du ziehst, wirst du nicht so ausgepeitscht."
"Çekersen böyle kırbaçlanmazsın."
Buck mochte Mercedes nicht, aber er war zu müde, um ihr jetzt zu widerstehen.
Buck, Mercedes'ten hoşlanmıyordu ama artık ona karşı koyamayacak kadar yorgundu.
Er akzeptierte ihre Tränen als einen weiteren Teil dieses elenden Tages.
Onun gözyaşlarını, o sefil günün bir parçası olarak kabul etti.
Einer der zuschauenden Männer ergriff schließlich das Wort, nachdem er seinen Ärger unterdrückt hatte.
İzleyenlerden biri öfkesini bastırdıktan sonra nihayet konuştu.
„Es ist mir egal, was mit euch passiert, Leute, aber diese Hunde sind wichtig."
"Sizlere ne olacağı umurumda değil ama o köpekler önemli."
„Wenn du helfen willst, mach den Schlitten los – er ist am Schnee festgefroren."
"Yardım etmek istiyorsan, o kızakları çöz, karda donmuş."
„Drücken Sie fest auf die Gee-Stange, rechts und links, und brechen Sie die Eisversiegelung."
"Gee-direğine sağa ve sola sertçe bastırın ve buz örtüsünü kırın."
Ein dritter Versuch wurde unternommen, diesmal auf Vorschlag des Mannes.

Bu kez adamın önerisi üzerine üçüncü bir girişimde
bulunuldu.
**Hal schaukelte den Schlitten von einer Seite auf die andere
und löste so die Kufen.**
Hal kızakları bir yandan diğer yana sallayarak kızakların
gevşemesini sağladı.
**Obwohl der Schlitten überladen und unhandlich war,
machte er schließlich einen Satz nach vorne.**
Kızak aşırı yüklenmiş ve kullanışsız olmasına rağmen
sonunda öne doğru sendeledi.
**Buck und die anderen zogen wild, angetrieben von einem
Sturm aus Schleudertraumen.**
Buck ve diğerleri, kırbaç darbelerinin etkisiyle çılgınca
çekiştiriyorlardı.
**Hundert Meter weiter machte der Weg eine Biegung und
führte in die Straße hinein.**
Yüz metre ileride patika kıvrılıp sokağa doğru eğimleniyordu.
**Um den Schlitten aufrecht zu halten, hätte es eines
erfahrenen Fahrers bedurft.**
Kızakları dik tutabilmek için yetenekli bir sürücüye ihtiyaç
duyulacaktı.
**Hal war nicht geschickt und der Schlitten kippte, als er um
die Kurve schwang.**
Hal beceriksizdi ve kızak virajı dönerken devrildi.
**Lose Zurrgurte gaben nach und die Hälfte der Ladung
ergoss sich auf den Schnee.**
Gevşek bağlar koptu ve yükün yarısı kara döküldü.
**Die Hunde hielten nicht an; der leichtere Schlitten flog auf
der Seite weiter.**
Köpekler durmadı; daha hafif olan kızak yan yatarak uçtu.
**Wütend über die Beschimpfungen und die schwere Last
rannten die Hunde noch schneller.**
Kötü muameleden ve ağır yükten öfkelenen köpekler daha
hızlı koşmaya başladılar.
Buck rannte wütend los und das Team folgte ihm.
Buck öfkeyle koşmaya başladı, takım da onu takip etti.
Hal rief „Whoa! Whoa!", aber das Team beachtete ihn nicht.

Hal "Whoa! Whoa!" diye bağırdı ama takım ona hiç aldırış etmedi.
Er stolperte, fiel und wurde am Geschirr über den Boden geschleift.
Ayağı kaydı, düştü ve koşum takımı tarafından yerde sürüklendi.
Der umgekippte Schlitten wurde über ihn geworfen, als die Hunde weiterrasten.
Devrilen kızak köpeklerin önünden geçerken onun üzerinden geçti.
Die restlichen Vorräte verteilten sich über die belebte Straße von Skaguay.
Geriye kalan malzemeler Skaguay'ın işlek caddelerine dağılmıştı.
Gutherzige Menschen eilten herbei, um die Hunde anzuhalten und die Ausrüstung einzusammeln.
İyi kalpli insanlar köpekleri durdurmak ve malzemeleri toplamak için koştular.
Sie gaben den neuen Reisenden auch direkte und praktische Ratschläge.
Ayrıca yeni gezginlere açık ve pratik tavsiyelerde bulundular.
„Wenn Sie Dawson erreichen wollen, nehmen Sie die halbe Ladung und die doppelte Anzahl an Hunden mit."
"Dawson'a ulaşmak istiyorsanız yükün yarısını alın ve köpek sayısını iki katına çıkarın."
Hal, Charles und Mercedes hörten zu, wenn auch nicht mit Begeisterung.
Hal, Charles ve Mercedes dinliyorlardı ama pek de coşkulu değillerdi.
Sie bauten ihr Zelt auf und begannen, ihre Vorräte zu sortieren.
Çadırlarını kurup, erzaklarını ayırmaya başladılar.
Heraus kamen Konserven, die die Zuschauer laut lachen ließen.
Ortaya çıkan konserveler, görenleri kahkahalara boğdu.
„Konserven auf dem Weg? Bevor die schmelzen, verhungern Sie", sagte einer.

"Yolda konserve yiyecek mi? Erimeden önce açlıktan ölürsün," dedi biri.

„Hoteldecken? Die wirfst du am besten alle weg."
"Otel battaniyeleri mi? Hepsini atsan daha iyi olur."

„Schmeißen Sie auch das Zelt weg, und hier spült niemand mehr Geschirr."
"Çadırı da boşaltın, burada kimse bulaşık yıkamaz."

„Sie glauben, Sie fahren in einem Pullman-Zug mit Bediensteten an Bord?"
"Sen hizmetçilerin olduğu bir Pullman trenine bindiğini mi sanıyorsun?"

Der Prozess begann – jeder nutzlose Gegenstand wurde beiseite geworfen.
Süreç başladı; işe yaramayan her şey bir kenara atıldı.

Mercedes weinte, als ihre Taschen auf den schneebedeckten Boden geleert wurden.
Mercedes, çantalarının karlı zemine boşaltılmasıyla ağladı.

Sie schluchzte ohne Pause über jeden einzelnen hinausgeworfenen Gegenstand.
Tek tek atılan her eşyaya durmaksızın hıçkıra hıçkıra ağlıyordu.

Sie schwor, keinen Schritt weiterzugehen – nicht einmal für zehn Charleses.
Bir adım daha atmamaya yemin etti; on Charles bile olsa.

Sie flehte alle Menschen in ihrer Nähe an, ihr ihre wertvollen Sachen zu überlassen.
Yakınında bulunan herkesten değerli eşyalarını kendisine vermelerini rica ediyordu.

Schließlich wischte sie sich die Augen und begann, auch die wichtigsten Kleidungsstücke wegzuwerfen.
En sonunda gözlerini sildi ve hayati önem taşıyan giysileri bile fırlatmaya başladı.

Als sie mit ihrem eigenen fertig war, begann sie, die Vorräte der Männer auszuräumen.
Kendi işini bitirince erkeklerinkini boşaltmaya başladı.

Wie ein Wirbelwind verwüstete sie die Habseligkeiten von Charles und Hal.

Bir hortum gibi Charles ve Hal'in eşyalarını parçaladı.
Obwohl die Ladung halbiert wurde, war sie immer noch viel schwerer als nötig.
Yük yarı yarıya azalmış olsa da, yine de gereğinden çok daha ağırdı.
In dieser Nacht gingen Charles und Hal los und kauften sechs neue Hunde.
O gece Charles ve Hal dışarı çıkıp altı yeni köpek satın aldılar.
Diese neuen Hunde gesellten sich zu den ursprünglichen sechs, plus Teek und Koona.
Bu yeni köpekler orijinal altı köpeğe Teek ve Koona'nın da eklenmesiyle eklenmiştir.
Zusammen bildeten sie ein Gespann aus vierzehn Hunden, die vor den Schlitten gespannt wurden.
Kızaklara bağlanan on dört köpekten oluşan bir ekip oluşturdular.
Doch die neuen Hunde waren für die Schlittenarbeit ungeeignet und schlecht ausgebildet.
Ancak yeni köpekler kızak işine uygun değildi ve yetersiz eğitimliydiler.
Drei der Hunde waren kurzhaarige Vorstehhunde und einer war ein Neufundländer.
Köpeklerden üçü kısa tüylü pointer cinsi, biri ise Newfoundland cinsiydi.
Bei den letzten beiden Hunden handelte es sich um Mischlinge ohne eindeutige Rasse oder Zweckbestimmung.
Son iki köpeğin cinsi veya amacı belli olmayan melez köpekler olduğu ortaya çıktı.
Sie haben den Weg nicht verstanden und ihn nicht schnell gelernt.
İzi anlayamadılar ve çabuk öğrenemediler.
Buck und seine Kameraden beobachteten sie mit Verachtung und tiefer Verärgerung.
Buck ve arkadaşları onları küçümseyerek ve derin bir öfkeyle izliyorlardı.
Obwohl Buck ihnen beibrachte, was sie nicht tun sollten, konnte er ihnen keine Pflicht beibringen.

Buck onlara ne yapmamaları gerektiğini öğretse de, görev bilincini öğretemedi.

Sie kamen mit dem Leben auf dem Wanderpfad und dem Ziehen von Zügeln und Schlitten nicht gut zurecht.

Patikalarda yürümeye, dizgin ve kızakların çekimine pek alışamadılar.

Nur die Mischlinge versuchten, sich anzupassen, und selbst ihnen fehlte der Kampfgeist.

Sadece melezler uyum sağlamaya çalıştılar, onlar bile mücadele ruhundan yoksundu.

Die anderen Hunde waren durch ihr neues Leben verwirrt, geschwächt und gebrochen.

Diğer köpekler ise yeni hayatlarından dolayı şaşkın, güçsüz ve bitkin durumdaydılar.

Da die neuen Hunde ahnungslos und die alten erschöpft waren, gab es kaum Hoffnung.

Yeni köpeklerin hiçbir şeyden haberi olmaması ve eskilerinin de bitkin olması nedeniyle umut zayıftı.

Bucks Team hatte zweitausendfünfhundert Meilen eines rauen Pfades zurückgelegt.

Buck'ın ekibi iki bin beş yüz mil zorlu patika yolunu kat etmişti.

Dennoch waren die beiden Männer fröhlich und stolz auf ihr großes Hundegespann.

Yine de iki adam neşeliydi ve büyük köpek takımlarıyla gurur duyuyorlardı.

Sie dachten, sie würden mit Stil reisen, mit vierzehn Hunden an der Leine.

On dört köpeği bir arada taşıyarak şık bir yolculuk yaptıklarını sanıyorlardı.

Sie hatten gesehen, wie Schlitten nach Dawson aufbrachen und andere von dort ankamen.

Dawson'a giden kızakları ve oradan gelen kızakları görmüşlerdi.

Aber noch nie hatten sie eins gesehen, das von bis zu vierzehn Hunden gezogen wurde.

Ama daha önce hiç on dört köpeğin çektiğini görmemişlerdi.

Es gab einen Grund, warum solche Teams in der arktischen Wildnis selten waren.
Bu tür takımların Arktik vahşi doğasında nadir olmasının bir nedeni vardı.
Kein Schlitten konnte genug Futter transportieren, um vierzehn Hunde für die Reise zu versorgen.
Hiçbir kızak, on dört köpeğin yolculuk boyunca beslenebileceği kadar yiyecek taşıyamazdı.
Aber Charles und Hal wussten das nicht – sie hatten nachgerechnet.
Ama Charles ve Hal bunu bilmiyorlardı; hesaplamışlardı.
Sie haben das Futter berechnet: so viel pro Hund, so viele Tage, fertig.
Yiyecekleri şöyle yazdılar: köpek başına şu kadar, şu kadar gün, tamam.
Mercedes betrachtete ihre Zahlen und nickte, als ob es Sinn machte.
Mercedes onların rakamlarına baktı ve sanki mantıklıymış gibi başını salladı.
Zumindest auf dem Papier erschien ihr alles sehr einfach.
Her şey ona, en azından kağıt üzerinde, çok basit görünüyordu.

Am nächsten Morgen führte Buck das Team langsam die verschneite Straße hinauf.
Ertesi sabah Buck, ekibi karlı sokaktan ağır ağır yukarı doğru yönlendirdi.
Weder er noch die Hunde hinter ihm hatten Energie oder Tatendrang.
Ne kendisinde ne de arkasındaki köpeklerde ne bir enerji ne de bir ruh vardı.
Sie waren von Anfang an todmüde, es waren keine Reserven mehr vorhanden.
Baştan itibaren çok yorgunlardı, yedekleri kalmamıştı.
Buck hatte bereits vier Fahrten zwischen Salt Water und Dawson unternommen.
Buck, Salt Water ile Dawson arasında dört sefer yapmıştı.

Als er nun erneut vor derselben Spur stand, empfand er nichts als Bitterkeit.
Şimdi aynı iz ile tekrar karşı karşıya geldiğinde hissettiği tek şey burukluktu.
Er war nicht mit dem Herzen dabei und die anderen Hunde auch nicht.
Onun yüreği bu işte değildi, diğer köpeklerin yüreği de yoktu.
Die neuen Hunde waren schüchtern und den Huskys fehlte jegliches Vertrauen.
Yeni köpekler ürkekti ve Sibirya kurdu da güven duygusundan yoksundu.
Buck spürte, dass er sich auf diese beiden Männer oder ihre Schwester nicht verlassen konnte.
Buck, bu iki adama ya da kız kardeşlerine güvenemeyeceğini hissetti.
Sie wussten nichts und zeigten auf dem Weg keine Anzeichen, etwas zu lernen.
Hiçbir şey bilmiyorlardı ve yolda hiçbir öğrenme belirtisi göstermiyorlardı.
Sie waren unorganisiert und es fehlte ihnen jeglicher Sinn für Disziplin.
Dağınıktılar ve disiplin duygusundan yoksunlardı.
Sie brauchten jedes Mal die halbe Nacht, um ein schlampiges Lager aufzubauen.
Her seferinde özensiz bir kamp kurmaları yarım geceyi alıyordu.
Und den halben nächsten Morgen verbrachten sie wieder damit, am Schlitten herumzufummeln.
Ertesi sabahın yarısını yine kızakla uğraşarak geçirdiler.
Gegen Mittag hielten sie oft nur an, um die ungleichmäßige Beladung zu korrigieren.
Öğle vaktine doğru, sadece dengesiz yükü düzeltmek için bile duruyorlardı.
An manchen Tagen legten sie insgesamt weniger als sechzehn Kilometer zurück.
Bazı günler toplamda on milden daha az yol kat ediyorlardı.

An anderen Tagen schafften sie es überhaupt nicht, das Lager zu verlassen.
Diğer günlerde ise kamptan hiç ayrılmayı başaramadılar.
Sie kamen nie auch nur annähernd an die geplante Nahrungsdistanz heran.
Planlanan yiyecek mesafesine asla yaklaşamadılar.
Wie erwartet ging das Futter für die Hunde sehr schnell aus.
Beklendiği gibi köpekler için yiyecek çok kısa sürede tükendi.
Sie haben die Sache noch schlimmer gemacht, indem sie in den ersten Tagen zu viel gefüttert haben.
İlk günlerde aşırı besleme yaparak durumu daha da kötüleştirdiler.
Mit jeder unvorsichtigen Ration rückte der Hungertod näher.
Her dikkatsiz rasyonla açlık daha da yaklaşıyordu.
Die neuen Hunde hatten nicht gelernt, mit sehr wenig zu überleben.
Yeni köpekler henüz çok az şeyle yaşamayı öğrenmemişlerdi.
Sie aßen hungrig, ihr Appetit war zu groß für den Weg.
Yol boyunca yiyebilecekleri kadar büyük iştahlarla, açgözlülükle yediler.
Als Hal sah, wie die Hunde schwächer wurden, glaubte er, dass das Futter nicht ausreichte.
Köpeklerin zayıfladığını gören Hal, verilen yiyeceğin yeterli olmadığını düşündü.
Er verdoppelte die Rationen und verschlimmerte damit den Fehler noch.
Tazminatı iki katına çıkarınca hata daha da büyüdü.
Mercedes verschärfte das Problem mit Tränen und leisem Flehen.
Mercedes ise gözyaşlarıyla ve yumuşak yalvarışlarla soruna katkıda bulundu.
Als sie Hal nicht überzeugen konnte, fütterte sie die Hunde heimlich.
Hal'i ikna edemeyince köpekleri gizlice besledi.
Sie stahl den Fisch aus den Säcken und gab ihn ihnen hinter seinem Rücken.

Balık çuvallarından çalıp, arkasından onlara verdi.
Doch was die Hunde wirklich brauchten, war nicht mehr Futter, sondern Ruhe.
Ancak köpeklerin gerçekten ihtiyaç duyduğu şey daha fazla yiyecek değil, dinlenmeydi.
Sie kamen nur langsam voran, aber der schwere Schlitten schleppte sich trotzdem weiter.
Zamanları kötüydü ama ağır kızak hâlâ sürükleniyordu.
Allein dieses Gewicht zehrte jeden Tag an ihrer verbleibenden Kraft.
Sadece bu ağırlık bile her gün kalan güçlerini tüketiyordu.
Dann kam es zur Phase der Unterernährung, da die Vorräte zur Neige gingen.
Daha sonra, kaynaklar azaldığında yetersiz beslenme aşamasına geçildi.
Eines Morgens stellte Hal fest, dass die Hälfte des Hundefutters bereits weg war.
Hal bir sabah köpek mamasının yarısının bittiğini fark etti.
Sie hatten nur ein Viertel der gesamten Wegstrecke zurückgelegt.
Toplam parkur mesafesinin sadece dörtte birini kat etmişlerdi.
Es konnten keine Lebensmittel mehr gekauft werden, egal zu welchem Preis.
Artık ne fiyat teklif edilirse edilsin, yiyecek satın alınamıyordu.
Er reduzierte die Portionen der Hunde unter die normale Tagesration.
Köpeklerin porsiyonlarını günlük standart rasyonun altına düşürdü.
Gleichzeitig forderte er längere Reisemöglichkeiten, um die Verluste auszugleichen.
Aynı zamanda kayıpların telafisi için daha uzun bir yolculuk talep etti.
Mercedes und Charles unterstützten diesen Plan, scheiterten jedoch bei der Umsetzung.
Mercedes ve Charles bu planı desteklediler ancak uygulamada başarısız oldular.

Ihr schwerer Schlitten und ihre mangelnden Fähigkeiten machten ein Vorankommen nahezu unmöglich.
Ağır kızakları ve beceri eksiklikleri ilerlemeyi neredeyse imkansız hale getiriyordu.
Es war einfach, weniger Futter zu geben, aber unmöglich, mehr Anstrengung zu erzwingen.
Daha az yemek vermek kolaydı, ama daha fazla çaba harcamak imkânsızdı.
Sie konnten weder früher anfangen, noch konnten sie Überstunden machen.
Ne erken yola çıkabildiler, ne de ekstra saatlerce yolculuk yapabildiler.
Sie wussten nicht, wie sie mit den Hunden und überhaupt mit sich selbst arbeiten sollten.
Ne köpekleri nasıl çalıştıracaklarını biliyorlardı, ne de kendilerini.
Der erste Hund, der starb, war Dub, der unglückliche, aber fleißige Dieb.
Ölen ilk köpek, talihsiz ama çalışkan hırsız Dub'dı.
Obwohl Dub oft bestraft wurde, leistete er ohne zu klagen seinen Beitrag.
Sık sık cezalandırılsa da Dub, şikayet etmeden üzerine düşeni yapmıştı.
Seine Schulterverletzung verschlimmerte sich ohne Pflege und nötige Ruhe.
Yaralı omzu, bakım görmediği ve istirahat etmesine gerek kalmadığı için daha da kötüleşti.
Schließlich beendete Hal mit dem Revolver Dubs Leiden.
Sonunda Hal, tabancayı kullanarak Dub'ın acısına son verdi.
Ein gängiges Sprichwort besagt, dass normale Hunde an der Husky-Ration sterben.
Yaygın bir söze göre normal köpekler husky rasyonuyla beslenirse ölür.
Bucks sechs neue Gefährten bekamen nur die Hälfte des Futteranteils des Huskys.
Buck'ın altı yeni arkadaşının yiyeceğinin sadece yarısı kadarı Sibirya kurdunun payına düşüyordu.

Zuerst starb der Neufundländer, dann die drei kurzhaarigen Vorstehhunde.
Önce Newfoundland cinsi köpek öldü, ardından üç kısa tüylü av köpeği.

Die beiden Mischlinge hielten länger durch, kamen aber schließlich wie die anderen um.
İki melez yavru daha uzun süre dayandılar ama sonunda diğerleri gibi yok oldular.

Zu diesem Zeitpunkt waren alle Annehmlichkeiten und die Sanftheit des Südens verschwunden.
Bu sırada Güney'in bütün güzellikleri ve nezaketi kalmamıştı.

Die drei Menschen hatten die letzten Spuren ihrer zivilisierten Erziehung abgelegt.
Üç kişi de medeni terbiyelerinin son izlerini bırakmışlardı.

Ohne Glamour und Romantik wurde das Reisen in die Arktis zur brutalen Realität.
Göz kamaştırıcılığından ve romantizminden sıyrılan Arktika seyahatleri acımasızca gerçek oldu.

Es war eine Realität, die zu hart für ihr Männlichkeits- und Weiblichkeitsgefühl war.
Bu, onların erkeklik ve kadınlık duygularına ağır gelen bir gerçekti.

Mercedes weinte nicht mehr um die Hunde, sondern nur noch um sich selbst.
Mercedes artık köpekler için ağlamıyor, sadece kendisi için ağlıyordu.

Sie verbrachte ihre Zeit damit, zu weinen und mit Hal und Charles zu streiten.
Zamanını ağlayarak ve Hal ve Charles ile kavga ederek geçiriyordu.

Streiten war das Einzige, wozu sie nie zu müde waren.
Kavga etmek, asla yapmaktan yorulmadıkları tek şeydi.

Ihre Gereiztheit rührte vom Elend her, wuchs mit ihm und übertraf es.
Onların sinirlilikleri sefaletten kaynaklanıyordu, sefaletle birlikte büyüyor ve sefaleti aşıyordu.

Die Geduld des Weges, die diejenigen kennen, die sich abmühen und freundlich leiden, kam nie.
Çalışıp didinenlerin, acı çekenlerin bildiği yol sabrı hiçbir zaman gelmedi.
Diese Geduld, die die Sprache trotz Schmerzen süß hält, war ihnen unbekannt.
Acı içinde sözü tatlı kılan o sabrı bilmiyorlardı.
Sie besaßen nicht die geringste Spur von Geduld und schöpften keine Kraft aus dem anmutigen Leiden.
Onlarda sabırdan eser yoktu, acı çekmekten gelen zarafetten gelen bir güç yoktu.
Sie waren steif vor Schmerz – ihre Muskeln, Knochen und ihr Herz schmerzten.
Acıdan kaskatı kesilmişlerdi; kasları, kemikleri ve kalpleri sızlıyordu.
Aus diesem Grund bekamen sie eine scharfe Zunge und waren schnell im Umgang mit harten Worten.
Bundan dolayı dilleri keskinleşti ve sert söz söylemekte çabuk davrandılar.
Jeder Tag begann und endete mit wütenden Stimmen und bitteren Klagen.
Her gün öfkeli sesler ve acı şikayetlerle başlıyor ve bitiyordu.
Charles und Hal stritten sich, wann immer Mercedes ihnen eine Chance gab.
Charles ve Hal, Mercedes onlara fırsat verdiğinde sürekli kavga ediyorlardı.
Jeder Mann glaubte, dass er mehr als seinen gerechten Anteil an der Arbeit geleistet hatte.
Her adam işin adil kısmından fazlasını yaptığına inanıyordu.
Keiner von beiden ließ es sich je entgehen, dies immer wieder zu sagen.
Bunu her ikisi de tekrar tekrar dile getirme fırsatını kaçırmadılar.
Manchmal stand Mercedes auf der Seite von Charles, manchmal auf der Seite von Hal.
Bazen Mercedes Charles'ın, bazen de Hal'in tarafını tutuyordu.

Dies führte zu einem großen und endlosen Streit zwischen den dreien.
Bu durum üçü arasında büyük ve bitmek bilmeyen bir kavgaya yol açtı.
Ein Streit darüber, wer Brennholz hacken sollte, geriet außer Kontrolle.
Odun kesme işini kimin yapacağı konusunda çıkan anlaşmazlık kontrolden çıktı.
Bald wurden Väter, Mütter, Cousins und verstorbene Verwandte genannt.
Kısa süre sonra babalar, anneler, kuzenler ve ölmüş akrabaların isimleri verildi.
Hal's Ansichten über Kunst oder die Theaterstücke seines Onkels wurden Teil des Kampfes.
Hal'in sanata veya amcasının oyunlarına ilişkin görüşleri mücadelenin bir parçası haline geldi.
Auch Charles' politische Überzeugungen wurden in die Debatte einbezogen.
Charles'ın siyasi görüşleri de tartışmaya dahil oldu.
Für Mercedes schienen sogar die Gerüchte über die Schwester ihres Mannes relevant zu sein.
Mercedes'e göre, kocasının kız kardeşinin dedikodusu bile önemliydi.
Sie äußerte ihre Meinung dazu und zu vielen Fehlern in Charles' Familie.
Bu konuda ve Charles'ın ailesinin birçok kusuru hakkında görüşlerini dile getirdi.
Während sie stritten, blieb das Feuer aus und das Lager war halb fertig.
Tartışırken ateş söndü, kamp da yarı hazır bir halde kaldı.
In der Zwischenzeit waren die Hunde unterkühlt und hatten nichts zu fressen.
Bu arada köpekler üşüyor ve yiyeceksiz kalıyorlardı.
Mercedes hegte einen Groll, den sie als zutiefst persönlich betrachtete.
Mercedes'in çok kişisel olarak değerlendirdiği bir şikâyeti vardı.

Sie fühlte sich als Frau misshandelt und fühlte sich ihrer Privilegien beraubt.
Bir kadın olarak kötü muamele gördüğünü, nazik ayrıcalıklarının elinden alındığını hissetti.
Sie war hübsch und sanft und pflegte ihr ganzes Leben lang ritterliche Gesten.
Güzel ve yumuşak huyluydu, hayatı boyunca centilmenlik gösterdi.
Doch ihr Mann und ihr Bruder begegneten ihr nun mit Ungeduld.
Ama kocası ve kardeşi artık ona sabırsızlıkla yaklaşıyorlardı.
Sie hatte die Angewohnheit, sich hilflos zu verhalten, und sie begannen, sich zu beschweren.
Çaresizlik içinde davranmayı alışkanlık haline getirmişti ve onlar da şikâyet etmeye başladılar.
Sie war davon beleidigt und machte ihnen das Leben noch schwerer.
Bu durumdan rahatsız olan kadın, onların hayatını daha da zorlaştırdı.
Sie ignorierte die Hunde und bestand darauf, den Schlitten selbst zu fahren.
Köpekleri görmezden gelip kızaklara kendisi binmekte ısrar etti.
Obwohl sie von leichter Gestalt war, wog sie fünfundvierzig Kilo.
Görünüşü zayıf olmasına rağmen, elli kilo ağırlığındaydı.
Diese zusätzliche Belastung war zu viel für die hungernden, schwachen Hunde.
Aç ve güçsüz köpekler için bu ek yük çok fazlaydı.
Trotzdem ritt sie tagelang, bis die Hunde in den Zügeln zusammenbrachen.
Yine de, köpekler dizginlerde yığılıp kalana kadar günlerce at sırtında gitti.
Der Schlitten stand still und Charles und Hal baten sie, zu laufen.
Kızak duruyordu ve Charles ile Hal, onun yürümesini rica ediyorlardı.

Sie flehten und flehten, aber sie weinte und nannte sie grausam.
Yalvarıp yakardılar, ama o ağladı ve onlara zalim dedi.
Einmal zogen sie sie mit purer Kraft und Wut vom Schlitten.
Bir keresinde onu büyük bir güç ve öfkeyle kızaktan aşağı çektiler.
Nach dem, was damals passiert ist, haben sie es nie wieder versucht.
O olaydan sonra bir daha hiç denemediler.
Sie wurde schlaff wie ein verwöhntes Kind und setzte sich in den Schnee.
Şımarık bir çocuk gibi gevşekçe yürüyüp karda oturdu.
Sie gingen weiter, aber sie weigerte sich aufzustehen oder ihnen zu folgen.
Onlar ilerlediler, ama o ayağa kalkmayı ya da arkalarından gelmeyi reddetti.
Nach drei Meilen hielten sie an, kehrten um und trugen sie zurück.
Üç mil sonra durdular, geri döndüler ve onu geri taşıdılar.
Sie luden sie wieder auf den Schlitten, wobei sie erneut rohe Gewalt anwandten.
Yine kaba kuvvet kullanarak onu kızağa yeniden yüklediler.
In ihrem tiefen Elend zeigten sie gegenüber dem Leid der Hunde keine Skrupel.
Derin bir acı içinde oldukları için köpeklerin çektiği acılara duyarsızdılar.
Hal glaubte, man müsse sich abhärten und zwang anderen diesen Glauben auf.
Hal, insanın katılaşması gerektiğine inanıyordu ve bu inancı başkalarına da zorla kabul ettiriyordu.
Er versuchte zunächst, seiner Schwester seine Philosophie zu predigen
Felsefesini ilk önce kız kardeşine vaaz etmeye çalıştı
und dann predigte er erfolglos seinem Schwager.
ve sonra, başarısızlıkla sonuçlanan bir şekilde, kayınbiraderine vaaz verdi.

Bei den Hunden hatte er mehr Erfolg, aber nur, weil er ihnen weh tat.
Köpeklerle daha başarılı oldu ama sadece onlara zarar verdiği için.
Bei Five Fingers ist das Hundefutter komplett ausgegangen.
Five Fingers'da köpek maması tamamen bitti.
Eine zahnlose alte Squaw verkaufte ein paar Pfund gefrorenes Pferdeleder
Dişsiz yaşlı bir kadın birkaç kilo dondurulmuş at derisi sattı
Hal tauschte seinen Revolver gegen das getrocknete Pferdefell.
Hal, tabancasını kurutulmuş at derisi ile takas etti.
Das Fleisch stammte von den Pferden der Viehzüchter, die Monate zuvor verhungert waren.
Et, aylar önce sığır yetiştiricilerinin aç bırakılmış atlarından gelmişti.
Gefroren war die Haut wie verzinktes Eisen: zäh und ungenießbar.
Dondurulduğunda deri galvanizli demir gibiydi; sert ve yenmezdi.
Die Hunde mussten endlos auf dem Fell herumkauen, um es zu fressen.
Köpekler deriyi yiyebilmek için durmadan çiğnemek zorunda kalıyorlardı.
Doch die ledrigen Fäden und das kurze Haar waren kaum Nahrung.
Ama deri gibi ipler ve kısa saçlar pek de besin değildi.
Das Fell war größtenteils irritierend und kein echtes Nahrungsmittel.
Derinin büyük kısmı tahriş ediciydi ve gerçek anlamda yiyecek değildi.
Und während all dem taumelte Buck vorne herum, wie in einem Albtraum.
Ve tüm bunlar olurken Buck, bir kabustaymış gibi önde sendeledi.

Er zog, wenn er dazu in der Lage war; wenn nicht, blieb er liegen, bis er mit einer Peitsche oder einem Knüppel hochgehoben wurde.

Gücü yettiği zaman çekiyor, gücü yetmediği zaman kırbaç veya sopayla kaldırılıncaya kadar yatıyordu.

Sein feines, glänzendes Fell hatte jegliche Steifheit und jeglichen Glanz verloren, den es einst hatte.

İnce, parlak tüyleri bir zamanlar sahip olduğu sertliği ve parlaklığı kaybetmişti.

Sein Haar hing schlaff herunter, war zerzaust und mit getrocknetem Blut von den Schlägen verklebt.

Saçları cansız, dağınık ve aldığı darbelerden dolayı kurumuş kanla pıhtılaşmıştı.

Seine Muskeln schrumpften zu Sehnen und seine Fleischpolster waren völlig abgenutzt.

Kasları adeta kordonlara dönüşmüş, et yastıkçıkları aşınmıştı.

Jede Rippe, jeder Knochen war deutlich durch die Falten der runzligen Haut zu sehen.

Her kaburga, her kemik, kırışık deri kıvrımlarının arasından açıkça görünüyordu.

Es war herzzerreißend, doch Bucks Herz konnte nicht brechen.

Yüreği parçalayıcıydı ama Buck'ın yüreği kırılamıyordu.

Der Mann im roten Pullover hatte das getestet und vor langer Zeit bewiesen.

Kırmızı kazaklı adam bunu çoktan test etmiş ve kanıtlamıştı.

So wie es bei Buck war, war es auch bei allen seinen übrigen Teamkollegen.

Buck'ın durumu neyse, diğer takım arkadaşlarının durumu da aynıydı.

Insgesamt waren es sieben, jeder einzelne ein wandelndes Skelett des Elends.

Toplam yedi taneydiler, her biri yürüyen birer sefalet iskeletiydi.

Sie waren gegenüber den Peitschenhieben taub geworden und spürten nur noch entfernten Schmerz.

Kırbaç darbelerine karşı duyarsızlaşmışlardı, yalnızca uzak bir acı hissediyorlardı.
Sogar Bild und Ton erreichten sie nur schwach, wie durch dichten Nebel.
Hatta görüntü ve ses bile, yoğun bir sisin içinden geçercesine belli belirsiz duyuluyordu.
Sie waren nicht halb lebendig – es waren Knochen mit schwachen Funken darin.
Yarı canlı değillerdi; içlerinde sönük kıvılcımlar olan kemiklerdi onlar.
Als sie angehalten wurden, brachen sie wie Leichen zusammen, ihre Funken waren fast erloschen.
Durdurulduklarında cesetler gibi yere yığıldılar, kıvılcımları neredeyse yok olmuştu.
Und als die Peitsche oder der Knüppel erneut zuschlug, sprühten schwache Funken.
Ve kırbaç ya da sopa tekrar vurduğunda kıvılcımlar zayıfça çırpınıyordu.
Dann erhoben sie sich, taumelten vorwärts und schleiften ihre Gliedmaßen vor sich her.
Sonra ayağa kalktılar, sendeleyerek ilerlediler ve bacaklarını öne doğru sürüklediler.
Eines Tages stürzte der nette Billee und konnte überhaupt nicht mehr aufstehen.
Bir gün nazik Billee düştü ve bir daha ayağa kalkamadı.
Hal hatte seinen Revolver eingetauscht und benutzte stattdessen eine Axt, um Billee zu töten.
Hal tabancasını takas etmişti, bu yüzden Billee'yi öldürmek için baltayı kullandı.
Er schlug ihm auf den Kopf, schnitt dann seinen Körper los und schleifte ihn weg.
Kafasına vurdu, sonra da gövdesini kesip sürükledi.
Buck sah dies und die anderen auch; sie wussten, dass der Tod nahe war.
Buck bunu gördü ve diğerleri de gördü; ölümün yakın olduğunu biliyorlardı.

Am nächsten Tag ging Koona und ließ nur fünf Hunde im hungernden Team zurück.
Ertesi gün Koona gitti ve açlık çeken ekipte sadece beş köpek kaldı.
Joe war nicht länger gemein, sondern zu weit weg, um überhaupt noch viel mitzubekommen.
Joe artık kötü biri değildi, pek bir şeyin farkında olmayacak kadar ileri gitmişti.
Pike täuschte seine Verletzung nicht länger vor und war kaum bei Bewusstsein.
Artık yaralıymış gibi davranmayan Pike, bilincini neredeyse kaybetmişti.
Solleks, der immer noch treu war, beklagte, dass er nicht mehr die Kraft hatte, etwas zu geben.
Solleks hâlâ sadıktı, verecek gücünün olmamasına üzülüyordu.
Teek wurde am häufigsten geschlagen, weil er frischer war, aber schnell nachließ.
Teek daha dinç olduğu ve hızla zayıfladığı için en çok dövülen kişi oldu.
Und Buck, der immer noch in Führung lag, sorgte nicht länger für Ordnung und setzte sie auch nicht durch.
Ve hala önde olan Buck artık düzeni sağlayamıyor ve uygulatmıyordu.
Halb blind vor Schwäche folgte Buck der Spur nur nach Gefühl.
Güçsüzlükten yarı kör olan Buck, sadece el yordamıyla izi takip ediyordu.
Es war schönes Frühlingswetter, aber keiner von ihnen bemerkte es.
Güzel bir bahar havasıydı ama hiçbiri bunu fark etmemişti.
Jeden Tag ging die Sonne früher auf und später unter als zuvor.
Güneş her gün bir öncekinden daha erken doğuyor ve daha geç batıyordu.
Um drei Uhr morgens dämmerte es, die Dämmerung dauerte bis neun Uhr.

Sabahın üçü civarında şafak söktü; alacakaranlık dokuza kadar sürdü.
Die langen Tage waren erfüllt von der vollen Strahlkraft des Frühlingssonnenscheins.
Uzun günler bahar güneşinin tüm parlaklığıyla doluydu.
Die gespenstische Stille des Winters hatte sich in ein warmes Murmeln verwandelt.
Kışın hayaletsi sessizliği sıcak bir mırıltıya dönüşmüştü.
Das ganze Land erwachte und war erfüllt von der Freude am Leben.
Bütün topraklar canlılığın sevinciyle uyanıyordu.
Das Geräusch kam von etwas, das den Winter über tot und reglos dagelegen hatte.
Ses, kış boyunca ölü ve hareketsiz yatan bir yerden geliyordu.
Jetzt bewegten sich diese Dinger wieder und schüttelten den langen Frostschlaf ab.
İşte o şeyler uzun süren don uykusundan uyanarak tekrar hareketlendiler.
Saft stieg durch die dunklen Stämme der wartenden Kiefern.
Bekleyen çam ağaçlarının karanlık gövdelerinden özsu sızıyordu.
An jedem Zweig von Weiden und Espen treiben leuchtende junge Knospen aus.
Söğütler ve kavaklar her dalda parlak genç tomurcuklar açıyor.
Sträucher und Weinreben erstrahlten in frischem Grün, als der Wald zum Leben erwachte.
Orman canlandıkça çalılar ve sarmaşıklar taze yeşilliğe büründü.
Nachts zirpten Grillen und in der Sonne krabbelten Käfer.
Geceleri cırcır böcekleri ötüyordu, böcekler gündüz güneşinde sürünüyordu.
Rebhühner dröhnten und Spechte klopften tief in den Bäumen.
Keklikler ötüyordu, ağaçkakanlar ağaçların derinliklerine dalıp gidiyordu.

Eichhörnchen schnatterten, Vögel sangen und Gänse schnatterten über den Hunden.
Sincaplar şakıyor, kuşlar şarkı söylüyor ve kazlar köpeklerin üzerine gaklıyordu.
Das Wildgeflügel kam in scharfen Keilen und flog aus dem Süden heran.
Güneyden gelen yabani kuşlar keskin kanatlar halinde uçarak geldiler.
Von jedem Hügel ertönte die Musik verborgener, rauschender Bäche.
Her yamaçtan gizli, çağlayan derelerin müziği duyuluyordu.
Alles taute auf, brach, bog sich und geriet wieder in Bewegung.
Her şey eridi, çatladı, eğildi ve tekrar harekete geçti.
Der Yukon bemühte sich, die Kälteketten des gefrorenen Eises zu durchbrechen.
Yukon, donmuş buzun soğuk zincirlerini kırmak için çabalıyordu.
Das Eis schmolz von unten, während die Sonne es von oben zum Schmelzen brachte.
Alttaki buzlar erirken, üstteki güneş buzları eritiyordu.
Luftlöcher öffneten sich, Risse breiteten sich aus und Brocken fielen in den Fluss.
Hava delikleri açıldı, çatlaklar oluştu ve parçalar nehre düştü.
Inmitten dieses pulsierenden und lodernden Lebens taumelten die Reisenden.
Bütün bu coşkulu ve alevli hayatın ortasında, yolcular sendeledi.
Zwei Männer, eine Frau und ein Rudel Huskys liefen wie die Toten.
İki adam, bir kadın ve bir Sibirya kurdu sürüsü ölü gibi yürüyordu.
Die Hunde fielen, Mercedes weinte, fuhr aber immer noch Schlitten.
Köpekler düşüyordu, Mercedes ağlıyordu ama hâlâ kızaktaydı.

Hal fluchte schwach und Charles blinzelte mit tränenden Augen.
Hal zayıf bir küfür savurdu, Charles ise sulu gözlerini kırpıştırdı.
Sie stolperten in John Thorntons Lager an der Mündung des White River.
White River'ın ağzında John Thornton'un kampına rastladılar.
Als sie anhielten, fielen die Hunde flach um, als wären sie alle tot.
Durduklarında köpekler sanki hepsi ölmüş gibi yere yığıldılar.
Mercedes wischte sich die Tränen ab und sah zu John Thornton hinüber.
Mercedes gözyaşlarını sildi ve John Thornton'a baktı.
Charles saß langsam und steif auf einem Baumstamm, mit Schmerzen vom Weg.
Charles, patikadan dolayı ağrıyan bir kütüğün üzerine yavaşça ve kaskatı oturdu.
Hal redete, während Thornton das Ende eines Axtstiels schnitzte.
Thornton bir balta sapının ucunu oyarken Hal konuşuyordu.
Er schnitzte Birkenholz und antwortete mit kurzen, bestimmten Antworten.
Huş ağacını yonttu ve kısa, kesin yanıtlar verdi.
Wenn man ihn fragte, gab er Ratschläge, war sich jedoch sicher, dass diese nicht befolgt würden.
Sorulduğunda, uygulanmayacağından emin olduğu tavsiyelerde bulundu.
Hal erklärte: „Sie sagten uns, dass das Eis auf dem Weg schmelzen würde."
Hal, "Bize buzun erimeye başladığını söylediler." diye açıkladı.
„Sie sagten, wir sollten bleiben, wo wir waren – aber wir haben es bis nach White River geschafft."
"Yerimizde kalmamız gerektiğini söylediler ama White River'a ulaştık."
Er schloss mit höhnischem Ton, als wolle er einen Sieg in der Not für sich beanspruchen.

Sanki zorluklara rağmen zafer kazandığını iddia ediyormuş gibi alaycı bir tonla sözlerini tamamladı.

„Und sie haben dir die Wahrheit gesagt", antwortete John Thornton Hal ruhig.

"Ve sana doğruyu söylediler," diye cevapladı John Thornton Hal'e sessizce.

„Das Eis kann jeden Moment nachgeben – es ist kurz davor, abzufallen."

"Buz her an çözülebilir, düşmeye hazır."

„Nur durch blindes Glück und ein paar Narren wäre es möglich gewesen, lebend so weit zu kommen."

"Sadece kör şans ve aptallar bu kadar uzağa canlı olarak gelebilirdi."

„Ich sage es Ihnen ganz offen: Ich würde mein Leben nicht für alles Gold Alaskas riskieren."

"Size açıkça söylüyorum, Alaska'nın tüm altınları için hayatımı riske atmam."

„Das liegt wohl daran, dass Sie kein Narr sind", antwortete Hal.

"Sanırım bunun sebebi senin aptal olmaman," diye cevapladı Hal.

„Trotzdem fahren wir weiter nach Dawson." Er rollte seine Peitsche ab.

"Yine de Dawson'a doğru yola devam edeceğiz." Kırbacını çözdü.

„Komm rauf, Buck! Hallo! Steh auf! Los!", rief er barsch.

"Hadi, Buck! Merhaba! Hadi, kalk! Hadi!" diye sertçe bağırdı.

Thornton schnitzte weiter, wohl wissend, dass Narren nicht auf Vernunft hören.

Thornton, aptalların mantığı duymayacağını bilerek kesmeye devam etti.

Einen Narren aufzuhalten war sinnlos – und zwei oder drei Narren änderten nichts.

Bir aptalı durdurmak boşunaydı; iki veya üç aptalın olması da hiçbir şeyi değiştirmiyordu.

Doch als das Team Hal's Befehl hörte, bewegte es sich nicht.

Ancak Hal'in emri üzerine ekip hareket etmedi.

Jetzt konnten sie nur noch durch Schläge wieder auf die Beine kommen und weiterkommen.
Artık onları ayağa kaldırıp ileri çekebilecek tek şey darbelerdi.
Immer wieder knallte die Peitsche über die geschwächten Hunde.
Kırbaç, zayıf düşen köpeklerin üzerinden tekrar tekrar şaklıyordu.
John Thornton presste die Lippen fest zusammen und sah schweigend zu.
John Thornton dudaklarını sıkıca birbirine bastırdı ve sessizce izledi.
Solleks war der Erste, der unter der Peitsche auf die Beine kam.
Kırbaç darbesi altında ilk ayağa kalkan Solleks oldu.
Dann folgte Teek zitternd. Joe schrie auf, als er stolperte.
Sonra Teek titreyerek onu takip etti. Joe sendeleyerek ayağa kalkarken ciyakladı.
Pike versuchte aufzustehen, scheiterte zweimal und stand schließlich unsicher da.
Pike ayağa kalkmaya çalıştı, iki kez başarısız oldu, sonra en sonunda sendeleyerek ayağa kalktı.
Aber Buck blieb liegen, wo er hingefallen war, und bewegte sich dieses Mal überhaupt nicht.
Ama Buck düştüğü yerde yatıyordu, bu sefer hiç kıpırdamıyordu.
Die Peitsche schlug immer wieder auf ihn ein, aber er gab keinen Laut von sich.
Kırbaç ona defalarca vurdu ama o hiç ses çıkarmadı.
Er zuckte nicht zusammen und wehrte sich nicht, sondern blieb einfach still und ruhig.
Hiçbir şekilde gözünü kırpmadı, direnmedi, sadece hareketsiz ve sessiz kaldı.
Thornton rührte sich mehr als einmal, als wolle er etwas sagen, tat es aber nicht.
Thornton sanki konuşacakmış gibi birden fazla kez kıpırdandı, ama konuşmadı.

Seine Augen wurden feucht und immer noch knallte die Peitsche gegen Buck.
Gözleri yaşla doldu, ama kırbaç hâlâ Buck'a çarpıyordu.
Schließlich begann Thornton langsam auf und ab zu gehen, unsicher, was er tun sollte.
Sonunda Thornton ne yapacağını bilemeyerek yavaş yavaş yürümeye başladı.
Es war das erste Mal, dass Buck versagt hatte, und Hal wurde wütend.
Buck'ın ilk başarısızlığıydı ve Hal öfkelenmeye başladı.
Er warf die Peitsche weg und nahm stattdessen die schwere Keule.
Kırbacı yere attı ve onun yerine ağır sopayı aldı.
Der Holzknüppel schlug hart auf, aber Buck stand immer noch nicht auf, um sich zu bewegen.
Tahta sopa sertçe yere indi, ama Buck hâlâ hareket etmek için ayağa kalkmadı.
Wie seine Teamkollegen war er zu schwach – aber mehr als das.
Takım arkadaşları gibi o da çok zayıftı; ama bundan da fazlası vardı.
Buck hatte beschlossen, sich nicht zu bewegen, egal was als Nächstes passieren würde.
Buck, bundan sonra ne olursa olsun hareket etmemeye karar vermişti.
Er spürte, wie etwas Dunkles und Bestimmtes direkt vor ihm schwebte.
Az ileride karanlık ve kesin bir şeyin havada asılı kaldığını hissetti.
Diese Angst hatte ihn ergriffen, sobald er das Flussufer erreicht hatte.
Nehir kıyısına ulaştığı anda o korku onu ele geçirmişti.
Dieses Gefühl hatte ihn nicht verlassen, seit er das Eis unter seinen Pfoten dünner werden fühlte.
Patilerinin altındaki buzun inceldiğini hissettiğinden beri bu his onu terk etmemişti.

Etwas Schreckliches wartete – er spürte es gleich weiter unten auf dem Weg.
Korkunç bir şey bekliyordu; bunu patikanın hemen aşağısında hissetti.
Er würde nicht auf das Schreckliche vor ihm zugehen
Önündeki o korkunç şeye doğru yürümeyecekti
Er würde keinem Befehl gehorchen, der ihn zu diesem Ding führte.
Kendisini o şeye götürecek hiçbir emre itaat etmeyecekti.
Der Schmerz der Schläge war für ihn kaum noch spürbar, er war zu weit weg.
Darbelerin acısı artık ona dokunmuyordu, çok ileri gitmişti.
Der Funke des Lebens flackerte schwach und erlosch unter jedem grausamen Schlag.
Hayat kıvılcımı her acımasız darbenin altında zayıflıyor, sönüyordu.
Seine Glieder fühlten sich fremd an, sein ganzer Körper schien einem anderen zu gehören.
Uzuvları uzaklardaydı; bütün bedeni sanki başkasına aitti.
Er spürte eine seltsame Taubheit, als der Schmerz vollständig nachließ.
Ağrı tamamen geçince garip bir uyuşukluk hissetti.
Aus der Ferne spürte er, dass er geschlagen wurde, aber er wusste es kaum.
Uzaktan dövüldüğünü hissediyordu ama farkında bile değildi.
Er konnte die Schläge schwach hören, aber sie taten nicht mehr wirklich weh.
Gürültüleri belli belirsiz duyabiliyordu ama artık gerçekten acıtmıyordu.
Die Schläge trafen, aber sein Körper schien nicht mehr sein eigener zu sein.
Darbeler iniyordu ama bedeni artık kendisine ait değildi.
Dann stieß John Thornton plötzlich und ohne Vorwarnung einen wilden Schrei aus.
Sonra ansızın, hiçbir uyarı olmaksızın, John Thornton vahşi bir çığlık attı.

Es war unartikuliert, eher der Schrei eines Tieres als eines Menschen.
Anlaşılmaz bir çığlıktı, bir insandan çok bir hayvanın çığlığını andırıyordu.
Er sprang mit der Keule auf den Mann zu und stieß Hal nach hinten.
Sopayla adamın üzerine atıldı ve Hal'i geriye doğru devirdi.
Hal flog, als wäre er von einem Baum getroffen worden, und landete hart auf dem Boden.
Hal sanki bir ağaca çarpmış gibi uçtu ve sert bir şekilde yere indi.
Mercedes schrie laut vor Panik und umklammerte ihr Gesicht.
Mercedes panikle yüksek sesle çığlık attı ve yüzünü tuttu.
Charles sah nur zu, wischte sich die Augen und blieb sitzen.
Charles sadece baktı, gözlerini sildi ve oturmaya devam etti.
Sein Körper war vor Schmerzen zu steif, um aufzustehen oder beim Kampf mitzuhelfen.
Vücudu acıdan öylesine kaskatı kesilmişti ki ayağa kalkamıyor ve kavgaya yardım edemiyordu.
Thornton stand über Buck, zitterte vor Wut und konnte nicht sprechen.
Thornton öfkeden titriyor, konuşamıyordu ve Buck'ın başında duruyordu.
Er zitterte vor Wut und kämpfte darum, trotz allem seine Stimme wiederzufinden.
Öfkeden titriyor ve sesini duyurmak için çabalıyordu.
„Wenn du den Hund noch einmal schlägst, bringe ich dich um", sagte er schließlich.
"O köpeğe bir daha vurursan seni öldürürüm," dedi sonunda.
Hal wischte sich das Blut aus dem Mund und kam wieder nach vorne.
Hal ağzındaki kanı sildi ve tekrar öne çıktı.
„Es ist mein Hund", murmelte er. „Geh mir aus dem Weg, sonst kriege ich dich wieder in Ordnung."
"Bu benim köpeğim," diye mırıldandı. "Yoldan çekil, yoksa seni düzeltirim."

„Ich gehe nach Dawson und Sie halten mich nicht auf",
fügte er hinzu.
"Dawson'a gidiyorum ve sen beni durduramayacaksın" diye
ekledi.
**Thornton stand fest zwischen Buck und dem wütenden
jungen Mann.**
Thornton, Buck ile öfkeli genç adam arasında kararlı bir
şekilde duruyordu.
**Er hatte nicht die Absicht, zur Seite zu treten oder Hal
vorbeizulassen.**
Kenara çekilmeye veya Hal'in geçmesine izin vermeye hiç
niyeti yoktu.
**Hal zog sein Jagdmesser heraus, das lang und gefährlich in
der Hand lag.**
Hal, elindeki uzun ve tehlikeli av bıçağını çıkardı.
**Mercedes schrie, dann weinte sie und lachte dann in wilder
Hysterie.**
Mercedes çığlık attı, sonra ağladı, sonra da çılgınca bir histeri
içinde güldü.
**Thornton schlug mit dem Axtstiel hart und schnell auf Hals
Hand.**
Thornton, balta sapıyla Hal'in eline sert ve hızlı bir şekilde
vurdu.
**Das Messer wurde aus Hals Griff gerissen und flog zu
Boden.**
Bıçak Hal'in elinden kurtulup yere uçtu.
**Hal versuchte, das Messer aufzuheben, und Thornton
klopfte erneut auf seine Fingerknöchel.**
Hal bıçağı almaya çalıştı, ama Thornton yine parmak
eklemlerine vurdu.
**Dann bückte sich Thornton, griff nach dem Messer und hielt
es fest.**
Sonra Thornton eğildi, bıçağı aldı ve tuttu.
**Mit zwei schnellen Hieben des Axtstiels zerschnitt er Bucks
Zügel.**
Balta sapıyla iki hızlı vuruşla Buck'ın dizginlerini kesti.

Hal hatte keine Kraft mehr, sich zu wehren, und trat von dem Hund zurück.
Hal'in artık mücadele gücü kalmamıştı ve köpekten uzaklaştı.

Außerdem brauchte Mercedes jetzt beide Arme, um aufrecht zu bleiben.
Ayrıca Mercedes'in ayakta kalabilmesi için artık iki koluna da ihtiyacı vardı.

Buck war dem Tod zu nahe, um noch einmal einen Schlitten ziehen zu können.
Buck, kızak çekmek için tekrar kullanılamayacak kadar ölüme yakındı.

Ein paar Minuten später legten sie ab und fuhren flussabwärts.
Birkaç dakika sonra yola çıktılar ve nehre doğru yöneldiler.

Buck hob schwach den Kopf und sah ihnen nach, wie sie die Bank verließen.
Buck başını güçsüzce kaldırdı ve onların bankadan çıkışını izledi.

Pike führte das Team an, mit Solleks am Ende des Feldes.
Pike takıma liderlik ederken, Solleks ise direksiyon başında en arkada yer aldı.

Joe und Teek gingen dazwischen, beide humpelten vor Erschöpfung.
Joe ve Teek aralarında yürüyorlardı, ikisi de yorgunluktan topallıyordu.

Mercedes saß auf dem Schlitten und Hal hielt die lange Lenkstange fest.
Mercedes kızakta oturuyordu, Hal ise uzun gergi çubuğunu tutuyordu.

Charles stolperte hinterher, seine Schritte waren unbeholfen und unsicher.
Charles geride tökezledi, adımları beceriksiz ve kararsızdı.

Thornton kniete neben Buck und tastete vorsichtig nach gebrochenen Knochen.
Thornton, Buck'ın yanına diz çöktü ve kırık kemiklerini nazikçe yokladı.

Seine Hände waren rau, bewegten sich aber mit Freundlichkeit und Sorgfalt.
Elleri sertti ama şefkat ve özenle hareket ediyordu.
Bucks Körper wies Blutergüsse auf, wies jedoch keine bleibenden Verletzungen auf.
Buck'ın vücudu morluklar içindeydi ama kalıcı bir hasar yoktu.
Zurück blieben schrecklicher Hunger und nahezu völlige Schwäche.
Geriye korkunç bir açlık ve neredeyse tam bir halsizlik kaldı.
Als dies klar wurde, war der Schlitten bereits weit flussabwärts gefahren.
Bu netleştiğinde kızak nehrin aşağısına doğru epeyce ilerlemişti.
Mann und Hund sahen zu, wie der Schlitten langsam über das knackende Eis kroch.
Adam ve köpek, kızakların çatlayan buzun üzerinde yavaşça ilerlemesini izliyorlardı.
Dann sahen sie, wie der Schlitten in eine Mulde sank.
Daha sonra kızakların çukurun içine battığını gördüler.
Die Gee-Stange flog in die Höhe, und Hal klammerte sich immer noch vergeblich daran fest.
Çubuk havaya uçtu, Hal ise hâlâ boşuna ona tutunuyordu.
Mercedes' Schrei erreichte sie über die kalte Ferne.
Mercedes'in çığlığı soğuk mesafeleri aşarak onlara ulaştı.
Charles drehte sich um und trat zurück – aber er war zu spät.
Charles dönüp geri çekildi, ama çok geçti.
Eine ganze Eisdecke brach nach und sie alle fielen hindurch.
Bütün bir buz tabakası koptu ve hepsi aşağı düştü.
Hunde, Schlitten und Menschen verschwanden im schwarzen Wasser darunter.
Köpekler, kızaklar ve insanlar aşağıdaki karanlık suda kaybolup gittiler.
An der Stelle, an der sie vorbeigekommen waren, war nur ein breites Loch im Eis zurückgeblieben.
Geçtikleri yerde sadece buzda geniş bir delik kalmıştı.

Der Boden des Pfades war nach unten abgesunken – genau wie Thornton gewarnt hatte.
Thornton'un uyardığı gibi, patikanın tabanı çökmüştü.
Thornton und Buck sahen sich einen Moment lang schweigend an.
Thornton ve Buck bir an sessiz kalarak birbirlerine baktılar.
„Du armer Teufel", sagte Thornton leise und Buck leckte ihm die Hand.
"Zavallı şeytan," dedi Thornton yumuşak bir sesle ve Buck elini yaladı.

Aus Liebe zu einem Mann
Bir Adamın Aşkı İçin

John Thornton erfror in der Kälte des vergangenen Dezembers seine Füße.
John Thornton, geçen Aralık ayındaki soğukta ayaklarını dondurmuştu.
Seine Partner machten es ihm bequem und ließen ihn allein genesen.
Ortakları onu rahatlattılar ve iyileşmesi için yalnız bıraktılar.
Sie fuhren den Fluss hinauf, um ein Floß mit Sägestämmen für Dawson zu holen.
Dawson için bir sal kereste toplamak üzere nehre doğru gittiler.
Er humpelte noch leicht, als er Buck vor dem Tod rettete.
Buck'ı ölümden kurtardığında hâlâ hafifçe topallıyordu.
Aber bei anhaltend warmem Wetter verschwand sogar dieses Hinken.
Ancak havaların ısınmasıyla birlikte aksama da ortadan kalktı.
Buck ruhte sich an langen Frühlingstagen am Flussufer aus.
Uzun bahar günlerinde Buck nehir kıyısında uzanıp dinleniyordu.
Er beobachtete das fließende Wasser und lauschte den Vögeln und Insekten.
Akan suyu izliyor, kuşların ve böceklerin seslerini dinliyordu.
Langsam erlangte Buck unter Sonne und Himmel seine Kraft zurück.
Buck, güneşin ve gökyüzünün altında yavaş yavaş gücünü yeniden kazandı.
Nach einer Reise von dreitausend Meilen war eine Pause ein wunderbares Gefühl.
Üç bin mil yol kat ettikten sonra dinlenmek harika bir duyguydu.
Buck wurde träge, als seine Wunden heilten und sein Körper an Gewicht zunahm.
Buck, yaraları iyileştikçe ve vücudu dolgunlaştıkça tembelleşti.

Seine Muskeln wurden fester und das Fleisch bedeckte wieder seine Knochen.
Kasları güçlendi ve kemikleri etle kaplandı.
Sie ruhten sich alle aus – Buck, Thornton, Skeet und Nig.
Hepsi dinleniyordu: Buck, Thornton, Skeet ve Nig.
Sie warteten auf das Floß, das sie nach Dawson bringen sollte.
Kendilerini Dawson'a götürecek olan salı beklediler.
Skeet war ein kleiner Irish Setter, der sich mit Buck anfreundete.
Skeet, Buck ile arkadaş olan küçük bir İrlanda setteriydi.
Buck war zu schwach und krank, um ihr bei ihrem ersten Treffen Widerstand zu leisten.
Buck, ilk karşılaşmalarında ona karşı koyamayacak kadar zayıf ve hastaydı.
Skeet hatte die Heilereigenschaft, die manche Hunde von Natur aus besitzen.
Skeet, bazı köpeklerin doğuştan sahip olduğu şifacı özelliğe sahipti.
Wie eine Katzenmutter leckte und reinigte sie Bucks offene Wunden.
Bir anne kedi gibi Buck'ın açık yaralarını yalayıp temizliyordu.
Jeden Morgen nach dem Frühstück wiederholte sie ihre sorgfältige Arbeit.
Her sabah kahvaltıdan sonra özenli çalışmalarını tekrarlıyordu.
Buck erwartete ihre Hilfe ebenso sehr wie die von Thornton.
Buck, Thornton'ın yardımını beklediği kadar onun da yardımını bekliyordu.
Nig war auch freundlich, aber weniger offen und weniger liebevoll.
Nig de arkadaş canlısıydı ama daha az açık sözlü ve daha az şefkatliydi.
Nig war ein großer schwarzer Hund, halb Bluthund, halb Hirschhund.
Nig, yarı tazı yarı geyik tazısı olan büyük, siyah bir köpekti.
Er hatte lachende Augen und eine unendlich gute Seele.

Gülen gözleri ve sonsuz bir iyilik ruhu vardı.
Zu Bucks Überraschung zeigte keiner der Hunde Eifersucht ihm gegenüber.
Buck'ın şaşkınlığına rağmen, iki köpek de ona karşı kıskançlık göstermiyordu.
Sowohl Skeet als auch Nig erfuhren die Freundlichkeit von John Thornton.
Hem Skeet hem de Nig, John Thornton'ın nezaketini paylaşıyordu.
Als Buck stärker wurde, verleiteten sie ihn zu albernen Hundespielen.
Buck güçlendikçe onu aptalca köpek oyunlarına çekmeye başladılar.
Auch Thornton spielte oft mit ihnen und konnte ihrer Freude nicht widerstehen.
Thornton da sık sık onlarla oynuyordu, onların neşesine dayanamıyordu.
Auf diese spielerische Weise gelang Buck der Übergang von der Krankheit in ein neues Leben.
Buck, bu eğlenceli yolla hastalıktan yeni bir hayata doğru yol aldı.
Endlich hatte er Liebe gefunden – wahre, brennende und leidenschaftliche Liebe.
Aşk—gerçek, yakıcı ve tutkulu aşk—en sonunda onun olmuştu.
Auf Millers Anwesen hatte er diese Art von Liebe nie erlebt.
Miller'ın malikanesinde böyle bir aşkı hiç tatmamıştı.
Mit den Söhnen des Richters hatte er Arbeit und Abenteuer geteilt.
Yargıcın oğullarıyla birlikte hem işi hem de macerayı paylaşmıştı.
Bei den Enkeln sah er steifen und prahlerischen Stolz.
Torunlarında ise katı ve övüngen bir gurur gördü.
Mit Richter Miller selbst verband ihn eine respektvolle Freundschaft.
Yargıç Miller'la arasında saygılı bir dostluk vardı.

Doch mit Thornton kam eine Liebe, die Feuer, Wahnsinn und Anbetung war.
Ama ateş, delilik ve tapınma olan aşk Thornton'la geldi.
Dieser Mann hatte Bucks Leben gerettet, und das allein bedeutete sehr viel.
Bu adam Buck'ın hayatını kurtarmıştı ve bu bile tek başına çok şey ifade ediyordu.
Aber darüber hinaus war John Thornton der ideale Meistertyp.
Ama bundan da öte, John Thornton ideal türden bir ustaydı.
Andere Männer kümmerten sich aus Pflichtgefühl oder geschäftlicher Notwendigkeit um Hunde.
Diğer adamlar ise görev gereği veya iş gereği köpek bakıyorlardı.
John Thornton kümmerte sich um seine Hunde, als wären sie seine Kinder.
John Thornton köpeklerine sanki çocuklarıymış gibi bakıyordu.
Er kümmerte sich um sie, weil er sie liebte und einfach nicht anders konnte.
Onlara değer veriyordu çünkü onları seviyordu ve buna engel olamıyordu.
John Thornton sah sogar weiter, als die meisten Menschen jemals sehen konnten.
John Thornton çoğu insanın görebildiğinden daha uzağı gördü.
Er vergaß nie, sie freundlich zu grüßen oder ein aufmunterndes Wort zu sagen.
Onları selamlamayı, onlara güzel sözler söylemeyi hiç ihmal etmiyordu.
Er liebte es, mit den Hunden zusammenzusitzen und lange zu reden, oder, wie er sagte, „gasy".
Köpeklerle oturup uzun sohbetler etmeyi severdi, ya da kendi deyimiyle "gazlı" sohbetler etmeyi.
Er packte Bucks Kopf gern grob zwischen seinen starken Händen.

Buck'ın başını güçlü ellerinin arasına sertçe almaktan hoşlanıyordu.

Dann lehnte er seinen Kopf an Bucks und schüttelte ihn sanft.

Sonra başını Buck'ın başına yasladı ve onu hafifçe salladı.

Die ganze Zeit über beschimpfte er Buck mit unhöflichen Namen, die für ihn Liebe bedeuteten.

Bu arada Buck'a kaba isimler takıyordu, bu Buck için aşk anlamına geliyordu.

Buck bereiteten diese grobe Umarmung und diese Worte große Freude.

Buck için o sert kucaklaşma ve o sözler derin bir mutluluk getirdi.

Sein Herz schien bei jeder Bewegung vor Glück zu beben.

Her hareketinde yüreği mutluluktan yerinden fırlayacak gibiydi.

Als er anschließend aufsprang, sah sein Mund aus, als würde er lachen.

Sonra ayağa kalktığında ağzı sanki gülüyormuş gibi görünüyordu.

Seine Augen leuchteten hell und seine Kehle zitterte vor unausgesprochener Freude.

Gözleri ışıl ışıl parlıyor, boğazı dile getiremediği bir sevinçle titriyordu.

Sein Lächeln blieb in diesem Zustand der Ergriffenheit und glühenden Zuneigung stehen.

O duygu ve parıldayan şefkat hali içinde gülümsemesi hâlâ duruyordu.

Dann rief Thornton nachdenklich aus: „Gott! Er kann fast sprechen!"

Sonra Thornton düşünceli bir şekilde haykırdı, "Tanrım! Neredeyse konuşabiliyor!"

Buck hatte eine seltsame Art, Liebe auszudrücken, die beinahe Schmerzen verursachte.

Buck'ın sevgiyi ifade etme biçimi neredeyse acıya sebep olacak kadar tuhaftı.

Er umklammerte Thorntons Hand oft sehr fest mit seinen Zähnen.
Thornton'un elini sık sık dişlerinin arasına alırdı.
Der Biss würde tiefe Spuren hinterlassen, die noch einige Zeit blieben.
Isırığın derin izleri bir süre daha kalacaktı.
Buck glaubte, dass diese Eide Liebe waren, und Thornton wusste das auch.
Buck bu yeminlerin sevgi olduğuna inanıyordu ve Thornton da aynı şeyi biliyordu.
Meistens zeigte sich Bucks Liebe in stiller, fast stummer Verehrung.
Buck'ın sevgisi çoğu zaman sessiz, neredeyse sessiz bir hayranlıkla kendini gösteriyordu.
Obwohl er sich freute, wenn man ihn berührte oder ansprach, suchte er nicht nach Aufmerksamkeit.
Dokunulduğunda veya kendisiyle konuşulduğunda heyecanlansa da, ilgi çekmeye çalışmıyordu.
Skeet schob ihre Nase unter Thorntons Hand, bis er sie streichelte.
Skeet, Thornton'ın elinin altına burnunu soktu ve okşadı.
Nig kam leise herbei und legte seinen großen Kopf auf Thorntons Knie.
Nig sessizce yaklaştı ve büyük başını Thornton'un dizine yasladı.
Buck hingegen war zufrieden damit, aus respektvoller Distanz zu lieben.
Buck ise saygılı bir mesafeden sevmekten memnundu.
Er lag stundenlang zu Thorntons Füßen, wachsam und aufmerksam beobachtend.
Thornton'un ayaklarının dibinde saatlerce uyanık bir şekilde yattı ve dikkatle izledi.
Buck studierte jedes Detail des Gesichts seines Herrn und jede kleinste Bewegung.
Buck, efendisinin yüzündeki her ayrıntıyı ve en ufak hareketi inceledi.

Oder er blieb weiter weg liegen und betrachtete schweigend die Gestalt des Mannes.
Ya da daha uzağa uzanıp sessizce adamın siluetini inceledi.
Buck beobachtete jede kleine Bewegung, jede Veränderung seiner Haltung oder Geste.
Buck her küçük hareketi, her duruş veya jest değişikliğini izliyordu.
Diese Verbindung war so stark, dass sie Thorntons Blick oft auf sich zog.
Bu bağ o kadar güçlüydü ki sık sık Thornton'un bakışlarını üzerine çekiyordu.
Er begegnete Bucks Blick ohne Worte, Liebe schimmerte deutlich hindurch.
Hiçbir şey söylemeden Buck'ın gözleriyle buluştu, gözlerinden açıkça sevgi akıyordu.
Nach seiner Rettung ließ Buck Thornton lange Zeit nicht aus den Augen.
Kurtarıldıktan sonra bile Buck, Thornton'ı uzun süre gözden kaybetmedi.
Immer wenn Thornton das Zelt verließ, folgte Buck ihm dicht auf den Fersen.
Thornton çadırdan her çıktığında Buck onu yakından takip ederek dışarı çıkıyordu.
All die strengen Herren im Nordland hatten Buck Angst gemacht, zu vertrauen.
Kuzey'deki bütün sert efendiler Buck'ın güvenmekten korkmasına neden olmuştu.
Er befürchtete, dass kein Mann länger als kurze Zeit sein Herr bleiben könnte.
Hiçbir adamın kısa bir süreden fazla efendisi kalamayacağından korkuyordu.
Er befürchtete, dass John Thornton wie Perrault und François verschwinden würde.
John Thornton'un Perrault ve François gibi ortadan kaybolacağından korkuyordu.
Sogar nachts quälte die Angst, ihn zu verlieren, Buck mit unruhigem Schlaf.

Buck'ın huzursuz uykuları, onu kaybetme korkusuyla geceleri bile devam ediyordu.
Als Buck aufwachte, kroch er in die Kälte hinaus und ging zum Zelt.
Buck uyandığında, soğuk havaya çıktı ve çadıra gitti.
Er lauschte aufmerksam auf das leise Geräusch des Atmens in seinem Inneren.
İçeriden gelen yumuşak nefes sesini dikkatle dinledi.
Trotz Bucks tiefer Liebe zu John Thornton blieb die Wildnis am Leben.
Buck'ın John Thornton'a olan derin aşkına rağmen vahşi doğa hayatta kalmayı başardı.
Dieser im Norden erwachte primitive Instinkt ist nicht verschwunden.
Kuzey'de uyanan o ilkel içgüdü kaybolmadı.
Liebe brachte Hingabe, Treue und die warme Verbundenheit des Kaminfeuers.
Aşk, bağlılığı, sadakati ve şöminenin sıcak bağını getirdi.
Aber Buck behielt auch seine wilden Instinkte, scharf und stets wachsam.
Ama Buck aynı zamanda vahşi içgüdülerini, keskin ve her zaman tetikte olmayı da sürdürdü.
Er war nicht nur ein gezähmtes Haustier aus den sanften Ländern der Zivilisation.
O, uygarlığın yumuşak topraklarından gelen evcil bir evcil hayvan değildi.
Buck war ein wildes Wesen, das hereingekommen war, um an Thorntons Feuer zu sitzen.
Buck, Thornton'un ateşinin yanına oturmaya gelen vahşi bir varlıktı.
Er sah aus wie ein Südlandhund, aber in ihm lebte Wildheit.
Güneyli bir köpeğe benziyordu ama içinde vahşilik yaşıyordu.
Seine Liebe zu Thornton war zu groß, um zuzulassen, dass er den Mann bestohlen hätte.
Thornton'a olan sevgisi, adamın malını çalmasına izin vermeyecek kadar büyüktü.

Aber in jedem anderen Lager würde er dreist und ohne Pause stehlen.
Ama başka bir kampta olsaydı, hiç duraksamadan ve cüretkarca çalardı.
Er war beim Stehlen so geschickt, dass ihn niemand erwischen oder beschuldigen konnte.
Hırsızlıkta o kadar ustaydı ki, kimse onu yakalayamıyor ve suçlayamıyordu.
Sein Gesicht und sein Körper waren mit Narben aus vielen vergangenen Kämpfen übersät.
Yüzü ve vücudu geçmişteki birçok kavgadan kalma yara izleriyle doluydu.
Buck kämpfte immer noch erbittert, aber jetzt kämpfte er mit mehr List.
Buck hâlâ sert bir şekilde dövüşüyordu ama artık daha kurnazca dövüşüyordu.
Skeet und Nig waren zu sanft, um zu kämpfen, und sie gehörten Thornton.
Skeet ve Nig dövüşemeyecek kadar naziktiler ve onlar Thornton'ındı.
Aber jeder fremde Hund, egal wie stark oder mutig, wich zurück.
Ama ne kadar güçlü veya cesur olursa olsun, herhangi bir yabancı köpek ona boyun eğiyordu.
Ansonsten kämpfte der Hund gegen Buck und um sein Leben.
Aksi takdirde köpek kendini Buck'la savaşırken, yaşam mücadelesi verirken bulacaktı.
Buck kannte keine Gnade, wenn er sich entschied, gegen einen anderen Hund zu kämpfen.
Buck, bir başka köpekle dövüşmeyi seçtiğinde hiç merhamet göstermedi.
Er hatte das Gesetz der Keule und des Reißzahns im Nordland gut gelernt.
Kuzey'de sopa ve diş yasasını iyi öğrenmişti.
Er gab nie einen Vorteil auf und wich nie einer Schlacht aus.

Hiçbir zaman elindeki avantajı kaybetmedi ve savaştan geri adım atmadı.

Er hatte Spitz und die wildesten Post- und Polizeihunde studiert.

Spitz'i ve posta ve polis köpeklerinin en vahşilerini incelemişti.

Er wusste genau, dass es im wilden Kampf keinen Mittelweg gab.

Vahşi bir mücadelede orta yol olmadığını açıkça biliyordu.

Er musste herrschen oder beherrscht werden; Gnade zu zeigen, hieße, Schwäche zu zeigen.

Yönetmek ya da yönetilmek gerekiyordu; merhamet göstermek, acizlik göstermek anlamına geliyordu.

In der rauen und brutalen Welt des Überlebens kannte man keine Gnade.

Hayatta kalma mücadelesinin acımasız ve vahşi dünyasında merhamet bilinmiyordu.

Gnade zu zeigen wurde als Angst angesehen und Angst führte schnell zum Tod.

Merhamet göstermek korku olarak görülüyordu ve korku da hızla ölüme yol açıyordu.

Das alte Gesetz war einfach: töten oder getötet werden, essen oder gefressen werden.

Eski yasa basitti: öldür ya da öldürül, ye ya da yen.

Dieses Gesetz stammte aus längst vergangenen Zeiten und Buck befolgte es vollständig.

Bu yasa zamanın derinliklerinden geliyordu ve Buck da bu yasaya harfiyen uyuyordu.

Buck war älter als sein Alter und die Anzahl seiner Atemzüge.

Buck, yaşından ve aldığı nefes sayısından daha yaşlıydı.

Er verband die ferne Vergangenheit klar mit der Gegenwart.

Eski geçmişi günümüzle net bir şekilde bağdaştırdı.

Die tiefen Rhythmen der Zeitalter bewegten sich durch ihn wie die Gezeiten.

Çağların derin ritimleri gelgitler gibi onun içinden geçiyordu.

Die Zeit pulsierte in seinem Blut so sicher, wie die Jahreszeiten die Erde bewegen.
Zaman, mevsimlerin dünyayı hareket ettirmesi gibi, kanında da aynı kesinlikle atıyordu.
Er saß mit starker Brust und weißen Reißzähnen an Thorntons Feuer.
Thornton'un ateşinin başında oturuyordu, güçlü göğüslüydü ve dişleri beyazdı.
Sein langes Fell wehte, aber hinter ihm beobachteten ihn die Geister wilder Hunde.
Uzun tüyleri dalgalanıyordu ama arkasında vahşi köpeklerin ruhları onu izliyordu.
Halbwölfe und Vollwölfe regten sich in seinem Herzen und seinen Sinnen.
Yüreğinde ve duyularında yarı kurtlar ve tam kurtlar kıpırdanıyordu.
Sie probierten sein Fleisch und tranken dasselbe Wasser wie er.
Onun etinin tadına baktılar ve onunla aynı suyu içtiler.
Sie schnupperten neben ihm den Wind und lauschten dem Wald.
Onunla birlikte rüzgârı kokluyor, ormanı dinliyorlardı.
Sie flüsterten die Bedeutung der wilden Geräusche in der Dunkelheit.
Karanlıkta duyulan vahşi seslerin anlamlarını fısıldadılar.
Sie prägten seine Stimmungen und leiteten jede seiner stillen Reaktionen.
Onun ruh hallerini şekillendiriyor ve her sessiz tepkisine rehberlik ediyorlardı.
Sie lagen bei ihm, während er schlief, und wurden Teil seiner tiefen Träume.
Uyurken yanında yatıyorlardı ve onun derin rüyalarının bir parçası oluyorlardı.
Sie träumten mit ihm, über ihn hinaus und bildeten seinen Geist.
Onunla birlikte, ondan öteye rüya gördüler ve onun ruhunu oluşturdular.

Die Geister der Wildnis riefen so stark, dass Buck sich hingezogen fühlte.
Vahşi doğanın ruhları öyle güçlü bir şekilde sesleniyordu ki Buck kendini çekilmiş hissetti.
Mit jedem Tag wurden die Menschheit und ihre Ansprüche in Bucks Herzen schwächer.
Her geçen gün insanlık ve iddiaları Buck'ın yüreğinde biraz daha zayıflıyordu.
Tief im Wald würde ein seltsamer und aufregender Ruf erklingen.
Ormanın derinliklerinden, tuhaf ve heyecan verici bir çağrı yükselecekti.
Jedes Mal, wenn er den Ruf hörte, verspürte Buck einen Drang, dem er nicht widerstehen konnte.
Buck her çağrıyı duyduğunda karşı koyamadığı bir dürtü hissediyordu.
Er wollte sich vom Feuer und den ausgetretenen menschlichen Pfaden abwenden.
Ateşten ve insanların çiğnediği yollardan yüz çevirecekti.
Er wollte in den Wald eintauchen und weitergehen, ohne zu wissen, warum.
Nedenini bilmeden ormana doğru ilerleyecekti.
Er hinterfragte diese Anziehungskraft nicht, denn der Ruf war tief und kraftvoll.
Bu çekimi sorgulamadı, çünkü çağrı derin ve güçlüydü.
Oft erreichte er den grünen Schatten und die weiche, unberührte Erde
Sık sık yeşil gölgeye ve yumuşak, el değmemiş toprağa ulaştı
Doch dann zog ihn die große Liebe zu John Thornton zurück zum Feuer.
Ama sonra John Thornton'a duyduğu güçlü aşk onu tekrar ateşe çekti.
Nur John Thornton hatte Bucks wildes Herz wirklich in seiner Gewalt.
Buck'ın vahşi yüreğini gerçekten kavrayan tek kişi John Thornton'dı.

Der Rest der Menschheit hatte für Buck keinen bleibenden Wert oder keine bleibende Bedeutung.
Buck için insanlığın geri kalanının kalıcı bir değeri veya anlamı yoktu.
Fremde könnten ihn loben oder ihm mit freundlichen Händen über das Fell streicheln.
Yabancılar onu övebilir veya dost elleriyle tüylerini okşayabilirler.
Buck blieb ungerührt und ging vor lauter Zuneigung davon.
Buck, fazla sevgiden dolayı tepkisiz kaldı ve uzaklaştı.
Hans und Pete kamen mit dem lange erwarteten Floß
Hans ve Pete uzun zamandır beklenen salla geldiler
Buck ignorierte sie, bis er erfuhr, dass sie sich in der Nähe von Thornton befanden.
Buck, Thornton'a yaklaştıklarını öğrenene kadar onları görmezden geldi.
Danach tolerierte er sie, zeigte ihnen jedoch nie seine volle Zuneigung.
Ondan sonra onlara tahammül etti ama hiçbir zaman tam sıcaklık göstermedi.
Er nahm Essen oder Freundlichkeiten von ihnen an, als täte er ihnen einen Gefallen.
Sanki onlara bir iyilik yapıyormuş gibi onlardan yiyecek veya iyilik alıyordu.
Sie waren wie Thornton – einfach, ehrlich und klar im Denken.
Onlar da Thornton gibiydiler; sade, dürüst ve düşünceleri açıktı.
Gemeinsam reisten sie zu Dawsons Sägewerk und dem großen Wirbel
Hep birlikte Dawson'ın kereste fabrikasına ve büyük girdaba doğru yola çıktılar
Auf ihrer Reise lernten sie Bucks Wesen tiefgründig kennen.
Yolculukları sırasında Buck'ın doğasını derinlemesine anlamaya başladılar.
Sie versuchten nicht, sich näherzukommen, wie es Skeet und Nig getan hatten.

Skeet ve Nig'in yaptığı gibi yakınlaşmaya çalışmadılar.
Doch Bucks Liebe zu John Thornton wurde mit der Zeit immer stärker.
Ancak Buck'ın John Thornton'a olan aşkı zamanla daha da derinleşti.
Nur Thornton könnte Buck im Sommer eine Last auf die Schultern laden.
Yazın Buck'ın sırtına bir paket koyabilecek tek kişi Thornton'dı.
Was auch immer Thornton befahl, Buck war bereit, es uneingeschränkt zu tun.
Thornton ne emrederse Buck onu tam olarak yapmaya hazırdı.
Eines Tages, nachdem sie Dawson in Richtung der Quellgewässer des Tanana verlassen hatten,
Bir gün, Dawson'dan ayrılıp Tanana'nın kaynaklarına doğru yola çıktıklarında,
die Gruppe saß auf einer Klippe, die dreihundert Fuß bis zum nackten Fels abfiel.
Grup, üç metre derinliğindeki çıplak kayanın olduğu bir uçurumun üzerine oturdu.
John Thornton saß nahe der Kante und Buck ruhte sich neben ihm aus.
John Thornton kenarda oturuyordu ve Buck da onun yanında dinleniyordu.
Thornton hatte plötzlich eine Idee und rief die Männer auf sich aufmerksam.
Thornton'un aklına aniden bir fikir geldi ve adamların dikkatini çekti.
Er deutete über den Abgrund und gab Buck einen einzigen Befehl.
Uçurumun öte tarafını işaret etti ve Buck'a tek bir emir verdi.
„Spring, Buck!", sagte er und schwang seinen Arm über den Abgrund.
"Atla, Buck!" dedi ve kolunu uçurumun üzerinden savurdu.
Einen Moment später musste er Buck packen, der sofort lossprang, um zu gehorchen.

Bir an sonra, itaat etmek için sıçrayan Buck'ı yakalamak zorundaydı.
Hans und Pete eilten nach vorne und zogen beide in Sicherheit.
Hans ve Pete ileri atılıp ikisini de güvenli bir yere çektiler.
Nachdem alles vorbei war und sie wieder zu Atem gekommen waren, ergriff Pete das Wort.
Her şey bittikten ve nefesler tutulduktan sonra Pete konuştu.
„Die Liebe ist unheimlich", sagte er, erschüttert von der wilden Hingabe des Hundes.
"Aşk çok tuhaf," dedi, köpeğin vahşi bağlılığından sarsılarak.
Thornton schüttelte den Kopf und antwortete mit ruhiger Ernsthaftigkeit.
Thornton başını iki yana salladı ve sakin bir ciddiyetle cevap verdi.
„Nein, die Liebe ist großartig", sagte er, „aber auch schrecklich."
"Hayır, aşk muhteşemdir," dedi, "ama aynı zamanda korkunçtur."
„Manchmal, das muss ich zugeben, macht mir diese Art von Liebe Angst."
"Bazen itiraf etmeliyim ki, bu tür aşk beni korkutuyor."
Pete nickte und sagte: „Ich möchte nicht der Mann sein, der dich berührt."
Pete başını salladı ve "Sana dokunan adam olmaktan nefret ederim." dedi.
Er sah Buck beim Sprechen ernst und voller Respekt an.
Konuşurken Buck'a ciddi ve saygılı bir şekilde baktı.
„Py Jingo!", sagte Hans schnell. „Ich auch nicht, nein, Sir."
"Py Jingo!" dedi Hans hemen. "Ben de, hayır efendim."

Noch vor Jahresende wurden Petes Befürchtungen in Circle City wahr.
Yıl bitmeden Pete'in korkuları Circle City'de gerçek oldu.
Ein grausamer Mann namens Black Burton hat in der Bar eine Schlägerei angezettelt.
Black Burton adında zalim bir adam barda kavga çıkardı.

Er war wütend und bösartig und ging auf einen Neuling los.
Öfkeliydi ve kötü niyetliydi, yeni gelen bir acemiye saldırıyordu.
John Thornton schritt ein, ruhig und gutmütig wie immer.
John Thornton her zamanki gibi sakin ve iyi huylu bir şekilde araya girdi.
Buck lag mit gesenktem Kopf in einer Ecke und beobachtete Thornton aufmerksam.
Buck, başını öne eğmiş bir şekilde köşede yatıyor, Thornton'ı dikkatle izliyordu.
Burton schlug plötzlich zu und sein Schlag ließ Thornton herumwirbeln.
Burton aniden saldırdı ve yumruğu Thornton'ı döndürdü.
Nur die Stangenreling verhinderte, dass er hart auf den Boden stürzte.
Sadece barın korkuluğu onun sert bir şekilde yere çakılmasını engelledi.
Die Beobachter hörten ein Geräusch, das weder Bellen noch Jaulen war
Gözlemciler havlama veya uluma olmayan bir ses duydular
Ein tiefes Brüllen kam von Buck, als er auf den Mann zustürzte.
Buck adama doğru atılırken derin bir kükreme duyuldu.
Burton riss seinen Arm hoch und rettete nur knapp sein eigenes Leben.
Burton kolunu havaya kaldırdı ve canını zor kurtardı.
Buck prallte gegen ihn und warf ihn flach auf den Boden.
Buck ona çarptı ve onu yere serdi.
Buck biss tief in den Arm des Mannes und stürzte sich dann auf die Kehle.
Buck adamın kolunu ısırdı, sonra da boğazına doğru hamle yaptı.
Burton konnte den Angriff nur teilweise blocken und sein Hals wurde aufgerissen.
Burton ancak kısmen bloke edebildi ve boynu yarıldı.
Männer stürmten mit erhobenen Knüppeln herein und vertrieben Buck von dem blutenden Mann.

Adamlar sopalarını kaldırarak içeri daldılar ve Buck'ı kanayan adamın üzerinden attılar.
Ein Chirurg arbeitete schnell, um den Blutausfluss zu stoppen.
Bir cerrah hızla kanın dışarı akmasını durdurmak için harekete geçti.
Buck ging auf und ab und knurrte, während er immer wieder versuchte anzugreifen.
Buck volta atıyor ve homurdanıyor, tekrar tekrar saldırmaya çalışıyordu.
Nur schwingende Knüppel hielten ihn davon ab, Burton zu erreichen.
Burton'a ulaşmasını engelleyen tek şey sopaları sallamaktı.
Eine Bergarbeiterversammlung wurde einberufen und noch vor Ort abgehalten.
Hemen orada bir madenci toplantısı düzenlendi.
Sie waren sich einig, dass Buck provoziert worden war, und stimmten für seine Freilassung.
Buck'ın kışkırtıldığını kabul ettiler ve serbest bırakılması yönünde oy kullandılar.
Doch Bucks wilder Name hallte nun durch jedes Lager in Alaska.
Ama Buck'ın sert adı artık Alaska'daki her kampta yankılanıyordu.
Später im Herbst rettete Buck Thornton erneut auf eine neue Art und Weise.
Aynı sonbaharda Buck, Thornton'u yeni bir şekilde kurtardı.
Die drei Männer steuerten ein langes Boot durch wilde Stromschnellen.
Üç adam, uzun bir tekneyi engebeli akıntılarda yönlendiriyorlardı.
Thornton steuerte das Boot und rief Anweisungen zur Küste.
Thornton tekneyi yönetiyor ve kıyı şeridine giden yolu tarif ediyordu.
Hans und Pete rannten an Land und hielten sich an einem Seil fest, das sie von Baum zu Baum führte.

Hans ve Pete ağaçtan ağaca ip tutarak karada koştular.
Buck hielt am Ufer Schritt und behielt seinen Herrn immer im Auge.
Buck, efendisini sürekli gözetleyerek kıyıda ilerliyordu.
An einer ungünstigen Stelle ragten Felsen aus dem schnellen Wasser hervor.
Hızlı akan suyun altında çirkin bir yerde kayalar belirdi.
Hans ließ das Seil los und Thornton steuerte das Boot weit.
Hans ipi bıraktı ve Thornton tekneyi geniş bir açıyla dümenledi.
Hans sprintete, um das Boot an den gefährlichen Felsen vorbei wieder zu erreichen.
Hans tehlikeli kayaların yanından geçip tekneye yetişmek için hızla koştu.
Das Boot passierte den Felsvorsprung, geriet jedoch in eine stärkere Strömung.
Tekne çıkıntıdan kurtuldu ancak akıntının daha güçlü bir kısmına çarptı.
Hans griff zu schnell nach dem Seil und brachte das Boot aus dem Gleichgewicht.
Hans ipi çok hızlı yakaladı ve teknenin dengesini bozdu.
Das Boot kenterte und prallte mit dem Hinterteil nach oben gegen das Ufer.
Tekne alabora oldu ve dipten yukarı doğru kıyıya çarptı.
Thornton wurde hinausgeworfen und in den wildesten Teil des Wassers geschwemmt.
Thornton dışarı atıldı ve suyun en vahşi noktasına sürüklendi.
Kein Schwimmer hätte in diesen tödlichen, reißenden Gewässern überleben können.
Hiçbir yüzücü o ölümcül, hızlı sularda hayatta kalamazdı.
Buck sprang sofort hinein und jagte seinen Herrn den Fluss hinunter.
Buck hemen atıldı ve efendisini nehir boyunca kovaladı.
Nach dreihundert Metern erreichte er endlich Thornton.
Üç yüz metre kadar yürüdükten sonra sonunda Thornton'a ulaştı.

Thornton packte Buck am Schwanz und Buck drehte sich zum Ufer um.
Thornton, Buck'ın kuyruğunu yakaladı ve Buck kıyıya doğru döndü.
Er schwamm mit voller Kraft und kämpfte gegen den wilden Sog des Wassers an.
Suyun vahşi sürüklenmesine karşı koyarak tüm gücüyle yüzdü.
Sie bewegten sich schneller flussabwärts, als sie das Ufer erreichen konnten.
Kıyıya ulaşabileceklerinden daha hızlı bir şekilde akıntı yönünde hareket ettiler.
Vor ihnen toste der Fluss immer lauter und stürzte in tödliche Stromschnellen.
Önümüzde, nehir ölümcül akıntılara doğru akarken daha da gürültülü bir şekilde kükredi.
Felsen schnitten durch das Wasser wie die Zähne eines riesigen Kamms.
Kayalar, büyük bir tarağın dişleri gibi suyu kesiyordu.
Die Anziehungskraft des Wassers in der Nähe des Tropfens war wild und unausweichlich.
Suyun düşüşe yakın çekimi vahşi ve kaçınılmazdı.
Thornton wusste, dass sie das Ufer nie rechtzeitig erreichen würden.
Thornton kıyıya zamanında ulaşamayacaklarını biliyordu.
Er schrammte über einen Felsen, zerschmetterte einen zweiten,
Bir kayanın üzerinden geçti, ikincisine çarptı,
Und dann prallte er gegen einen dritten Felsen, den er mit beiden Händen festhielt.
Ve sonra üçüncü bir kayaya çarptı ve onu iki eliyle yakaladı.
Er ließ Buck los und übertönte das Gebrüll: „Los, Buck! Los!"
Buck'ı bıraktı ve gürültünün arasından bağırdı: "Hadi, Buck! Hadi!"
Buck konnte sich nicht über Wasser halten und wurde von der Strömung mitgerissen.

Buck su üstünde kalmayı başaramadı ve akıntıya kapıldı.
Er kämpfte hart und versuchte, sich umzudrehen, kam aber überhaupt nicht voran.
Çok mücadele etti, dönmek için çabaladı ama hiçbir ilerleme kaydedemedi.
Dann hörte er, wie Thornton den Befehl über das Tosen des Flusses hinweg wiederholte.
Sonra Thornton'un nehrin uğultusu arasında emri tekrarladığını duydu.
Buck erhob sich aus dem Wasser und hob den Kopf, als wolle er einen letzten Blick werfen.
Buck sudan çıktı, son bir kez bakmak istercesine başını kaldırdı.
dann drehte er sich um und gehorchte und schwamm entschlossen auf das Ufer zu.
Sonra dönüp itaat etti ve kararlılıkla kıyıya doğru yüzdü.
Pete und Hans zogen ihn im letzten Moment an Land.
Pete ve Hans onu son anda kıyıya çektiler.
Sie wussten, dass Thornton sich nur noch wenige Minuten am Felsen festklammern konnte.
Thornton'un kayaya ancak birkaç dakika daha tutunabileceğini biliyorlardı.
Sie rannten das Ufer hinauf zu einer Stelle weit oberhalb der Stelle, an der er hing.
Asılı olduğu yerden çok daha yukarıda bir noktaya kadar koşarak kıyıya çıktılar.
Sie befestigten die Bootsleine sorgfältig an Bucks Hals und Schultern.
Teknenin ipini Buck'ın boynuna ve omuzlarına dikkatlice bağladılar.
Das Seil saß eng, war aber locker genug zum Atmen und für Bewegung.
İp sıkıydı ama nefes alıp hareket edebilecek kadar da gevşekti.
Dann warfen sie ihn erneut in den reißenden, tödlichen Fluss.
Sonra onu tekrar çağlayan, ölümcül nehre fırlattılar.

Buck schwamm mutig, verpasste jedoch seinen Winkel in die Kraft des Stroms.
Buck cesurca yüzdü ama akıntının hızına karşı açısını kaçırdı.
Er sah zu spät, dass er an Thornton vorbeiziehen würde.
Thornton'u geride bırakacağını çok geç fark etti.
Hans riss das Seil fest, als wäre Buck ein kenterndes Boot.
Hans, Buck'ı alabora olmuş bir tekneymiş gibi ipi sertçe çekti.
Die Strömung zog ihn nach unten und er verschwand unter der Oberfläche.
Akıntı onu suyun altına çekti ve su altında kayboldu.
Sein Körper schlug gegen das Ufer, bevor Hans und Pete ihn herauszogen.
Hans ve Pete onu kurtarana kadar cesedi kıyıya çarptı.
Er war halb ertrunken und sie haben das Wasser aus ihm herausgeprügelt.
Yarı boğulmuş haldeydi, onu suyun dışına kadar dövdüler.
Buck stand auf, taumelte und brach erneut auf dem Boden zusammen.
Buck ayağa kalktı, sendeledi ve tekrar yere yığıldı.
Dann hörten sie Thorntons Stimme, die schwach vom Wind getragen wurde.
Sonra Thornton'un sesinin rüzgârla hafifçe taşındığını duydular.
Obwohl die Worte undeutlich waren, wussten sie, dass er dem Tode nahe war.
Sözcükler belirsiz olsa da onun ölümün eşiğinde olduğunu biliyorlardı.
Der Klang von Thorntons Stimme traf Buck wie ein elektrischer Schlag.
Thornton'un sesi Buck'a elektrik şoku gibi çarptı.
Er sprang auf, rannte das Ufer hinauf und kehrte zum Startpunkt zurück.
Ayağa fırladı ve koşarak kıyıya çıktı, fırlatma noktasına geri döndü.
Wieder banden sie Buck das Seil fest und wieder betrat er den Bach.
İpi tekrar Buck'a bağladılar ve tekrar dereye girdi.

Diesmal schwamm er direkt und entschlossen in das rauschende Wasser.
Bu sefer doğrudan ve kararlı bir şekilde akan suya doğru yüzdü.
Hans ließ das Seil langsam los, während Pete darauf achtete, dass es sich nicht verhedderte.
Hans ipi yavaşça serbest bırakırken Pete ipin dolaşmasını engelliyordu.
Buck schwamm schnell, bis er direkt über Thornton auf einer Linie lag.
Buck, Thornton'un hemen yukarısında sıralanana kadar hızla yüzdü.
Dann drehte er sich um und raste wie ein Zug mit voller Geschwindigkeit nach unten.
Sonra dönüp tam hızla bir tren gibi aşağıya doğru hücum etti.
Thornton sah ihn kommen, machte sich bereit und schlang die Arme um seinen Hals.
Thornton onun geldiğini gördü, kendini hazırladı ve kollarını onun boynuna doladı.
Hans band das Seil fest um einen Baum, als beide unter Wasser gezogen wurden.
Hans ipi sıkıca bir ağaca bağladı ve ikisi de aşağı çekildi.
Sie stürzten unter Wasser und zerschellten an Felsen und Flusstrümmern.
Su altına düşüp kayalara ve nehir döküntülerine çarptılar.
In einem Moment war Buck oben, im nächsten erhob sich Thornton keuchend.
Bir an Buck zirvedeydi, bir sonraki an Thornton soluk soluğa ayağa kalkıyordu.
Zerschlagen und erstickend steuerten sie auf das Ufer zu und waren in Sicherheit.
Yıpranmış ve boğulmuş bir halde kıyıya ve güvenliğe doğru yöneldiler.
Thornton erlangte sein Bewusstsein wieder und lag quer über einem Treibholzbaumstamm.
Thornton bilincini yeniden kazandı ve bir kütüğün üzerine uzandı.

Hans und Pete haben hart gearbeitet, um ihm Atem und Leben zurückzugeben.
Hans ve Pete, ona nefes ve hayat vermek için çok uğraştılar.
Sein erster Gedanke galt Buck, der regungslos und schlaff dalag.
İlk aklına gelen şey hareketsiz ve bitkin yatan Buck oldu.
Nig heulte über Bucks Körper und Skeet leckte sanft sein Gesicht.
Nig, Buck'ın cesedinin başında uluyordu ve Skeet onun yüzünü nazikçe yaladı.
Thornton, wund und verletzt, untersuchte Buck mit vorsichtigen Händen.
Thornton, yara bere içinde, Buck'ı dikkatle inceledi.
Er stellte fest, dass der Hund drei Rippen gebrochen hatte, jedoch keine tödlichen Wunden aufwies.
Köpeğin üç kaburgasının kırıldığı, ancak ölümcül bir yaraya rastlanmadığı belirtildi.
„Damit ist die Sache geklärt", sagte Thornton. „Wir zelten hier." Und das taten sie.
"Bu meseleyi halleder," dedi Thornton. "Burada kamp yapıyoruz." Ve öyle de yaptılar.
Sie blieben, bis Bucks Rippen verheilt waren und er wieder laufen konnte.
Buck'ın kaburgaları iyileşene ve tekrar yürüyebilene kadar orada kaldılar.

In diesem Winter vollbrachte Buck eine Leistung, die seinen Ruhm noch weiter steigerte.
Buck o kış, ününü daha da artıracak bir başarıya imza attı.
Es war weniger heroisch als Thornton zu retten, aber genauso beeindruckend.
Thornton'u kurtarmak kadar kahramanca değildi ama aynı derecede etkileyiciydi.
In Dawson benötigten die Partner Vorräte für eine weite Reise.
Dawson'da ortakların uzak bir yolculuk için malzemelere ihtiyacı vardı.

Sie wollten nach Osten reisen, in unberührte Wildnisgebiete.
Doğuya, el değmemiş vahşi topraklara doğru seyahat etmek istiyorlardı.
Bucks Tat im Eldorado Saloon machte diese Reise möglich.
Buck'ın Eldorado Saloon'daki tapusu bu seyahati mümkün kıldı.
Es begann damit, dass Männer bei einem Drink mit ihren Hunden prahlten.
Her şey erkeklerin içki içerken köpekleriyle övünmesiyle başladı.
Bucks Ruhm machte ihn zur Zielscheibe von Herausforderungen und Zweifeln.
Buck'ın şöhreti onu zorlukların ve şüphelerin hedefi haline getirdi.
Thornton blieb stolz und ruhig und verteidigte Bucks Namen standhaft.
Thornton, gururlu ve sakin bir şekilde, Buck'ın adını savunmada kararlı bir duruş sergiledi.
Ein Mann sagte, sein Hund könne problemlos zweihundertsechsunddreißig kg ziehen.
Bir adam köpeğinin 250 kilo ağırlığı rahatlıkla çekebildiğini söyledi.
Ein anderer sagte sechshundert und ein dritter prahlte mit siebenhundert.
Bir başkası altı yüz dedi, bir üçüncüsü de yedi yüz diye övündü.
„Pfft!", sagte John Thornton, „Buck kann einen fünfhundert kg schweren Schlitten ziehen."
"Pfft!" dedi John Thornton, "Buck bin kiloluk bir kızak çekebilir."
Matthewson, ein Bonanza-König, beugte sich vor und forderte ihn heraus.
Bonanza Kralı Matthewson öne doğru eğildi ve ona meydan okudu.
„Glauben Sie, er kann so viel Gewicht in Bewegung setzen?"

"O kadar ağırlığı harekete geçirebileceğini mi sanıyorsun?"

„Und Sie glauben, er kann das Gewicht volle hundert Meter weit ziehen?"

"Ve sen onun bu yükü yüz metre kadar taşıyabileceğini mi düşünüyorsun?"

Thornton antwortete kühl: „Ja. Buck ist Hund genug, um das zu tun."

Thornton soğukkanlılıkla cevap verdi, "Evet. Buck bunu yapabilecek kadar köpek."

„Er wird tausend Pfund in Bewegung setzen und es hundert Meter weit ziehen."

"Bin pound ağırlığındaki bir yükü harekete geçirip yüz metre kadar çekecek."

Matthewson lächelte langsam und stellte sicher, dass alle Männer seine Worte hörten.

Matthewson yavaşça gülümsedi ve sözlerinin herkes tarafından duyulmasını sağladı.

„Ich habe tausend Dollar, die sagen, dass er es nicht kann. Da ist es."

"Bin dolarım var, ona bunu yapamayacağını söylüyor. İşte burada."

Er knallte einen Sack Goldstaub von der Größe einer Wurst auf die Theke.

Sosis büyüklüğündeki altın tozu dolu bir keseyi bara sertçe çarptı.

Niemand sagte ein Wort. Die Stille um sie herum wurde drückend und angespannt.

Kimse tek kelime etmedi. Sessizlik etraflarında ağır ve gergin bir hal aldı.

Thorntons Bluff – wenn es denn einer war – war ernst genommen worden.

Thornton'un blöfü -eğer gerçekten blöfse- ciddiye alınmıştı.

Er spürte, wie ihm die Hitze im Gesicht aufstieg und das Blut in seine Wangen schoss.

Yanaklarına kan hücum ederken yüzünün ısındığını hissetti.

In diesem Moment war seine Zunge seiner Vernunft voraus.

O an aklının önüne dili geçmişti.

Er wusste wirklich nicht, ob Buck fünfhundert kg bewegen konnte.
Buck'ın bin poundu kaldırabileceğini gerçekten bilmiyordu.
Eine halbe Tonne! Allein die Größe ließ ihm das Herz schwer werden.
Yarım ton! Sadece büyüklüğü bile kalbini ağırlaştırıyordu.
Er hatte Vertrauen in Bucks Stärke und hielt ihn für fähig.
Buck'ın gücüne inanıyordu ve onun yetenekli olduğunu düşünüyordu.
Doch einer solchen Herausforderung war er noch nie begegnet, nicht auf diese Art und Weise.
Ama daha önce hiç böyle bir zorlukla karşılaşmamıştı.
Ein Dutzend Männer beobachteten ihn still und warteten darauf, was er tun würde.
Bir düzine adam sessizce onu izliyor, ne yapacağını bekliyordu.
Er hatte das Geld nicht – Hans und Pete auch nicht.
Parası yoktu, Hans'ın ve Pete'in de yoktu.
„Ich habe draußen einen Schlitten", sagte Matthewson kalt und direkt.
"Dışarıda bir kızak var," dedi Matthewson soğuk ve net bir şekilde.
„Es ist mit zwanzig Säcken zu je fünfzig Pfund beladen, alles Mehl.
"Yirmi çuval dolusu, her biri elli kilo ağırlığında, hepsi un.
Lassen Sie sich also jetzt nicht von einem fehlenden Schlitten als Ausrede ausreden", fügte er hinzu.
Bu yüzden kaybolan kızak bahaneniz olmasın" diye ekledi.
Thornton stand still da. Er wusste nicht, was er sagen sollte.
Thornton sessiz kaldı. Ne söyleyeceğini bilmiyordu.
Er blickte sich die Gesichter an, ohne sie deutlich zu erkennen.
Etrafına baktı ama yüzleri net göremedi.
Er sah aus wie ein Mann, der in Gedanken erstarrt war und versuchte, neu zu starten.
Düşüncelere dalmış, yeniden başlamaya çalışan bir adam gibi görünüyordu.

Dann sah er Jim O'Brien, einen Freund aus der Mastodon-Zeit.
Daha sonra Mastodon günlerinden arkadaşı Jim O'Brien'ı gördü.
Dieses vertraute Gesicht gab ihm Mut, von dem er nicht wusste, dass er ihn hatte.
Tanıdık yüz ona bilmediği bir cesaret verdi.
Er drehte sich um und fragte mit leiser Stimme: „Können Sie mir tausend leihen?"
Döndü ve alçak sesle sordu: "Bana bin dolar borç verebilir misin?"
„Sicher", sagte O'Brien und ließ bereits einen schweren Sack neben dem Gold fallen.
"Elbette," dedi O'Brien, altınların olduğu ağır bir keseyi yere bırakarak.
„Aber ehrlich gesagt, John, ich glaube nicht, dass das Biest das tun kann."
"Ama doğrusu John, canavarın bunu yapabileceğine inanmıyorum."
Alle im Eldorado Saloon strömten nach draußen, um sich die Veranstaltung anzusehen.
Eldorado Saloon'daki herkes etkinliği izlemek için dışarı koştu.
Sie ließen Tische und Getränke zurück und sogar die Spiele wurden unterbrochen.
Masalar ve içecekler bırakıldı, hatta oyunlara bile ara verildi.
Dealer und Spieler kamen, um das Ende der kühnen Wette mitzuerleben.
Krupiyeler ve kumarbazlar bu cesur bahsin sonuna tanıklık etmek için geldiler.
Hunderte versammelten sich auf der vereisten Straße um den Schlitten.
Buzlu açık sokakta kızak etrafında yüzlerce kişi toplanmıştı.
Matthewsons Schlitten stand mit einer vollen Ladung Mehlsäcke da.
Matthewson'un kızakları un çuvallarıyla doluydu.
Der Schlitten stand stundenlang bei Minustemperaturen.

Kızak saatlerdir eksi derecelerde bekliyordu.
Die Kufen des Schlittens waren fest am festgetretenen Schnee festgefroren.
Kızakların ayakları sıkıştırılmış karda donmuştu.
Die Männer wetteten zwei zu eins, dass Buck den Schlitten nicht bewegen könne.
Erkekler Buck'ın kızak hareket ettiremeyeceğine ikiye bir oranında bahis koydular.
Es kam zu einem Streit darüber, was „ausbrechen" eigentlich bedeutet.
"Kaçmak" ifadesinin gerçekte ne anlama geldiği konusunda bir tartışma çıktı.
O'Brien sagte, Thornton solle die festgefrorene Basis des Schlittens lösen.
O'Brien, Thornton'un kızakların donmuş tabanını gevşetmesi gerektiğini söyledi.
Buck könnte dann aus einem soliden, bewegungslosen Start „ausbrechen".
Buck daha sonra sağlam ve hareketsiz bir başlangıçtan "sıyrılabilir".
Matthewson argumentierte, dass der Hund auch die Läufer befreien müsse.
Matthewson, köpeğin koşucuları da serbest bırakması gerektiğini savundu.
Die Männer, die von der Wette gehört hatten, stimmten Matthewsons Ansicht zu.
Bahsi dinleyen adamlar da Matthewson'un görüşüne katılıyorlardı.
Mit dieser Entscheidung stiegen die Chancen auf drei zu eins gegen Buck.
Bu kararla birlikte, Buck'ın lehine olan bahis oranı üçe bire çıktı.
Niemand trat vor, um die wachsende Drei-zu-eins-Chance auf sich zu nehmen.
Üç-bir oranındaki artış karşısında kimse öne çıkmadı.
Kein einziger Mann glaubte, dass Buck diese große Leistung vollbringen könnte.

Hiçbir adam Buck'ın bu büyük başarıyı elde edebileceğine inanmıyordu.
Thornton war zu der Wette gedrängt worden, obwohl er voller Zweifel war.
Thornton, şüphelerle dolu bir şekilde bahse girmişti.
Nun blickte er auf den Schlitten und das zehnköpfige Hundegespann daneben.
Şimdi kızak ve yanındaki on köpekli takıma bakıyordu.
Als ich die Realität der Aufgabe sah, erschien sie noch unmöglicher.
Görevin gerçekliğini görünce, bunun daha da imkânsız olduğu ortaya çıktı.
Matthewson war in diesem Moment voller Stolz und Selbstvertrauen.
Matthewson o an gurur ve özgüvenle doluydu.
„Drei zu eins!", rief er. „Ich wette noch tausend, Thornton!"
"Üçte bir!" diye bağırdı. "Bin daha bahse girerim, Thornton!
Was sagst du dazu?", fügte er laut genug hinzu, dass es alle hören konnten.
"Ne diyorsun?" diye ekledi, herkesin duyabileceği kadar yüksek sesle.
Thorntons Gesicht zeigte seine Zweifel, aber sein Geist war aufgeblüht.
Thornton'un yüzünde şüpheler vardı ama morali yükselmişti.
Dieser Kampfgeist ignorierte alle Widrigkeiten und fürchtete sich überhaupt nicht.
O mücadeleci ruh, hiçbir şeyden korkmaz, hiçbir zorluğa aldırmazdı.
Er forderte Hans und Pete auf, ihr gesamtes Bargeld auf den Tisch zu bringen.
Hans ve Pete'i çağırıp tüm nakitlerini masaya getirmelerini istedi.
Ihnen blieb nicht mehr viel übrig – insgesamt nur zweihundert Dollar.
Geriye pek az paraları kalmıştı; toplamda sadece iki yüz dolar.
Diese kleine Summe war ihr gesamtes Vermögen in schweren Zeiten.

Bu küçük miktar, zor zamanlarında onların toplam servetiydi.
Dennoch setzten sie ihr gesamtes Vermögen auf Matthewsons Wette.
Yine de Matthewson'ın bahsine karşı tüm servetlerini ortaya koydular.
Das zehnköpfige Hundegespann wurde abgekoppelt und vom Schlitten wegbewegt.
On köpekten oluşan takım kızaktan ayrıldı ve uzaklaştı.
Buck wurde in die Zügel genommen und trug sein vertrautes Geschirr.
Buck, alışık olduğu koşum takımını takarak dizginlerin başına geçti.
Er hatte die Energie der Menge aufgefangen und die Spannung gespürt.
Kalabalığın enerjisini yakalamış, gerginliği hissetmişti.
Irgendwie wusste er, dass er etwas für John Thornton tun musste.
Bir şekilde John Thornton için bir şeyler yapması gerektiğini biliyordu.
Die Leute murmelten voller Bewunderung über die stolze Gestalt des Hundes.
İnsanlar köpeğin gururlu duruşuna hayranlıkla bakıp mırıldanıyorlardı.
Er war schlank und stark und hatte kein einziges Gramm Fleisch zu viel.
Zayıf ve güçlüydü, vücudunda tek bir gram et yoktu.
Sein Gesamtgewicht von hundertfünfzig Pfund bestand nur aus Kraft und Ausdauer.
Yüz elli kilo ağırlığındaki adamın ağırlığı, tamamen güç ve dayanıklılıktan ibaretti.
Bucks Fell glänzte wie Seide und strotzte vor Gesundheit und Kraft.
Buck'ın tüyleri ipek gibi parlıyordu, sağlık ve güçle kalınlaşmıştı.
Das Fell an seinem Hals und seinen Schultern schien sich aufzurichten und zu sträuben.

Boynundaki ve omuzlarındaki tüyler diken diken olmuş gibiydi.
Seine Mähne bewegte sich leicht, jedes Haar war voller Energie.
Yelesi hafifçe hareket ediyordu, her bir saç teli büyük enerjisiyle canlanıyordu.
Seine breite Brust und seine starken Beine passten zu seinem schweren, robusten Körperbau.
Geniş göğsü ve güçlü bacakları, iri ve sert yapısına uygundu.
Unter seinem Mantel spannten sich Muskeln, straff und fest wie geschmiedetes Eisen.
Paltosunun altındaki kaslar gergin ve sıkı bir demir gibi dalgalanıyordu.
Männer berührten ihn und schworen, er sei gebaut wie eine Stahlmaschine.
Adamlar ona dokunuyor ve onun çelik bir makine gibi yapıldığına yemin ediyorlardı.
Die Quoten sanken leicht auf zwei zu eins gegen den großen Hund.
Büyük köpeğe karşı bahisler ikiye bire düştü.
Ein Mann von den Skookum Benches drängte sich stotternd nach vorne.
Skookum Benches'ten bir adam kekeleyerek öne doğru ilerledi.
„Gut, Sir! Ich biete achthundert für ihn – vor der Prüfung, Sir!"
"İyi, efendim! Ona sekiz yüz teklif ediyorum—sınavdan önce, efendim!"
„Achthundert, so wie er jetzt dasteht!", beharrte der Mann.
"Şu anki haliyle sekiz yüz!" diye ısrar etti adam.
Thornton trat vor, lächelte und schüttelte ruhig den Kopf.
Thornton öne çıktı, gülümsedi ve sakin bir şekilde başını salladı.
Matthewson schritt schnell mit warnender Stimme und einem Stirnrunzeln ein.
Matthewson hemen uyarıcı bir ses tonuyla ve kaşlarını çatarak araya girdi.

„Sie müssen Abstand von ihm halten", sagte er. „Geben Sie ihm Raum."
"Ondan uzaklaşmalısın," dedi. "Ona alan ver."
Die Menge verstummte; nur die Spieler boten noch zwei zu eins.
Kalabalık sessizleşti; sadece kumarbazlar hâlâ ikiye bir teklif ediyordu.
Alle bewunderten Bucks Körperbau, aber die Last schien zu groß.
Herkes Buck'ın yapısına hayrandı ama yük çok fazlaydı.
Zwanzig Säcke Mehl – jeder fünfzig Pfund schwer – schienen viel zu viel.
Her biri yirmişer kilo ağırlığında olan yirmi çuval un çok fazla görünüyordu.
Niemand war bereit, seinen Geldbeutel zu öffnen und sein Geld zu riskieren.
Hiç kimse kesesini açıp parasını riske atmaya yanaşmıyordu.
Thornton kniete neben Buck und nahm seinen Kopf in beide Hände.
Thornton, Buck'ın yanına diz çöktü ve başını iki elinin arasına aldı.
Er drückte seine Wange an Bucks und sprach in sein Ohr.
Yanağını Buck'ın yanağına bastırdı ve kulağına konuştu.
Es gab jetzt kein spielerisches Schütteln oder geflüsterte liebevolle Beleidigungen.
Artık ne şaka yollu tokalaşmalar, ne de fısıldanan sevgi dolu hakaretler vardı.
Er murmelte nur leise: „So sehr du mich liebst, Buck."
Sadece yumuşak bir sesle mırıldandı, "Beni sevdiğin kadar, Buck."
Buck stieß ein leises Winseln aus, seine Begierde konnte er kaum zurückhalten.
Buck sessizce sızlandı, hevesi zar zor kontrol ediliyordu.
Die Zuschauer beobachteten neugierig, wie Spannung in der Luft lag.
İzleyiciler, gerginliğin hakim olduğu olayı merakla izliyordu.

Der Moment fühlte sich fast unwirklich an, wie etwas jenseits der Vernunft.
O an neredeyse gerçek dışıydı, sanki akıl almaz bir şeydi.
Als Thornton aufstand, nahm Buck sanft seine Hand zwischen die Kiefer.
Thornton ayağa kalktığında Buck nazikçe elini çenesine aldı.
Er drückte mit den Zähnen nach unten und ließ dann langsam und sanft los.
Dişleriyle bastırdı, sonra yavaşça ve nazikçe bıraktı.
Es war eine stille Antwort der Liebe, nicht ausgesprochen, aber verstanden.
Bu, söylenmeyen ama anlaşılan sessiz bir sevgi cevabıydı.
Thornton trat weit von dem Hund zurück und gab das Signal.
Thornton köpekten epeyce uzaklaştı ve işareti verdi.
„Jetzt, Buck", sagte er und Buck antwortete mit konzentrierter Ruhe.
"Hadi Buck," dedi ve Buck sakin bir şekilde cevap verdi.
Buck spannte die Leinen und lockerte sie dann um einige Zentimeter.
Buck önce telleri sıkılaştırdı, sonra birkaç santim gevşetti.
Dies war die Methode, die er gelernt hatte; seine Art, den Schlitten zu zerbrechen.
Bu onun öğrendiği yöntemdi; kızak kırmanın yoluydu.
„Mensch!", rief Thornton mit scharfer Stimme in der schweren Stille.
"Vay canına!" diye bağırdı Thornton, sesi yoğun sessizlikte tizdi.
Buck drehte sich nach rechts und stürzte sich mit seinem gesamten Gewicht nach vorn.
Buck sağa döndü ve tüm ağırlığıyla hamle yaptı.
Das Spiel verschwand und Bucks gesamte Masse traf die straffen Leinen.
Boşluk kayboldu ve Buck'ın tüm kütlesi sıkı raylara çarptı.
Der Schlitten zitterte und die Kufen machten ein knackendes, knisterndes Geräusch.
Kızak titriyordu, kızaklardan çıtır çıtır sesler geliyordu.

„Haw!", befahl Thornton und änderte erneut Bucks Richtung.
"Haw!" diye emretti Thornton, Buck'ın yönünü tekrar değiştirerek.
Buck wiederholte die Bewegung und zog diesmal scharf nach links.
Buck hareketi tekrarladı, bu sefer sertçe sola doğru çekti.
Das Knacken des Schlittens wurde lauter, die Kufen knackten und verschoben sich.
Kızak daha da yüksek sesle çatırdadı, kızaklar kırılıp kaydı.
Die schwere Last rutschte leicht seitwärts über den gefrorenen Schnee.
Ağır yük, donmuş karın üzerinde hafifçe yana doğru kaydı.
Der Schlitten hatte sich aus der Umklammerung des eisigen Pfades gelöst!
Kızak buzlu patikanın pençesinden kurtulmuştu!
Die Männer hielten den Atem an, ohne zu merken, dass sie nicht einmal atmeten.
Adamlar nefeslerini tuttular, nefes almadıklarının farkında bile değillerdi.
„Jetzt ZIEHEN!", rief Thornton durch die eisige Stille.
"Şimdi ÇEK!" diye haykırdı Thornton, donmuş sessizliğin içinden.
Thorntons Befehl klang scharf wie ein Peitschenknall.
Thornton'un emri kırbaç şaklaması gibi sert bir şekilde çınladı.
Buck stürzte sich mit einem heftigen und heftigen Ausfallschritt nach vorne.
Buck sert ve sarsıcı bir hamleyle kendini öne doğru fırlattı.
Sein ganzer Körper war aufgrund der enormen Belastung angespannt und verkrampft.
Bütün vücudu, bu büyük gerginlik karşısında gerildi ve buruştu.
Unter seinem Fell spannten sich Muskeln wie lebendig werdende Schlangen.
Kasları, canlanan yılanlar gibi tüylerinin altında dalgalanıyordu.

Seine breite Brust war tief, der Kopf nach vorne zum Schlitten gestreckt.
Geniş göğsü alçaktı, başı kızaklara doğru uzanıyordu.
Seine Pfoten bewegten sich blitzschnell und seine Krallen zerschnitten den gefrorenen Boden.
Patileri yıldırım gibi hareket ediyor, pençeleri donmuş toprağı kesiyordu.
Er kämpfte um jeden Zentimeter Bodenhaftung und hinterließ tiefe Rillen.
Her bir çekiş gücü için mücadele ederken, oluklar derinleşti.
Der Schlitten schaukelte, zitterte und begann eine langsame, unruhige Bewegung.
Kızak sallandı, titredi ve yavaş, tedirgin bir hareket başladı.
Ein Fuß rutschte aus und ein Mann in der Menge stöhnte laut auf.
Bir ayağı kaydı ve kalabalığın içindeki bir adam yüksek sesle inledi.
Dann machte der Schlitten mit einer ruckartigen, heftigen Bewegung einen Satz nach vorne.
Sonra kızak sarsıntılı, sert bir hareketle öne doğru fırladı.
Es hörte nicht wieder auf – noch einen halben Zoll ... einen Zoll ... zwei Zoll mehr.
Yine durmadı, yarım santim...bir santim...iki santim daha.
Die Stöße wurden kleiner, als der Schlitten an Geschwindigkeit zunahm.
Kızak hızlandıkça sarsıntılar azaldı.
Bald zog Buck mit sanfter, gleichmäßiger Rollkraft.
Çok geçmeden Buck düzgün, eşit ve yuvarlanan bir güçle çekmeye başladı.
Die Männer schnappten nach Luft und erinnerten sich schließlich wieder daran zu atmen.
Adamlar nefes nefese kaldılar ve sonunda tekrar nefes almayı hatırladılar.
Sie hatten nicht bemerkt, dass ihnen vor Ehrfurcht der Atem stockte.
Nefeslerinin hayretten kesildiğini fark etmemişlerdi.
Thornton rannte hinterher und rief kurze, fröhliche Befehle.

Thornton arkasından koşup kısa ve neşeli emirler
yağdırıyordu.
**Vor uns lag ein Stapel Brennholz, der die Entfernung
markierte.**
Önümüzde mesafeyi belirleyen bir odun yığını vardı.
**Als Buck sich dem Haufen näherte, wurde der Jubel immer
lauter.**
Buck yığına yaklaştıkça tezahüratlar giderek arttı.
**Der Jubel schwoll zu einem Brüllen an, als Buck den
Endpunkt passierte.**
Buck bitiş noktasını geçtiğinde tezahüratlar bir kükremeye
dönüştü.
**Männer sprangen auf und schrien, sogar Matthewson
grinste.**
Adamlar zıplayıp bağırıyorlardı, hatta Matthewson bile
sırıtmaya başlamıştı.
**Hüte flogen durch die Luft, Fäustlinge wurden gedankenlos
und ziellos herumgeworfen.**
Şapkalar havaya uçtu, eldivenler düşüncesizce ve amaçsızca
fırlatıldı.
**Männer packten einander und schüttelten sich die Hände,
ohne zu wissen, wer es war.**
Adamlar, kiminle olduklarını bilmeden birbirlerinin elini
sıktılar.
Die ganze Menge war in wilder, freudiger Stimmung.
Bütün kalabalık çılgınca, neşeli bir kutlamayla uğulduyordu.
**Thornton fiel mit zitternden Händen neben Buck auf die
Knie.**
Thornton titreyen elleriyle Buck'ın yanına diz çöktü.
**Er drückte seinen Kopf an Bucks und schüttelte ihn sanft
hin und her.**
Başını Buck'ın başına yasladı ve onu yavaşça ileri geri salladı.
**Diejenigen, die näher kamen, hörten, wie er den Hund mit
stiller Liebe verfluchte.**
Yaklaşanlar onun köpeğe sessizce sevgiyle lanet okuduğunu
duydular.
Er beschimpfte Buck lange – leise, herzlich und emotional.

Uzun süre Buck'a küfür etti; yumuşakça, sıcak bir şekilde, duygu dolu bir şekilde.

„Gut, Sir! Gut, Sir!", rief der König der Skookum-Bank hastig.

"İyi, efendim! İyi, efendim!" diye bağırdı Skookum Bench kralı aceleyle.

„Ich gebe Ihnen tausend – nein, zwölfhundert – für diesen Hund, Sir!"

"O köpek için size bin dolar, hayır bin iki yüz dolar veririm, efendim!"

Thornton stand langsam auf, seine Augen glänzten vor Emotionen.

Thornton yavaşça ayağa kalktı, gözleri duyguyla parlıyordu.

Tränen strömten ihm ohne jede Scham über die Wangen.

Gözyaşları yanaklarından utanmadan akıyordu.

„Sir", sagte er zum König der Skookum-Bank, ruhig und bestimmt

"Efendim," dedi Skookum Bench kralına, kararlı ve kararlı bir şekilde

„Nein, Sir. Sie können zur Hölle fahren, Sir. Das ist meine endgültige Antwort."

"Hayır efendim. Cehenneme gidebilirsiniz efendim. Bu benim son cevabım."

Buck packte Thorntons Hand sanft mit seinen starken Kiefern.

Buck, Thornton'un elini güçlü çeneleriyle nazikçe kavradı.

Thornton schüttelte ihn spielerisch, ihre Bindung war so tief wie eh und je.

Thornton onu şakacı bir şekilde salladı, aralarındaki bağ her zamankinden daha derindi.

Die Menge, bewegt von diesem Moment, trat schweigend zurück.

O anın heyecanıyla kalabalık sessizce geri çekildi.

Von da an wagte es niemand mehr, diese heilige Zuneigung zu unterbrechen.

O günden sonra hiç kimse bu kutsal sevgiyi bozmaya cesaret edemedi.

Der Klang des Rufs
Çağrının Sesi

Buck hatte in fünf Minuten Sechzehnhundert Dollar verdient.
Buck beş dakikada bin altı yüz dolar kazanmıştı.
Mit dem Geld konnte John Thornton einen Teil seiner Schulden begleichen.
Bu para John Thornton'un borçlarının bir kısmını ödemesine olanak sağladı.
Mit dem restlichen Geld machte er sich mit seinen Partnern auf den Weg nach Osten.
Geriye kalan parayla ortaklarıyla birlikte Doğu'ya doğru yola çıktı.
Sie suchten nach einer sagenumwobenen verlorenen Mine, die so alt ist wie das Land selbst.
Ülkenin kendisi kadar eski, efsanevi kayıp bir madeni arıyorlardı.
Viele Männer hatten nach der Mine gesucht, aber nur wenige hatten sie je gefunden.
Madeni çok kişi aramıştı ama çok azı bulabilmişti.
Während der gefährlichen Suche waren nicht wenige Männer verschwunden.
Tehlikeli görev sırasında birkaç adamdan fazlası kaybolmuştu.
Diese verlorene Mine war sowohl in Geheimnisse als auch in eine alte Tragödie gehüllt.
Bu kayıp maden hem gizemle hem de eski bir trajediyle sarmalanmıştı.
Niemand wusste, wer der erste Mann war, der die Mine entdeckt hatte.
Madeni ilk bulan adamın kim olduğu bilinmiyordu.
In den ältesten Geschichten wird niemand namentlich erwähnt.
En eski hikâyelerde hiç kimsenin ismi geçmez.
Dort hatte immer eine alte, baufällige Hütte gestanden.
Orada her zaman eski, harap bir kulübe vardı.

Sterbende Männer hatten geschworen, dass sich neben dieser alten Hütte eine Mine befand.
Ölmekte olan adamlar o eski kulübenin yanında bir maden olduğuna yemin etmişlerdi.
Sie bewiesen ihre Geschichten mit Gold, wie es nirgendwo sonst zu finden ist.
Hikayelerini başka hiçbir yerde bulunamayacak altınlarla kanıtladılar.
Keine lebende Seele hatte den Schatz von diesem Ort jemals geplündert.
Hiçbir canlı o yerden hazineyi yağmalamamıştı.
Die Toten waren tot, und Tote erzählen keine Geschichten.
Ölüler ölmüştü ve ölü adamlar hikaye anlatmaz.
Also machten sich Thornton und seine Freunde auf den Weg in den Osten.
Böylece Thornton ve arkadaşları Doğu'ya doğru yola koyuldular.
Pete und Hans kamen mit Buck und sechs starken Hunden.
Pete ve Hans da Buck ve altı güçlü köpeğiyle birlikte onlara katıldı.
Sie begaben sich auf einen unbekannten Weg, an dem andere gescheitert waren.
Başkalarının başarısız olduğu bilinmeyen bir yola doğru yola koyuldular.
Sie rodelten siebzig Meilen den zugefrorenen Yukon River hinauf.
Donmuş Yukon Nehri üzerinde yetmiş mil kızak kaydılar.
Sie bogen links ab und folgten dem Pfad bis zum Stewart.
Sola dönüp patikayı takip ederek Stewart'a doğru ilerlediler.
Sie passierten Mayo und McQuestion und drängten weiter.
Mayo ve McQuestion'ı geçip daha da ileriye doğru ilerlediler.
Der Stewart schrumpfte zu einem Strom, der sich durch zerklüftete Gipfel schlängelte.
Stewart Nehri, engebeli zirveleri aşarak bir dereye dönüştü.
Diese scharfen Gipfel markierten das Rückgrat des Kontinents.
Bu sivri zirveler kıtanın omurgasını oluşturuyordu.

John Thornton verlangte wenig von den Menschen oder der Wildnis.
John Thornton insanlardan veya vahşi topraklardan pek az şey talep ediyordu.
Er fürchtete nichts in der Natur und begegnete der Wildnis mit Leichtigkeit.
Doğada hiçbir şeyden korkmuyordu ve vahşi doğayla rahatlıkla yüzleşiyordu.
Nur mit Salz und einem Gewehr konnte er reisen, wohin er wollte.
Sadece tuz ve bir tüfekle istediği yere seyahat edebilirdi.
Wie die Eingeborenen jagte er auf seiner Reise nach Nahrung.
Yerliler gibi o da yolculuğu sırasında yiyecek avlıyordu.
Wenn er nichts fing, machte er weiter und vertraute auf sein Glück.
Hiçbir şey yakalayamazsa şansına güvenerek yoluna devam ederdi.
Auf dieser langen Reise war Fleisch die Hauptnahrungsquelle.
Bu uzun yolculukta yedikleri başlıca şey et oldu.
Der Schlitten enthielt Werkzeuge und Munition, jedoch keinen strengen Zeitplan.
Kızakta alet ve mühimmat vardı ama kesin bir zaman çizelgesi yoktu.
Buck liebte dieses Herumwandern, die endlose Jagd und das Fischen.
Buck bu gezintileri, bitmek bilmeyen avlanmayı ve balık tutmayı çok seviyordu.
Wochenlang waren sie Tag für Tag unterwegs.
Haftalardır her gün düzenli olarak yolculuk ediyorlardı.
Manchmal schlugen sie Lager auf und blieben wochenlang dort.
Bazen kamp kurup haftalarca hareketsiz kalıyorlardı.
Die Hunde ruhten sich aus, während die Männer im gefrorenen Dreck gruben.
Adamlar donmuş toprağı kazarken köpekler dinleniyordu.

Sie erwärmten Pfannen über dem Feuer und suchten nach
verborgenem Gold.
Ateşte tavaları ısıtıp gizli altınları aradılar.
An manchen Tagen hungerten sie, an anderen feierten sie
Feste.
Bazı günler aç kalıyorlardı, bazı günler ziyafet çekiyorlardı.
Ihre Mahlzeiten hingen vom Wild und vom Jagdglück ab.
Yemekleri avın türüne ve av şansına göre değişiyordu.
Als der Sommer kam, trugen Männer und Hunde schwere
Lasten auf ihren Rücken.
Yaz gelince adamlar ve köpekler yüklerini sırtlarına
yüklerlerdi.
Sie fuhren mit dem Floß über blaue Seen, die in
Bergwäldern versteckt waren.
Dağ ormanlarının arasında saklı mavi göllerde rafting
yaptılar.
Sie segelten in schmalen Booten auf Flüssen, die noch nie
von Menschen kartiert worden waren.
Daha önce hiç kimsenin haritası çıkaramadığı nehirlerde
incecik teknelerle yolculuk yapıyorlardı.
Diese Boote wurden aus Bäumen gebaut, die sie in der
Wildnis gesägt haben.
Bu tekneler, doğada kesilen ağaçlardan yapılmıştı.

Die Monate vergingen und sie schlängelten sich durch die
wilden, unbekannten Länder.
Aylar geçti ve onlar bilinmez vahşi topraklarda dolaştılar.
Es waren keine Männer dort, doch alte Spuren deuteten
darauf hin, dass Männer dort gewesen waren.
Orada hiç erkek yoktu, ama eski izler erkeklerin var olduğunu
gösteriyordu.
Wenn die verlorene Hütte echt war, dann waren einst andere
hier entlang gekommen.
Kayıp Kulübe gerçek olsaydı, o zaman başkaları da bir
zamanlar buradan geçmiş olurdu.
Sie überquerten hohe Pässe bei Schneestürmen, sogar im
Sommer.

Yaz aylarında bile tipide yüksek geçitlerden geçiyorlardı.
Sie zitterten unter der Mitternachtssonne auf kahlen Berghängen.
Çıplak dağ yamaçlarında gece yarısı güneşinin altında titriyorlardı.
Zwischen der Baumgrenze und den Schneefeldern stiegen sie langsam auf.
Ağaçların arasından ve karlı arazilerden geçerek yavaşça tırmandılar.
In warmen Tälern schlugen sie nach Schwärmen aus Mücken und Fliegen.
Sıcak vadilerde sivrisinek ve sinek sürülerini kovaladılar.
Sie pflückten süße Beeren in der Nähe von Gletschern in voller Sommerblüte.
Yazın tam çiçek açmış buzulların yakınında tatlı meyveler topladılar.
Die Blumen, die sie fanden, waren genauso schön wie die im Süden.
Buldukları çiçekler Güney'deki çiçekler kadar güzeldi.
Im Herbst erreichten sie eine einsame Region voller stiller Seen.
O sonbaharda sessiz göllerle dolu ıssız bir bölgeye ulaştılar.
Das Land war traurig und leer, einst voller Vögel und Tiere.
Bir zamanlar kuşlar ve hayvanlarla dolu olan topraklar hüzünlü ve boştu.
Jetzt gab es kein Leben mehr, nur noch den Wind und das Eis, das sich in Pfützen bildete.
Artık hiçbir hayat yoktu, sadece rüzgar ve göletlerde oluşan buzlar vardı.
Mit einem sanften, traurigen Geräusch schlugen die Wellen gegen die leeren Ufer.
Dalgalar boş kıyılara yumuşak, hüzünlü bir sesle çarpıyordu.

Ein weiterer Winter kam und sie folgten erneut schwachen, alten Spuren.
Bir kış daha geldi ve yine silik, eski patikaları takip ettiler.

Dies waren die Spuren von Männern, die schon lange vor ihnen gesucht hatten.
Bunlar kendilerinden çok önceleri arayan adamların izleriydi.
Einmal fanden sie einen Pfad, der tief in den dunklen Wald hineinreichte.
Bir gün karanlık ormanın derinliklerine doğru uzanan bir patika buldular.
Es war ein alter Pfad und sie hatten das Gefühl, dass die verlorene Hütte ganz in der Nähe war.
Eski bir patikaydı ve kayıp kulübenin yakında olduğunu düşünüyorlardı.
Doch die Spur führte nirgendwo hin und verlor sich im dichten Wald.
Ama patika hiçbir yere çıkmıyordu ve sık ormanın içinde kayboluyordu.
Wer auch immer die Spur angelegt hat und warum, das wusste niemand.
Bu izi kim yaptı ve neden yaptı, kimse bilmiyordu.
Später fanden sie das Wrack einer Hütte, versteckt zwischen den Bäumen.
Daha sonra ağaçların arasında saklı bir kulübenin enkazını buldular.
Verrottende Decken lagen verstreut dort, wo einst jemand geschlafen hatte.
Bir zamanlar birinin uyuduğu yerde çürüyen battaniyeler dağılmıştı.
John Thornton fand darin ein Steinschlossgewehr mit langem Lauf.
John Thornton, tüfeğin içinde gömülü uzun namlulu bir çakmaklı tüfek buldu.
Er wusste, dass es sich um eine Waffe von Hudson Bay aus den frühen Handelstagen handelte.
İlk ticaret günlerinden itibaren bunun bir Hudson Körfezi silahı olduğunu biliyordu.
Damals wurden solche Gewehre gegen Stapel von Biberfellen eingetauscht.
O günlerde bu tür silahlar kunduz derileri ile takas ediliyordu.

Das war alles – von dem Mann, der die Hütte gebaut hatte, gab es keine Spur mehr.
Hepsi bu kadardı; kulübeyi inşa eden adamdan geriye hiçbir ipucu kalmamıştı.

Der Frühling kam wieder und sie fanden keine Spur von der verlorenen Hütte.
Bahar yine geldi ve Kayıp Kulübe'den hiçbir iz bulamadılar.
Stattdessen fanden sie ein breites Tal mit einem seichten Bach.
Bunun yerine sığ bir derenin aktığı geniş bir vadi buldular.
Gold lag wie glatte, gelbe Butter auf dem Pfannenboden.
Altın, pürüzsüz, sarı tereyağı gibi tavaların tabanlarına yayılmıştı.
Sie hielten dort an und suchten nicht weiter nach der Hütte.
Orada durdular ve kulübeyi daha fazla aramadılar.
Jeden Tag arbeiteten sie und fanden Tausende in Goldstaub.
Her gün çalışıyorlardı ve binlercesini altın tozu içinde buluyorlardı.
Sie packten das Gold in Säcke aus Elchhaut, jeder Fünfzig Pfund schwer.
Altınları, her biri elli kilo ağırlığında geyik derisinden yapılmış torbalara koydular.
Die Säcke waren wie Brennholz vor ihrer kleinen Hütte gestapelt.
Çantalar küçük kulübelerinin dışında odun gibi istiflenmişti.
Sie arbeiteten wie Giganten und die Tage vergingen wie im Flug.
Devler gibi çalışıyorlardı, günler de hızlı bir rüya gibi geçiyordu.
Sie häuften Schätze an, während die endlosen Tage schnell vorbeizogen.
Sonsuz günler hızla akıp geçerken hazineleri biriktirdiler.
Außer ab und zu Fleisch zu schleppen, gab es für die Hunde nicht viel zu tun.
Köpeklerin arada sırada et taşımaktan başka yapacak pek bir şeyleri yoktu.

Thornton jagte und tötete das Wild, und Buck lag am Feuer.
Thornton avlanıp avlanırken, Buck da ateşin başında yatıyordu.
Er verbrachte viele Stunden schweigend, versunken in Gedanken und Erinnerungen.
Uzun saatler boyunca sessizlik içinde, düşüncelere ve anılara dalarak vakit geçirdi.
Das Bild des haarigen Mannes kam Buck immer häufiger in den Sinn.
Buck'ın aklına daha çok tüylü adam görüntüsü geliyordu.
Jetzt, wo es kaum noch Arbeit gab, träumte Buck, während er ins Feuer blinzelte.
Artık iş sıkıntısı yaşandığından Buck, ateşe bakarak gözlerini kırpıştırırken hayal kuruyordu.
In diesen Träumen wanderte Buck mit dem Mann in eine andere Welt.
Buck o rüyalarda adamla birlikte başka bir dünyada dolaşıyordu.
Angst schien das stärkste Gefühl in dieser fernen Welt zu sein.
Korku, o uzak dünyadaki en güçlü duygu gibi görünüyordu.
Buck sah, wie der haarige Mann mit gesenktem Kopf schlief.
Buck, tüylü adamın başını öne eğmiş bir şekilde uyuduğunu gördü.
Seine Hände waren gefaltet und sein Schlaf war unruhig und unterbrochen.
Elleri kenetlenmişti, uykusu huzursuz ve bölünmüştü.
Er wachte immer ruckartig auf und starrte ängstlich in die Dunkelheit.
Birdenbire uyanır ve korkuyla karanlığa bakardı.
Dann warf er mehr Holz ins Feuer, um die Flamme hell zu halten.
Sonra ateşin alevini canlı tutmak için ateşe biraz daha odun atardı.
Manchmal spazierten sie an einem Strand entlang, der an einem grauen, endlosen Meer entlangführte.

Bazen gri, uçsuz bucaksız bir denizin kıyısındaki kumsalda yürüyorlardı.

Der haarige Mann sammelte Schalentiere und aß sie im Gehen.

Tüylü adam yürürken kabuklu deniz ürünleri topluyor ve yiyordu.

Seine Augen suchten immer nach verborgenen Gefahren in den Schatten.

Gözleri daima gölgelerde saklı tehlikeleri arardı.

Seine Beine waren immer bereit, beim ersten Anzeichen einer Bedrohung loszusprinten.

Tehlikenin ilk belirtisinde bacakları her zaman koşmaya hazırdı.

Sie schlichen still und vorsichtig Seite an Seite durch den Wald.

Ormanın içinde sessizce ve temkinle yan yana ilerliyorlardı.

Buck folgte ihm auf den Fersen und beide blieben wachsam.

Buck da onun peşinden gidiyordu ve ikisi de tetikteydi.

Ihre Ohren zuckten und bewegten sich, ihre Nasen schnüffelten in der Luft.

Kulakları seğiriyor ve hareket ediyor, burunları havayı kokluyordu.

Der Mann konnte den Wald genauso gut hören und riechen wie Buck.

Adam da Buck kadar keskin bir şekilde ormanı duyabiliyor ve koklayabiliyordu.

Der haarige Mann schwang sich mit plötzlicher Geschwindigkeit durch die Bäume.

Tüylü adam ağaçların arasından ani bir hızla ilerledi.

Er sprang von Ast zu Ast, ohne jemals den Halt zu verlieren.

Daldan dala atlıyor, hiçbir zaman tutunmayı bırakmıyordu.

Er bewegte sich über dem Boden genauso schnell wie auf ihm.

Yer üstünde olduğu kadar yukarıda da aynı hızla hareket ediyordu.

Buck erinnerte sich an lange Nächte, in denen er unter den Bäumen Wache hielt.

Buck, ağaçların altında nöbet tutarak geçirdiği uzun geceleri hatırladı.
Der Mann schlief auf seiner Stange in den Zweigen und klammerte sich fest.
Adam dalların arasında tüneyip sıkı sıkıya tutunarak uyuyordu.
Diese Vision des haarigen Mannes war eng mit dem tiefen Ruf verbunden.
Bu tüylü adam vizyonu derin çağrıyla yakından bağlantılıydı.
Der Ruf klang noch immer mit eindringlicher Kraft durch den Wald.
Çağrı, ormanın içinden ürkütücü bir güçle hâlâ duyuluyordu.
Der Anruf erfüllte Buck mit Sehnsucht und einem rastlosen Gefühl der Freude.
Bu çağrı Buck'ı özlemle ve huzursuz bir sevinçle doldurdu.
Er spürte seltsame Triebe und Regungen, die er nicht benennen konnte.
Adını koyamadığı garip dürtüler ve kıpırdanmalar hissediyordu.
Manchmal folgte er dem Ruf tief in die Stille des Waldes.
Bazen çağrıyı ormanın derinliklerine kadar takip ediyordu.
Er suchte nach dem Ruf und bellte dabei leise oder scharf.
Çağrıyı aradı, giderken yumuşak ya da sert bir şekilde havladı.
Er roch am Moos und der schwarzen Erde, wo die Gräser wuchsen.
Otların yetiştiği yerdeki yosunları ve kara toprağı kokladı.
Er schnaubte entzückt über den reichen Geruch der tiefen Erde.
Derin toprağın zengin kokularını duyunca zevkten burnundan soluyordu.
Er hockte stundenlang hinter pilzbefallenen Baumstämmen.
Mantarla kaplı ağaç gövdelerinin arkasında saatlerce çömeldi.
Er blieb still und lauschte mit großen Augen jedem noch so kleinen Geräusch.
O, kıpırdamadan durdu ve kocaman gözlerle her küçük sesi dinledi.

Vielleicht hoffte er, das Wesen, das den Ruf auslöste, zu überraschen.
Çağrıyı yapanı şaşırtmayı ummuş olabilir.
Er wusste nicht, warum er so handelte – er tat es einfach.
Neden böyle davrandığını bilmiyordu, sadece yapıyordu.
Die Triebe kamen aus der Tiefe, jenseits von Denken und Vernunft.
Bu dürtüler düşüncenin ve mantığın ötesinde, içimizden geliyordu.
Unwiderstehliche Triebe überkamen Buck ohne Vorwarnung oder Grund.
Buck'ın içinde hiçbir uyarı veya sebep olmaksızın karşı konulmaz dürtüler belirdi.
Manchmal döste er träge im Lager in der Mittagshitze.
Bazen öğle sıcağında kampta tembel tembel uyukluyordu.
Plötzlich hob er den Kopf und stellte aufmerksam die Ohren auf.
Birdenbire başı kalktı ve kulakları irkildi.
Dann sprang er auf und stürmte ohne Pause in die Wildnis.
Sonra ayağa fırladı ve hiç duraksamadan vahşi doğaya doğru koştu.
Er rannte stundenlang durch Waldwege und offene Flächen.
Saatlerce orman yollarında ve açık alanlarda koştu.
Er liebte es, trockenen Bachläufen zu folgen und Vögel in den Bäumen zu beobachten.
Kuru dere yataklarını takip etmeyi ve ağaçlardaki kuşları gözetlemeyi severdi.
Er könnte den ganzen Tag versteckt liegen und den Rebhühnern beim Herumstolzieren zusehen.
Bütün gün saklanıp kekliklerin etrafta dolaşmasını izleyebilirdi.
Sie trommelten und marschierten, ohne Bucks Anwesenheit zu bemerken.
Buck'ın hâlâ orada olduğunun farkında olmadan davul çalıp yürüyüşe geçtiler.
Doch am meisten liebte er das Laufen in der Sommerdämmerung.

Ama en çok sevdiği şey yaz aylarında alacakaranlıkta koşmaktı.
Das schwache Licht und die schläfrigen Waldgeräusche erfüllten ihn mit Freude.
Loş ışık ve uykulu orman sesleri onu neşeyle doldurdu.
Er las die Zeichen des Waldes so deutlich, wie ein Mann ein Buch liest.
Orman işaretlerini bir adamın kitap okuması gibi net bir şekilde okudu.
Und er suchte immer nach dem seltsamen Ding, das ihn rief.
Ve o, kendisini çağıran o garip şeyi her zaman aradı.
Dieser Ruf hörte nie auf – er erreichte ihn im Wachzustand und im Schlaf.
Bu çağrı hiç durmadı; uyanıkken de uyurken de ona ulaştı.

Eines Nachts erwachte er mit einem Ruck, die Augen waren scharf und die Ohren gespitzt.
Bir gece, gözleri keskin, kulakları dik bir şekilde uyandı.
Seine Nasenlöcher zuckten, während seine Mähne in Wellen sträubte.
Yelesi dalgalar halinde dikilirken burun delikleri seğiriyordu.
Aus der Tiefe des Waldes ertönte erneut der alte Ruf.
Ormanın derinliklerinden o ses tekrar duyuldu, o eski çağrı.
Diesmal war der Ton klar und deutlich zu hören, ein langes, eindringliches, vertrautes Heulen.
Bu kez ses net bir şekilde çınladı; uzun, ürkütücü, tanıdık bir uluma.
Es klang wie der Schrei eines Huskys, aber mit einem seltsamen und wilden Ton.
Bir Sibirya kurdunun çığlığına benziyordu ama tuhaf ve vahşi bir tondaydı.
Buck erkannte das Geräusch sofort – er hatte das genaue Geräusch vor langer Zeit gehört.
Buck sesi hemen tanıdı; aynı sesi çok uzun zaman önce duymuştu.
Er sprang durch das Lager und verschwand schnell im Wald.

Kampın arasından atlayıp hızla ormanın derinliklerine doğru kayboldu.
Als er sich dem Geräusch näherte, wurde er langsamer und bewegte sich vorsichtig.
Sese yaklaştıkça yavaşladı ve dikkatli hareket etti.
Bald erreichte er eine Lichtung zwischen dichten Kiefern.
Kısa süre sonra sık çam ağaçlarının arasında bir açıklığa ulaştı.
Dort saß aufrecht auf seinen Hinterbeinen ein großer, schlanker Timberwolf.
Orada, dimdik ayakta duran, uzun boylu, zayıf bir orman kurdu oturuyordu.
Die Nase des Wolfes zeigte zum Himmel und hallte noch immer den Ruf wider.
Kurtun burnu göğe doğru bakıyordu, hâlâ çağrıyı yankılıyordu.
Buck hatte keinen Laut von sich gegeben, doch der Wolf blieb stehen und lauschte.
Buck hiç ses çıkarmamıştı, ama kurt durup dinledi.
Der Wolf spürte etwas, spannte sich an und suchte die Dunkelheit ab.
Bir şey hisseden kurt gerildi, karanlığı taradı.
Buck schlich ins Blickfeld, mit gebeugtem Körper und ruhigen Füßen auf dem Boden.
Buck, vücudu aşağıda, ayakları yere basar şekilde görüş alanına girdi.
Sein Schwanz war gerade, sein Körper vor Anspannung zusammengerollt.
Kuyruğu dimdikti, vücudu gerginlikten sıkı sıkıya sarılmıştı.
Er zeigte sowohl eine bedrohliche als auch eine Art raue Freundschaft.
Hem tehdit hem de bir tür sert dostluk gösteriyordu.
Es war die vorsichtige Begrüßung, die wilde Tiere einander entgegenbrachten.
Bu, vahşi hayvanların paylaştığı temkinli bir selamlamaydı.
Aber der Wolf drehte sich um und floh, sobald er Buck sah.
Ama kurt Buck'ı görünce hemen dönüp kaçtı.

Buck nahm die Verfolgung auf und sprang wild um sich, begierig darauf, es einzuholen.
Buck, onu yakalamak için çılgınca sıçrayarak peşinden gitti.
Er folgte dem Wolf in einen trockenen Bach, der durch einen Holzstau blockiert war.
Kurdu, bir odun yığınının tıkadığı kuru bir dereye kadar takip etti.
In die Enge getrieben, wirbelte der Wolf herum und blieb stehen.
Köşeye sıkışan kurt, dönüp dikildi.
Der Wolf knurrte und schnappte wie ein gefangener Husky im Kampf.
Kurt, kavgada sıkışmış bir Sibirya kurdu gibi hırlayıp saldırıyordu.
Die Zähne des Wolfes klickten schnell, sein Körper strotzte vor wilder Wut.
Kurt dişlerini hızla tıkırdattı, vücudu vahşi bir öfkeyle diken diken oldu.
Buck griff nicht an, sondern umkreiste den Wolf mit vorsichtiger Freundlichkeit.
Buck saldırmadı ama kurdun etrafını dikkatli ve dostça bir şekilde çevreledi.
Durch langsame, harmlose Bewegungen versuchte er, seine Flucht zu verhindern.
Yavaş ve zararsız hareketlerle kaçışını engellemeye çalıştı.
Der Wolf war vorsichtig und verängstigt – Buck war dreimal so schwer wie er.
Kurt tedirgin ve korkmuştu; Buck ondan üç kat daha ağırdı.
Der Kopf des Wolfes reichte kaum bis zu Bucks massiver Schulter.
Kurtun başı Buck'ın devasa omzuna ancak ulaşıyordu.
Der Wolf hielt Ausschau nach einer Lücke, rannte los und die Jagd begann von neuem.
Bir boşluk arayan kurt hızla kaçtı ve kovalamaca yeniden başladı.
Buck drängte ihn mehrere Male in die Enge und der Tanz wiederholte sich.

Buck onu birkaç kez köşeye sıkıştırdı ve dans tekrarlandı.
Der Wolf war dünn und schwach, sonst hätte Buck ihn nicht fangen können.
Kurt zayıf ve güçsüzdü, yoksa Buck onu yakalayamazdı.
Jedes Mal, wenn Buck näher kam, wirbelte der Wolf herum und sah ihn voller Angst an.
Buck her yaklaştığında kurt korkuyla dönüp ona doğru dönüyordu.
Dann rannte er bei der ersten Gelegenheit erneut in den Wald.
Sonra ilk fırsatta tekrar ormanın derinliklerine doğru koştu.
Aber Buck gab nicht auf und schließlich fasste der Wolf Vertrauen zu ihm.
Ama Buck pes etmedi ve sonunda kurt ona güvenmeye başladı.
Er schnüffelte an Bucks Nase und die beiden wurden verspielt und aufmerksam.
Buck'ın burnunu kokladı ve ikisi de şakacı ve tetikte bir tavır takındılar.
Sie spielten wie wilde Tiere, wild und doch schüchtern in ihrer Freude.
Vahşi hayvanlar gibi oynuyorlardı, sevinçleri vahşi ama bir o kadar da utangaçtı.
Nach einer Weile trabte der Wolf zielstrebig und ruhig davon.
Bir süre sonra kurt sakin ve kararlı bir şekilde uzaklaştı.
Er machte Buck deutlich, dass er beabsichtigte, verfolgt zu werden.
Buck'a takip edilmek istediğini açıkça gösterdi.
Sie rannten Seite an Seite durch die Dämmerung.
Alacakaranlığın karanlığında yan yana koşuyorlardı.
Sie folgten dem Bachbett hinauf in die felsige Schlucht.
Dere yatağını takip ederek kayalık geçide doğru ilerlediler.
Sie überquerten eine kalte Wasserscheide, wo der Bach entsprungen war.
Derenin başladığı yerde soğuk bir su yolunu geçtiler.

Am gegenüberliegenden Hang fanden sie ausgedehnte Wälder und viele Bäche.
Uzak yamaçta geniş bir orman ve birçok dere buldular.
Durch dieses weite Land rannten sie stundenlang ohne Pause.
Bu uçsuz bucaksız topraklarda saatlerce durmadan koştular.
Die Sonne stieg höher, die Luft wurde wärmer, aber sie rannten weiter.
Güneş yükseliyor, hava ısınıyordu ama onlar koşmaya devam ettiler.
Buck war voller Freude – er wusste, dass er seiner Berufung folgte.
Buck sevinçle dolmuştu; çağrısına cevap verdiğini biliyordu.
Er rannte neben seinem Waldbruder her, näher an die Quelle des Rufs.
Ormandaki kardeşinin yanına, çağrının kaynağına doğru koştu.
Alte Gefühle kehrten zurück, stark und schwer zu ignorieren.
Eski duygular geri döndü, güçlü ve görmezden gelinmesi zor.
Dies waren die Wahrheiten hinter den Erinnerungen aus seinen Träumen.
Rüyalarındaki anıların ardındaki gerçekler bunlardı.
All dies hatte er schon einmal in einer fernen, schattenhaften Welt getan.
Bütün bunları daha önce uzak ve karanlık bir dünyada yapmıştı.
Jetzt tat er es wieder und rannte wild herum, während der Himmel über ihm frei war.
Şimdi yine aynısını yaptı, üstündeki açık gökyüzünde çılgınca koşuyordu.
Sie hielten an einem Bach an, um aus dem kalten, fließenden Wasser zu trinken.
Soğuk akan sudan içmek için bir derenin başında durdular.
Während er trank, erinnerte sich Buck plötzlich an John Thornton.
Buck içerken birden John Thornton'ı hatırladı.

Er saß schweigend da, hin- und hergerissen zwischen der Anziehungskraft der Loyalität und der Berufung.
Sadakatin ve çağrının çekimiyle parçalanarak sessizce oturdu.
Der Wolf trabte weiter, kam aber zurück, um Buck anzutreiben.
Kurt koşmaya devam etti, ama Buck'ı ileri doğru itmek için geri döndü.
Er rümpfte die Nase und versuchte, ihn mit sanften Gesten zu beruhigen.
Burnunu çekti ve yumuşak hareketlerle onu kandırmaya çalıştı.
Aber Buck drehte sich um und machte sich auf den Rückweg.
Ama Buck arkasını dönüp geldiği yoldan geri yürümeye başladı.
Der Wolf lief lange Zeit neben ihm her und winselte leise.
Kurt uzun süre onun yanında koştu, sessizce inledi.
Dann setzte er sich hin, hob die Nase und stieß ein langes Heulen aus.
Sonra oturdu, burnunu kaldırdı ve uzun bir uluma sesi çıkardı.
Es war ein trauriger Schrei, der leiser wurde, als Buck wegging.
Buck uzaklaştıkça yumuşayan hüzünlü bir çığlıktı.
Buck lauschte, als der Schrei langsam in der Stille des Waldes verklang.
Buck, çığlığın sesinin ormanın sessizliğinde yavaş yavaş kaybolmasını dinledi.
John Thornton aß gerade zu Abend, als Buck ins Lager stürmte.
Buck kampa daldığında John Thornton akşam yemeğini yiyordu.
Buck sprang wild auf ihn zu, leckte, biss und warf ihn um.
Buck vahşice üzerine atıldı, onu yaladı, ısırdı ve devirdi.
Er warf ihn um, kletterte darauf und küsste sein Gesicht.
Onu devirdi, üstüne çıktı ve yüzünü öptü.

Thornton nannte dies liebevoll „den allgemeinen Narren spielen".
Thornton buna sevgiyle "genel aptalı oynamak" adını verdi.
Die ganze Zeit verfluchte er Buck sanft und schüttelte ihn hin und her.
Bu arada Buck'a hafifçe küfürler yağdırıyor ve onu ileri geri sallıyordu.
Zwei ganze Tage und Nächte lang verließ Buck das Lager kein einziges Mal.
İki gün ve iki gece boyunca Buck bir kez bile kamptan ayrılmadı.
Er blieb in Thorntons Nähe und ließ ihn nie aus den Augen.
Thornton'un yanından ayrılmıyor ve onu hiç gözden ayırmıyordu.
Er folgte ihm bei der Arbeit und beobachtete ihn beim Essen.
Çalışırken onu takip ediyor, yemek yerken onu izliyordu.
Er begleitete Thornton abends in seine Decken und jeden Morgen wieder heraus.
Thornton'un geceleri battaniyesine sarındığını ve her sabah dışarı çıktığını görüyordu.
Doch bald kehrte der Ruf des Waldes zurück, lauter als je zuvor.
Ama çok geçmeden ormanın çağrısı her zamankinden daha yüksek bir sesle geri döndü.
Buck wurde wieder unruhig, aufgewühlt von Gedanken an den wilden Wolf.
Buck, vahşi kurt düşüncesiyle yeniden huzursuzlanmaya başladı.
Er erinnerte sich an das offene Land und daran, wie sie Seite an Seite gelaufen waren.
Açık araziyi ve yan yana koşmayı hatırladı.
Er begann erneut, allein und wachsam in den Wald zu wandern.
Bir kez daha ormanın içinde yalnız ve uyanık bir şekilde dolaşmaya başladı.

Aber der wilde Bruder kam nicht zurück und das Heulen war nicht zu hören.
Ama vahşi kardeş geri dönmedi ve uluma sesi duyulmadı.
Buck begann, draußen zu schlafen und blieb tagelang weg.
Buck dışarıda uyumaya başladı, günlerce uzak kalıyordu.
Einmal überquerte er die hohe Wasserscheide, wo der Bach entsprungen war.
Bir ara derenin başladığı yüksek su yolunu geçti.
Er betrat das Land des dunklen Waldes und der breiten, fließenden Ströme.
Koyu ormanların ve geniş akan derelerin ülkesine girdi.
Eine Woche lang streifte er umher und suchte nach Spuren seines wilden Bruders.
Bir hafta boyunca vahşi kardeşin izlerini aramak için dolaştı.
Er tötete sein eigenes Fleisch und reiste mit langen, unermüdlichen Schritten.
Kendi etini kesiyor ve uzun, yorulmak bilmez adımlarla ilerliyordu.
Er fischte in einem breiten Fluss, der bis ins Meer reichte, nach Lachs.
Denize ulaşan geniş bir nehirde somon balığı avlıyordu.
Dort kämpfte er gegen einen von Insekten verrückt gewordenen Schwarzbären und tötete ihn.
Burada böceklerden deliye dönmüş bir kara ayıyla dövüşüp onu öldürdü.
Der Bär war beim Angeln und rannte blind durch die Bäume.
Ayı balık tutuyordu ve ağaçların arasında kör bir şekilde koşuyordu.
Der Kampf war erbittert und weckte Bucks tiefen Kampfgeist.
Savaş çok şiddetliydi ve Buck'ın derin mücadele ruhunu uyandırdı.
Als Buck zwei Tage später zurückkam, fand er Vielfraße an seiner Beute vor.
İki gün sonra Buck, avının başında kurtlarla karşılaştı.

Ein Dutzend von ihnen stritten sich lautstark und wütend um das Fleisch.
On iki kişi et yüzünden gürültülü bir şekilde kavga ettiler.
Buck griff an und zerstreute sie wie Blätter im Wind.
Buck hücum etti ve onları rüzgardaki yapraklar gibi dağıttı.
Zwei Wölfe blieben zurück – still, leblos und für immer regungslos.
Geride iki kurt kalmıştı; sessiz, cansız ve sonsuza dek hareketsiz.
Der Blutdurst wurde stärker denn je.
Kana susamışlık her zamankinden daha da artmıştı.
Buck war ein Jäger, ein Killer, der sich von Lebewesen ernährte.
Buck bir avcıydı, bir katildi, canlı yaratıklarla besleniyordu.
Er überlebte allein und verließ sich auf seine Kraft und seine scharfen Sinne.
Tek başına, gücüne ve keskin duyularına güvenerek hayatta kalmayı başardı.
Er gedieh in der Wildnis, wo nur die Zähesten überleben konnten.
Sadece en dayanıklıların yaşayabildiği vahşi doğada gelişti.
Daraus erwuchs ein großer Stolz, der Bucks ganzes Wesen erfüllte.
Bundan büyük bir gurur yükseldi ve Buck'ın bütün benliğini doldurdu.
Sein Stolz war in jedem seiner Schritte und in der Anspannung jedes einzelnen Muskels zu erkennen.
Gururu her adımında, her kasının kıpırtısında belli oluyordu.
Sein Stolz war so deutlich wie seine Sprache und spiegelte sich in seiner Haltung wider.
Kendini nasıl taşıdığından gururu açıkça anlaşılıyordu.
Sogar sein dickes Fell sah majestätischer aus und glänzte heller.
Kalın tüyleri bile daha görkemli görünüyordu, daha parlak parlıyordu.
Man hätte Buck mit einem riesigen Timberwolf verwechseln können.

Buck, dev bir orman kurduyla karıştırılabilirdi.
Außer dem Braun an seiner Schnauze und den Flecken über seinen Augen.
Ağzındaki kahverengi ve gözlerinin üstündeki lekeler hariç.
Und der weiße Fellstreifen, der mitten auf seiner Brust verlief.
Ve göğsünün ortasından aşağı doğru uzanan beyaz tüyler.
Er war sogar größer als der größte Wolf dieser wilden Rasse.
O vahşi türün en iri kurdundan bile daha büyüktü.
Sein Vater, ein Bernhardiner, verlieh ihm Größe und einen schweren Körperbau.
Babasının St. Bernard olması ona iri ve ağır bir yapı kazandırmıştı.
Seine Mutter, eine Schäferin, formte diesen Körper zu einer wolfsähnlichen Gestalt.
Annesi çobandı ve bu kütleyi kurt şekline soktu.
Er hatte die lange Schnauze eines Wolfes, war allerdings schwerer und breiter.
Kurt ağzına benzeyen uzun bir burnu vardı, ama daha ağır ve genişti.
Sein Kopf war der eines Wolfes, aber von massiver, majestätischer Gestalt.
Başı bir kurdunkine benziyordu ama devasa, görkemli bir yapıya sahipti.
Bucks List war die List des Wolfes und der Wildnis.
Buck'ın kurnazlığı kurt ve vahşinin kurnazlığıydı.
Seine Intelligenz hat er sowohl vom Deutschen Schäferhund als auch vom Bernhardiner.
Zekasını hem Alman Kurdu'ndan hem de St. Bernard'dan alıyordu.
All dies und harte Erfahrungen machten ihn zu einer furchterregenden Kreatur.
Bütün bunlar, üstüne bir de yaşadığı zorlu deneyimler eklenince, korkutucu bir yaratık haline geldi.
Er war so furchterregend wie jedes andere Tier, das in der Wildnis des Nordens umherstreifte.

Kuzey vahşi doğasında dolaşan herhangi bir hayvan kadar korkutucuydu.
Buck ernährte sich ausschließlich von Fleisch und erreichte den Höhepunkt seiner Kraft.
Sadece etle beslenen Buck, gücünün zirvesine ulaştı.
Jede Faser seines Körpers strotzte vor Kraft und männlicher Stärke.
Her zerresinden güç ve erkeklik kuvveti fışkırıyordu.
Als Thornton seinen Rücken streichelte, funkelten seine Haare vor Energie.
Thornton sırtını okşadığında tüyleri enerjiyle diken diken oldu.
Jedes Haar knisterte, aufgeladen durch die Berührung lebendigen Magnetismus.
Her bir saç teli, canlı bir manyetizmanın dokunuşuyla çıtırdadı.
Sein Körper und sein Gehirn waren auf die höchstmögliche Tonhöhe eingestellt.
Vücudu ve beyni olabilecek en iyi sese ayarlanmıştı.
Jeder Nerv, jede Faser und jeder Muskel arbeitete in perfekter Harmonie.
Her sinir, her lif, her kas mükemmel bir uyum içinde çalışıyordu.
Auf jedes Geräusch oder jeden Anblick, der eine Aktion erforderte, reagierte er sofort.
Herhangi bir sese veya görüntüye anında tepki veriyordu.
Wenn ein Husky zum Angriff ansetzte, konnte Buck doppelt so schnell springen.
Eğer bir Sibirya kurdu saldırmak için sıçrayacak olsaydı, Buck iki kat daha hızlı sıçrayabilirdi.
Er reagierte schneller, als andere es sehen oder hören konnten.
Başkalarının görüp duyabileceğinden çok daha hızlı tepki veriyordu.
Wahrnehmung, Entscheidung und Handlung erfolgten alle in einem fließenden Moment.
Algı, karar ve eylem hepsi aynı akışkan anda gerçekleşti.

Tatsächlich geschahen diese Handlungen getrennt voneinander, aber zu schnell, um es zu bemerken.
Gerçekte bu eylemler ayrı ayrıydı ama fark edilemeyecek kadar hızlıydı.
Die Abstände zwischen diesen Akten waren so kurz, dass sie wie ein einziger Akt wirkten.
Bu eylemler arasındaki boşluklar o kadar kısaydı ki, sanki tek bir eylemmiş gibi görünüyorlardı.
Seine Muskeln und sein Körper waren wie straff gespannte Federn.
Kasları ve vücudu sıkıca sarılmış yaylar gibiydi.
Sein Körper strotzte vor Leben, wild und freudig in seiner Kraft.
Vücudu hayatla dolup taşıyordu, gücü vahşi ve neşeliydi.
Manchmal hatte er das Gefühl, als würde die Kraft völlig aus ihm herausbrechen.
Bazen içindeki gücün tamamen patlayıp dışarı çıkacağını hissediyordu.
„So einen Hund hat es noch nie gegeben", sagte Thornton eines ruhigen Tages.
"Böyle bir köpek daha önce hiç görülmemişti," dedi Thornton sessiz bir günde.
Die Partner sahen zu, wie Buck stolz aus dem Lager schritt.
Ortaklar, Buck'ın kamp alanından gururla çıkışını izliyorlardı.
„Als er erschaffen wurde, veränderte er, was ein Hund sein kann", sagte Pete.
Pete, "O yaratıldığında, bir köpeğin ne olabileceğini değiştirdi" dedi.
„Bei Gott! Das glaube ich auch", stimmte Hans schnell zu.
"Aman Tanrım! Ben de öyle düşünüyorum," diye hemen kabul etti Hans.
Sie sahen ihn abmarschieren, aber nicht die Veränderung, die danach kam.
Onun yürüyüşünü gördüler, ama sonrasında gelen değişimi görmediler.
Sobald er den Wald betrat, verwandelte sich Buck völlig.
Buck ormana girdiği anda tamamen değişti.

Er marschierte nicht mehr, sondern bewegte sich wie ein wilder Geist zwischen den Bäumen.
Artık yürümüyor, ağaçların arasında vahşi bir hayalet gibi dolaşıyordu.
Er wurde still, katzenpfotenartig, ein Flackern, das durch die Schatten huschte.
Sessizleşti, kedi ayaklı, gölgelerin arasından geçen bir titreklik oldu.
Er nutzte die Deckung geschickt und kroch wie eine Schlange auf dem Bauch.
Yılan gibi karnının üzerinde sürünerek ustalıkla siper aldı.
Und wie eine Schlange konnte er lautlos nach vorne springen und zuschlagen.
Ve bir yılan gibi öne atılıp sessizce saldırabiliyordu.
Er könnte ein Schneehuhn direkt aus seinem versteckten Nest stehlen.
Bir kekliği gizli yuvasından çalabilirdi.
Er tötete schlafende Kaninchen, ohne ein einziges Geräusch zu machen.
Uyuyan tavşanları tek bir ses çıkarmadan öldürüyordu.
Er konnte Streifenhörnchen mitten in der Luft fangen, wenn sie zu langsam flohen.
Sincaplar çok yavaş kaçtıklarından onları havada yakalayabiliyordu.
Selbst Fische in Teichen konnten seinen plötzlichen Angriffen nicht entkommen.
Havuzlardaki balıklar bile onun ani saldırılarından kurtulamıyordu.
Nicht einmal schlaue Biber, die Dämme reparierten, waren vor ihm sicher.
Barajları onaran akıllı kunduzlar bile ondan güvende değildi.
Er tötete, um Nahrung zu bekommen, nicht zum Spaß – aber seine eigene Beute gefiel ihm am besten.
Eğlence için değil, yemek için öldürüyordu; ama kendi öldürdüklerini daha çok seviyordu.
Dennoch war bei manchen seiner stillen Jagden ein hintergründiger Humor spürbar.

Yine de, sessiz avlarının bazılarında sinsi bir mizah duygusu hakimdi.

Er schlich sich dicht an Eichhörnchen heran, ließ sie aber dann entkommen.

Sincaplara doğru gizlice yaklaştı, ancak kaçmalarına izin verdi.

Sie wollten in die Bäume fliehen und schnatterten voller Angst und Empörung.

Ağaçlara doğru kaçacaklardı, korkuyla öfkeyle gevezelik ediyorlardı.

Mit dem Herbst kamen immer mehr Elche.

Sonbaharın gelmesiyle birlikte geyikler daha fazla sayıda görünmeye başladı.

Sie zogen langsam in die tiefer gelegenen Täler, um dem Winter entgegenzukommen.

Kışla buluşmak için yavaş yavaş alçak vadilere doğru ilerlediler.

Buck hatte bereits ein junges, streunendes Kalb erlegt.

Buck daha önce genç ve başıboş bir buzağıyı düşürmüştü.

Doch er sehnte sich danach, einer größeren, gefährlicheren Beute gegenüberzutreten.

Ama daha büyük, daha tehlikeli bir avla karşılaşmayı özlüyordu.

Eines Tages fand er an der Wasserscheide, an der Quelle des Baches, seine Chance.

Bir gün, su ayrımında, derenin başında fırsatı buldu.

Eine Herde von zwanzig Elchen war aus bewaldeten Gebieten herübergekommen.

Ormanlık alandan yirmi geyikten oluşan bir sürü gelmişti.

Unter ihnen war ein mächtiger Stier, der Anführer der Gruppe.

Bunların arasında grubun lideri olan güçlü bir boğa da vardı.

Der Bulle war über ein Meter achtzig Meter groß und sah grimmig und wild aus.

Boğanın boyu 1,80 metreden uzundu, vahşi ve vahşi görünüyordu.

Er warf sein breites Geweih hin und her, dessen vierzehn Enden sich nach außen verzweigten.
Geniş boynuzlarını savurdu, on dört ucu dışarı doğru dallanıyordu.
Die Spitzen dieser Geweihe hatten einen Durchmesser von sieben Fuß.
Boynuzların uçları yedi metreye kadar uzanıyordu.
Seine kleinen Augen brannten vor Wut, als er Buck in der Nähe entdeckte.
Yakınlarda Buck'ı görünce küçük gözleri öfkeyle yandı.
Er stieß ein wütendes Brüllen aus und zitterte vor Wut und Schmerz.
Öfke ve acıdan titreyerek şiddetli bir kükreme çıkardı.
Nahe seiner Flanke ragte eine gefiederte und scharfe Pfeilspitze hervor.
Yan tarafında tüylü ve sivri bir ok ucu vardı.
Diese Wunde trug dazu bei, seine wilde, verbitterte Stimmung zu erklären.
Bu yara onun vahşi, acı ruh halini açıklamaya yardımcı oluyordu.
Buck, geleitet von seinem uralten Jagdinstinkt, machte seinen Zug.
Buck, kadim avlanma içgüdüsünün yönlendirmesiyle harekete geçti.
Sein Ziel war es, den Bullen vom Rest der Herde zu trennen.
Boğayı sürüden ayırmayı amaçlıyordu.
Dies war keine leichte Aufgabe – es erforderte Schnelligkeit und messerscharfe List.
Bu kolay bir iş değildi; hız ve acımasız bir kurnazlık gerektiriyordu.
Er bellte und tanzte in der Nähe des Stiers, gerade außerhalb seiner Reichweite.
Boğanın yakınında, ulaşamayacağı bir mesafede havladı ve dans etti.
Der Elch stürzte sich mit riesigen Hufen und tödlichem Geweih auf ihn.

Geyik, kocaman toynakları ve ölümcül boynuzlarıyla saldırıya geçti.
Ein Schlag hätte Bucks Leben im Handumdrehen beenden können.
Tek bir darbe Buck'ın hayatına anında son verebilirdi.
Der Stier konnte die Bedrohung nicht hinter sich lassen und wurde wütend.
Tehlikeyi geride bırakamayan boğa çılgına döndü.
Er stürmte wütend auf ihn zu, doch Buck entkam ihm jedes Mal.
Öfkeyle hücum etti, ama Buck her seferinde kaçıp gitti.
Buck täuschte Schwäche vor und lockte ihn weiter von der Herde weg.
Buck, onu sürüden daha da uzaklaştırmak için zayıflık numarası yaptı.
Doch die jungen Bullen wollten zurückstürmen, um den Anführer zu beschützen.
Ancak genç boğalar lideri korumak için geri adım atacaklardı.
Sie zwangen Buck zum Rückzug und den Bullen, sich wieder der Gruppe anzuschließen.
Buck'ı geri çekilmeye ve boğayı da gruba katılmaya zorladılar.
In der Wildnis herrscht eine tiefe und unaufhaltsame Geduld.
Vahşi doğada derin ve durdurulamaz bir sabır vardır.
Eine Spinne wartet unzählige Stunden bewegungslos in ihrem Netz.
Bir örümcek, sayısız saatler boyunca ağında hareketsiz bekler.
Eine Schlange rollt sich ohne zu zucken zusammen und wartet, bis es Zeit ist.
Yılan kıpırdamadan kıvrılır, zamanının gelmesini bekler.
Ein Panther liegt auf der Lauer, bis der Moment gekommen ist.
Bir panter pusuda bekler, ta ki o an gelene kadar.
Dies ist die Geduld von Raubtieren, die jagen, um zu überleben.
Bu, hayatta kalmak için avlanan yırtıcıların sabrıdır.

Dieselbe Geduld brannte in Buck, als er in seiner Nähe blieb.
Buck ona yakın kaldıkça aynı sabır içinde yanıyordu.
Er blieb in der Nähe der Herde, verlangsamte ihren Marsch und schürte Angst.
Sürünün yanında durarak yürüyüşünü yavaşlattı ve korku yarattı.
Er ärgerte die jungen Bullen und schikanierte die Mutterkühe.
Genç boğaları kızdırıyor, anne inekleri rahatsız ediyordu.
Er trieb den verwundeten Stier in eine noch tiefere, hilflose Wut.
Yaralı boğayı daha derin, çaresiz bir öfkeye sürükledi.
Einen halben Tag lang zog sich der Kampf ohne Pause hin.
Yarım gün kadar süren mücadele hiç ara vermeden devam etti.
Buck griff aus jedem Winkel an, schnell und wild wie der Wind.
Buck her açıdan, rüzgar kadar hızlı ve şiddetli bir şekilde saldırıyordu.
Er hinderte den Stier daran, sich auszuruhen oder sich bei seiner Herde zu verstecken.
Boğanın sürüyle birlikte dinlenmesini veya saklanmasını engelledi.
Buck zermürbte den Willen des Elchs schneller als seinen Körper.
Buck geyiğin iradesini vücudundan daha hızlı yıprattı.
Der Tag verging und die Sonne sank tief am nordwestlichen Himmel.
Gün geçti ve güneş kuzeybatı göğünde alçaktan battı.
Die jungen Bullen kehrten langsamer zurück, um ihrem Anführer zu helfen.
Genç boğalar liderlerine yardım etmek için daha yavaş bir şekilde geri döndüler.
Die Herbstnächte waren zurückgekehrt und die Dunkelheit dauerte nun sechs Stunden.

Sonbahar geceleri geri dönmüştü ve karanlık artık altı saat sürüyordu.
Der Winter drängte sie bergab in sicherere, wärmere Täler.
Kış onları daha güvenli ve sıcak vadilere doğru itiyordu.
Aber sie konnten dem Jäger, der sie zurückhielt, immer noch nicht entkommen.
Ama yine de onları tutan avcıdan kurtulamadılar.
Es stand nur ein Leben auf dem Spiel – nicht das der Herde, sondern nur das ihres Anführers.
Söz konusu olan yalnızca bir hayattı; sürünün değil, liderlerinin hayatı.
Dadurch wurde die Bedrohung in weite Ferne gerückt und ihre dringende Sorge wurde aufgehoben.
Bu durum, tehdidin uzakta olduğunu ve acil bir endişe kaynağı olmadığını gösteriyordu.
Mit der Zeit akzeptierten sie diesen Preis und überließen Buck die Übernahme des alten Bullen.
Zamanla bu bedeli kabullendiler ve Buck'ın yaşlı boğayı almasına izin verdiler.
Als die Dämmerung hereinbrach, stand der alte Bulle mit gesenktem Kopf da.
Alacakaranlık çökerken yaşlı boğa başını öne eğmiş bir şekilde duruyordu.
Er sah zu, wie die Herde, die er geführt hatte, im schwindenden Licht verschwand.
Önderlik ettiği sürünün, azalan ışıkta kayboluşunu izledi.
Es gab Kühe, die er gekannt hatte, Kälber, deren Vater er einst gewesen war.
Tanıdığı inekler vardı, bir zamanlar babası olduğu buzağılar.
Es gab jüngere Bullen, gegen die er in vergangenen Saisons gekämpft und die er beherrscht hatte.
Geçmiş sezonlarda dövüştürdüğü ve yönettiği daha genç boğalar da vardı.
Er konnte ihnen nicht folgen, denn vor ihm kauerte Buck wieder.
Onları takip edemezdi çünkü Buck yine önünde çömelmişti.

Der gnadenlose Schrecken mit den Reißzähnen versperrte ihm jeden Weg.
Acımasız dişli dehşet, onun gidebileceği her yolu kapatıyordu.
Der Bulle brachte mehr als drei Zentner geballte Kraft auf die Waage.
Boğa üç yüz kilodan daha ağır ve yoğun bir güce sahipti.
Er hatte ein langes Leben geführt und in einer Welt voller Kämpfe hart gekämpft.
Mücadele dolu bir dünyada uzun yıllar yaşamış ve çok mücadele etmişti.
Doch nun, am Ende, kam der Tod von einem Tier, das weit unter ihm stand.
Ama şimdi, sonunda, ölüm kendisinden çok daha aşağıda bir canavardan geldi.
Bucks Kopf erreichte nicht einmal die riesigen, mit Knöcheln besetzten Knie des Bullen.
Buck'ın başı boğanın kocaman eklemli dizlerinin hizasına bile gelmiyordu.
Von diesem Moment an blieb Buck Tag und Nacht bei dem Bullen.
O andan itibaren Buck gece gündüz boğanın yanında kaldı.
Er gönnte ihm keine Ruhe, erlaubte ihm nie zu grasen oder zu trinken.
Ona asla dinlenme fırsatı vermedi, otlamasına veya su içmesine asla izin vermedi.
Der Stier versuchte, junge Birkentriebe und Weidenblätter zu fressen.
Boğa genç huş ağacı sürgünlerini ve söğüt yapraklarını yemeye çalıştı.
Aber Buck verjagte ihn, immer wachsam und immer angreifend.
Ama Buck her zaman tetikte ve her zaman saldırgan bir tavırla onu uzaklaştırdı.
Sogar an plätschernden Bächen blockte Buck jeden durstigen Versuch ab.
Buck, akan sularda bile her susuz girişimi engelliyordu.

Manchmal floh der Stier aus Verzweiflung mit voller Geschwindigkeit.
Bazen boğa çaresizlikten son sürat kaçıyordu.
Buck ließ ihn laufen und lief ruhig direkt hinter ihm her, nie weit entfernt.
Buck onun koşmasına izin verdi, sakin bir şekilde hemen arkasından koştu, asla fazla uzaklaşmadı.
Als der Elch innehielt, legte sich Buck hin, blieb aber bereit.
Geyik durduğunda Buck uzandı ama hazır kaldı.
Wenn der Bulle versuchte zu fressen oder zu trinken, schlug Buck mit voller Wut zu.
Boğa bir şey yemeye veya içmeye kalktığında Buck tüm öfkesiyle saldırıyordu.
Der große Kopf des Stiers sank tiefer unter sein gewaltiges Geweih.
Boğanın büyük başı, geniş boynuzlarının altında daha da sarkmıştı.
Sein Tempo verlangsamte sich, der Trab wurde schwerfällig, ein stolpernder Schritt.
Adımları yavaşladı, tırıs ağırlaştı; tökezleyerek yürüdü.
Er stand oft still mit hängenden Ohren und der Nase am Boden.
Çoğu zaman kulakları düşük, burnu yere değecek şekilde hareketsiz dururdu.
In diesen Momenten nahm sich Buck Zeit zum Trinken und Ausruhen.
Buck o anlarda içki içip dinlenmeye vakit ayırıyordu.
Mit heraushängender Zunge und starrem Blick spürte Buck, wie sich das Land veränderte.
Dilini çıkarıp gözlerini dikerek Buck, arazinin değiştiğini hissetti.
Er spürte, wie sich etwas Neues durch den Wald und den Himmel bewegte.
Ormanda ve gökyüzünde yeni bir şeyin hareket ettiğini hissetti.
Mit der Rückkehr der Elche kehrten auch andere Wildtiere zurück.

Geyiklerin geri dönmesiyle birlikte vahşi doğanın diğer canlıları da geri döndü.

Das Land fühlte sich lebendig an, mit einer Präsenz, die man nicht sieht, aber deutlich wahrnimmt.

Toprak, görünmeyen ama güçlü bir şekilde bilinen bir varlıkla canlanıyordu.

Buck wusste dies weder am Geräusch, noch am Anblick oder am Geruch.

Buck bunu ne sesinden, ne görüntüsünden, ne de kokusundan biliyordu.

Ein tieferes Gefühl sagte ihm, dass neue Kräfte im Gange waren.

Daha derin bir his ona yeni güçlerin harekete geçtiğini söylüyordu.

In den Wäldern und entlang der Bäche herrschte seltsames Leben.

Ormanda ve dere kenarlarında tuhaf bir canlılık vardı.

Er beschloss, diesen Geist zu erforschen, nachdem die Jagd beendet war.

Av tamamlandıktan sonra bu ruhu keşfetmeye karar verdi.

Am vierten Tag erlegte Buck endlich den Elch.

Dördüncü gün Buck sonunda geyiği indirmeyi başardı.

Er blieb einen ganzen Tag und eine ganze Nacht bei der Beute, fraß und ruhte sich aus.

Bir gün ve bir gece boyunca avının yanında kalıp beslendi ve dinlendi.

Er aß, schlief dann und aß dann wieder, bis er stark und satt war.

Yedi, sonra uyudu, sonra yine yedi, ta ki güçlenip tok oluncaya kadar.

Als er fertig war, kehrte er zum Lager und nach Thornton zurück.

Hazır olduğunda kampa ve Thornton'a doğru geri döndü.

Mit gleichmäßigem Tempo begann er die lange Heimreise.

Yavaş yavaş evine doğru uzun dönüş yolculuğuna başladı.

Er rannte in seinem unermüdlichen Galopp Stunde um Stunde, ohne auch nur ein einziges Mal vom Weg abzukommen.
Yorulmak bilmez koşusuyla saatlerce koştu, bir an bile yoldan sapmadı.
Durch unbekannte Länder bewegte er sich schnurgerade wie eine Kompassnadel.
Bilinmeyen diyarlarda pusula ibresi gibi dümdüz ilerledi.
Sein Orientierungssinn ließ Mensch und Karte im Vergleich schwach erscheinen.
Yön duygusu, insan ve haritanın yanında zayıf kalıyordu.
Während Buck rannte, spürte er die Bewegung in der Wildnis stärker.
Buck koştukça vahşi topraklardaki hareketliliği daha güçlü hissediyordu.
Es war eine neue Art zu leben, anders als in den ruhigen Sommermonaten.
Yaz aylarının sakinliğinden farklı, yeni bir hayattı.
Dieses Gefühl kam nicht länger als subtile oder entfernte Botschaft.
Bu his artık uzaktan gelen, belirsiz bir mesaj olarak gelmiyordu.
Nun sprachen die Vögel von diesem Leben und Eichhörnchen plapperten darüber.
Artık kuşlar bu hayattan bahsediyor, sincaplar da onun hakkında gevezelik ediyorlardı.
Sogar die Brise flüsterte Warnungen durch die stillen Bäume.
Sessiz ağaçların arasından esen rüzgar bile uyarılar fısıldadı.
Mehrmals blieb er stehen und schnupperte die frische Morgenluft.
Birkaç kez durup temiz sabah havasını içine çekti.
Dort las er eine Nachricht, die ihn schneller nach vorne springen ließ.
Orada okuduğu bir mesaj onu daha hızlı ileri atılmaya yöneltti.

Ein starkes Gefühl der Gefahr erfüllte ihn, als wäre etwas schiefgelaufen.
Sanki bir şeyler ters gidiyormuş gibi, içini ağır bir tehlike duygusu kapladı.
Er befürchtete, dass ein Unglück bevorstünde – oder bereits eingetreten war.
Felaketin gelmekte olduğundan veya çoktan geldiğinden korkuyordu.
Er überquerte den letzten Bergrücken und betrat das darunterliegende Tal.
Son sırtı geçip aşağıdaki vadiye girdi.
Er bewegte sich langsamer und war bei jedem Schritt aufmerksamer und vorsichtiger.
Her adımda daha yavaş, daha dikkatli ve daha temkinli hareket ediyordu.
Drei Meilen weiter fand er eine frische Spur, die ihn erstarren ließ.
Üç mil ötede onu sertleştiren taze bir iz buldu.
Die Haare in seinem Nacken stellten sich auf und sträubten sich vor Schreck.
Boynundaki tüyler telaşla dalgalanıyor ve diken diken oluyordu.
Die Spur führte direkt zum Lager, wo Thornton wartete.
Patikalar Thornton'un beklediği kampa doğru uzanıyordu.
Buck bewegte sich jetzt schneller, seine Schritte waren lautlos und schnell zugleich.
Buck artık daha hızlı hareket ediyordu, adımları hem sessiz hem de hızlıydı.
Seine Nerven lagen blank, als er Zeichen las, die andere übersehen würden.
Başkalarının fark etmeyeceği işaretleri okudukça sinirleri gerilmişti.
Jedes Detail der Spur erzählte eine Geschichte – außer dem letzten Stück.
İzdeki her ayrıntı bir hikaye anlatıyordu; son parça hariç.
Seine Nase erzählte ihm von dem Leben, das hier vorbeigezogen war.

Burnu ona buradan geçen hayatı anlatıyordu.
Der Duft vermittelte ihm ein wechselndes Bild, als er dicht hinter ihm folgte.
Koku, onun hemen arkasından takip ederken ona değişen bir görüntü veriyordu.
Doch im Wald selbst war es still geworden, unnatürlich still.
Ama ormanın kendisi sessizliğe gömülmüştü; doğal olmayan bir durgunluk.
Die Vögel waren verschwunden, die Eichhörnchen hatten sich versteckt, waren still und ruhig.
Kuşlar kaybolmuş, sincaplar saklanmış, sessiz ve hareketsizdi.
Er sah nur ein einziges Grauhörnchen, das flach auf einem toten Baum lag.
Sadece bir tane gri sincap gördü, o da ölü bir ağacın üzerinde yatıyordu.
Das Eichhörnchen fügte sich steif und reglos in den Wald ein.
Sincap ormanın bir parçası gibi kaskatı ve hareketsiz bir şekilde ortalığa karışmıştı.
Buck bewegte sich wie ein Schatten, lautlos und sicher durch die Bäume.
Buck ağaçların arasında bir gölge gibi sessiz ve emin adımlarla hareket ediyordu.
Seine Nase zuckte zur Seite, als würde sie von einer unsichtbaren Hand gezogen.
Burnu sanki görünmeyen bir el tarafından çekiliyormuş gibi yana doğru fırladı.
Er drehte sich um und folgte der neuen Spur tief in ein Dickicht hinein.
Döndü ve yeni kokuyu çalılığın derinliklerine kadar takip etti.
Dort fand er Nig tot daliegend, von einem Pfeil durchbohrt.
Orada Nig'i bir okla delinmiş halde ölü buldu.
Der Schaft durchdrang seinen Körper, die Federn waren noch zu sehen.
Ok, vücudunun içinden geçip gitti, tüyleri hâlâ görünüyordu.
Nig hatte sich dorthin geschleppt, war jedoch gestorben, bevor er Hilfe erreichen konnte.

Nig kendini oraya sürüklemiş, ancak yardıma yetişemeden ölmüştü.
Hundert Meter weiter fand Buck einen weiteren Schlittenhund.
Yüz metre kadar ötede Buck başka bir kızak köpeği buldu.
Es war ein Hund, den Thornton in Dawson City gekauft hatte.
Thornton'un Dawson City'den satın aldığı bir köpekti.
Der Hund befand sich in einem tödlichen Kampf und schlug heftig auf dem Weg um sich.
Köpek patikada ölüm kalım mücadelesi veriyordu.
Buck ging um ihn herum, blieb nicht stehen und richtete den Blick nach vorne.
Buck durmadan etrafından geçti, gözleri ileriye dikilmişti.
Aus Richtung des Lagers ertönte in der Ferne ein rhythmischer Gesang.
Kampın olduğu taraftan uzaktan ritmik bir tezahürat duyuluyordu.
Die Stimmen schwoll in einem seltsamen, unheimlichen Singsangton an und ab.
Sesler tuhaf, ürkütücü, şarkı söyler gibi bir tonda yükselip alçalıyordu.
Buck kroch schweigend zum Rand der Lichtung.
Buck sessizce açıklığın kenarına doğru süründü.
Dort sah er Hans mit dem Gesicht nach unten liegen, von vielen Pfeilen durchbohrt.
Orada Hans'ı yüzüstü yatarken gördü, vücudu oklarla delinmişti.
Sein Körper sah aus wie der eines Stachelschweins und war mit gefiederten Schäften bestückt.
Vücudu bir kirpiye benziyordu, tüylü oklarla kaplıydı.
Im selben Moment blickte Buck in Richtung der zerstörten Hütte.
Aynı anda Buck harap olmuş kulübeye doğru baktı.
Bei diesem Anblick stellten sich ihm die Nacken- und Schulterhaare auf.

Görüntü, adamın boynundaki ve omuzlarındaki tüylerin diken diken olmasına neden oldu.
Ein Sturm wilder Wut durchfuhr Bucks ganzen Körper.
Buck'ın tüm bedenini vahşi bir öfke fırtınası sardı.
Er knurrte laut, obwohl er nicht wusste, dass er es getan hatte.
Yüksek sesle hırladı, ama bunu yaptığını bilmiyordu.
Der Klang war rau, erfüllt von furchterregender, wilder Wut.
Sesi çiğdi, dehşet verici, vahşi bir öfkeyle doluydu.
Zum letzten Mal in seinem Leben verlor Buck den Verstand und die Gefühle.
Buck, hayatında son kez aklını duygularına kaptırdı.
Es war die Liebe zu John Thornton, die seine sorgfältige Kontrolle brach.
John Thornton'a olan aşkı onun dikkatli kontrolünü bozdu.
Die Yeehats tanzten um die zerstörte Fichtenhütte.
Yeehatlar harap olmuş ladin kulübesinin etrafında dans ediyorlardı.
Dann ertönte ein Brüllen – und ein unbekanntes Tier stürmte auf sie zu.
Sonra bir kükreme duyuldu ve bilinmeyen bir canavar onlara doğru koştu.
Es war Buck, eine aufbrausende Furie, ein lebendiger Sturm der Rache.
Buck'tı; harekete geçen bir öfke; yaşayan bir intikam fırtınası.
Wahnsinnig vor Tötungsdrang stürzte er sich mitten unter sie.
Öldürme ihtiyacıyla çılgına dönmüş bir halde kendini onların arasına attı.
Er sprang auf den ersten Mann, den Yeehat-Häuptling, und traf zielsicher.
İlk adama, Yeehat şefine doğru atıldı ve isabetli vurdu.
Seine Kehle war aufgerissen und Blut spritzte in einem Strom.
Boğazı yarıldı ve kan fışkırdı.
Buck blieb nicht stehen, sondern riss dem nächsten Mann mit einem Sprung die Kehle durch.

Buck durmadı ve tek bir sıçrayışta yanındaki adamın boğazını parçaladı.
Er war nicht aufzuhalten – er riss, schlug und machte nie eine Pause, um sich auszuruhen.
Durdurulamazdı; parçalıyor, kesiyor, asla durup dinlenmiyordu.
Er schoss und sprang so schnell, dass ihre Pfeile ihn nicht treffen konnten.
Öyle hızlı atıldı ve sıçradı ki, oklar ona dokunamadı.
Die Yeehats waren in ihrer eigenen Panik und Verwirrung gefangen.
Yeehatlar kendi panik ve karmaşalarının içindeydiler.
Ihre Pfeile verfehlten Buck und trafen stattdessen einander.
Okları Buck'ı ıskalayıp birbirlerine isabet etti.
Ein Jugendlicher warf einen Speer nach Buck und traf einen anderen Mann.
Gençlerden biri Buck'a mızrak fırlattı ve bir başka adama isabet etti.
Der Speer durchbohrte seine Brust und die Spitze durchbohrte seinen Rücken.
Mızrak göğsünü deldi, ucu sırtını deldi.
Die Yeehats wurden von Panik erfasst und zogen sich umgehend zurück.
Yeehatlar'ın üzerine dehşet çöktü ve tam bir geri çekilmeye başladılar.
Sie schrien vor dem bösen Geist und flohen in die Schatten des Waldes.
Kötü Ruh'tan çığlık atıp ormanın gölgelerine doğru kaçtılar.
Buck war wirklich wie ein Dämon, als er die Yeehats jagte.
Gerçekten de Buck, Yeehat'ları kovalarken bir iblis gibiydi.
Er raste hinter ihnen durch den Wald her und erlegte sie wie Rehe.
Ormanın içinden onların peşine düştü ve onları geyikler gibi yere serdi.
Für die verängstigten Yeehats wurde es ein Tag des Schicksals und des Terrors.

Korkmuş Yeehatlar için bu bir kader ve dehşet günü haline geldi.
Sie zerstreuten sich über das Land und flohen in alle Richtungen.
Ülkenin dört bir yanına dağıldılar, her yöne doğru kaçıp gittiler.
Eine ganze Woche verging, bevor sich die letzten Überlebenden in einem Tal trafen.
Son kurtulanların bir vadide buluşması tam bir hafta sürdü.
Erst dann zählten sie ihre Verluste und sprachen über das Geschehene.
Ancak ondan sonra kayıplarını saydılar ve yaşananları anlattılar.
Nachdem Buck die Jagd satt hatte, kehrte er zum zerstörten Lager zurück.
Buck, kovalamacadan yorulduktan sonra harap olmuş kampa geri döndü.
Er fand Pete, noch in seine Decken gehüllt, getötet beim ersten Angriff.
Pete'i ilk saldırıda öldürülmüş halde, hâlâ battaniyelerin içinde buldu.
Spuren von Thorntons letztem Kampf waren im Dreck in der Nähe zu sehen.
Thornton'un son mücadelesinin izleri yakındaki toprakta görülüyordu.
Buck folgte jeder Spur und erschnüffelte jede Markierung bis zum letzten Punkt.
Buck her izi takip ediyor, her izi son noktasına kadar kokluyordu.
Am Rand eines tiefen Teichs fand er den treuen Skeet, der still dalag.
Derin bir havuzun kenarında sadık Skeet'i hareketsiz yatarken buldu.
Skeets Kopf und Vorderpfoten lagen regungslos im Wasser, er lag tot da.
Skeet'in başı ve ön pençeleri suyun içindeydi, ölüm anında hareketsizdi.

Der Teich war schlammig und durch das Abwasser aus den Schleusenkästen verunreinigt.
Havuz çamurluydu ve su kanallarından gelen sularla kirlenmişti.
Seine trübe Oberfläche verbarg, was darunter lag, aber Buck kannte die Wahrheit.
Bulutlu yüzeyi altında ne olduğunu gizliyordu ama Buck gerçeği biliyordu.
Er folgte Thorntons Spur bis in den Pool – doch die Spur führte nirgendwo anders hin.
Thornton'un kokusunu havuza kadar takip etti; ancak koku başka hiçbir yere gitmiyordu.
Es gab keinen Geruch, der hinausführte – nur die Stille des tiefen Wassers.
Dışarıya doğru uzanan bir koku yoktu; sadece derin suların sessizliği vardı.
Den ganzen Tag blieb Buck in der Nähe des Teichs und ging voller Trauer im Lager auf und ab.
Buck bütün gün havuzun başında durup keder içinde kampta volta atıyordu.
Er wanderte ruhelos umher oder saß regungslos da, in tiefe Gedanken versunken.
Huzursuzca dolaşıyor ya da ağır düşüncelere dalmış bir şekilde sessizce oturuyordu.
Er kannte den Tod, das Ende des Lebens, das Verschwinden aller Bewegung.
Ölümü, hayatın sonunu, bütün hareketin yok oluşunu biliyordu.
Er verstand, dass John Thornton weg war und nie wieder zurückkehren würde.
John Thornton'un gittiğini ve bir daha asla geri dönmeyeceğini anlamıştı.
Der Verlust hinterließ eine Leere in ihm, die wie Hunger pochte.
Bu kayıp, içinde açlık gibi zonklayan bir boşluk bırakmıştı.
Doch dieser Hunger konnte durch Essen nicht gestillt werden, egal, wie viel er aß.

Ama bu, ne kadar çok yerse yesin, hiçbir şeyin gideremediği bir açlıktı.
Manchmal, wenn er die toten Yeehats ansah, ließ der Schmerz nach.
Bazen ölü Yeehat'lara baktıkça acısı azalıyordu.
Und dann stieg ein seltsamer Stolz in ihm auf, wild und vollkommen.
Ve sonra içinde tuhaf bir gurur yükseldi, vahşi ve tam.
Er hatte den Menschen getötet, das höchste und gefährlichste Wild von allen.
Bütün avların en yücesi ve en tehlikelisi olan insanı öldürmüştü.
Er hatte unter Missachtung des alten Gesetzes von Keule und Reißzahn getötet.
Sopa ve dişle öldürmenin eski yasasını hiçe sayarak öldürmüştü.
Buck schnüffelte neugierig und nachdenklich an ihren leblosen Körpern.
Buck, meraklı ve düşünceli bir şekilde cansız bedenlerini kokladı.
Sie waren so leicht gestorben – viel leichter als ein Husky in einem Kampf.
Çok kolay ölmüşlerdi; bir Sibirya kurdunun kavgada ölmesinden çok daha kolay.
Ohne ihre Waffen waren sie weder wirklich stark noch stellten sie eine Bedrohung dar.
Silahları olmadan gerçek bir güçleri veya tehditleri yoktu.
Buck würde sie nie wieder fürchten, es sei denn, sie wären bewaffnet.
Buck, silahlı olmadıkları sürece bir daha asla onlardan korkmayacaktı.
Nur wenn sie Keulen, Speere oder Pfeile trugen, war er vorsichtig.
Ancak ellerinde sopa, mızrak veya ok olduğunda dikkatli olurdu.

Die Nacht brach herein und ein Vollmond stieg hoch über die Baumwipfel.
Gece oldu ve dolunay ağaçların tepelerinden oldukça yükseğe çıktı.
Das blasse Licht des Mondes tauchte das Land in einen sanften, geisterhaften Schein wie am Tag.
Ayın soluk ışığı toprağı gündüz gibi yumuşak, hayaletsi bir parıltıyla yıkıyordu.
Als die Nacht hereinbrach, trauerte Buck noch immer am stillen Teich.
Gece derinleşirken Buck hâlâ sessiz havuzun başında yas tutuyordu.
Dann bemerkte er eine andere Regung im Wald.
Sonra ormanda farklı bir kıpırtı olduğunu fark etti.
Die Aufregung kam nicht von den Yeehats, sondern von etwas Älterem und Tieferem.
Bu kıpırtı Yeehat'lardan değil, daha eski ve daha derin bir şeyden kaynaklanıyordu.
Er stand auf, spitzte die Ohren und prüfte vorsichtig mit der Nase die Brise.
Ayağa kalktı, kulaklarını dikleştirdi, burnunu dikkatle rüzgara doğru süzdü.
Aus der Ferne ertönte ein schwacher, scharfer Aufschrei, der die Stille durchbrach.
Çok uzaklardan, sessizliği delen hafif, keskin bir çığlık duyuldu.
Dann folgte dicht auf den ersten ein Chor ähnlicher Schreie.
Daha sonra ilkinin hemen ardından benzer haykırışlar korosu geldi.
Das Geräusch kam näher und wurde mit jedem Augenblick lauter.
Ses giderek yaklaşıyor, her geçen an daha da yükseliyordu.
Buck kannte diesen Schrei – er kam aus dieser anderen Welt in seiner Erinnerung.
Buck bu çığlığı tanıyordu; hafızasındaki o diğer dünyadan geliyordu.

Er ging in die Mitte des offenen Platzes und lauschte aufmerksam.
Açık alanın ortasına doğru yürüdü ve dikkatle dinledi.
Der Ruf ertönte vielstimmig und kraftvoller denn je.
Çağrı her zamankinden daha güçlü ve çok sesli bir şekilde yankılandı.
Und jetzt war Buck mehr denn je bereit, seiner Berufung zu folgen.
Ve şimdi, her zamankinden daha fazla, Buck onun çağrısına cevap vermeye hazırdı.
John Thornton war tot und hatte keine Bindung mehr an die Menschheit.
John Thornton ölmüştü ve içinde insana dair hiçbir bağ kalmamıştı.
Der Mensch und alle menschlichen Ansprüche waren verschwunden – er war endlich frei.
İnsan ve insana ait bütün haklar tükenmişti; sonunda özgürdü.
Das Wolfsrudel jagte Fleisch, wie es einst die Yeehats getan hatten.
Kurt sürüsü, bir zamanlar Yeehat'ların yaptığı gibi et peşindeydi.
Sie waren Elchen aus den Waldgebieten gefolgt.
Ormanlık arazilerden geyikleri takip etmişlerdi.
Nun überquerten sie, wild und hungrig nach Beute, sein Tal.
Artık vahşileşmiş ve avlanmaya aç bir halde vadisine doğru ilerliyorlardı.
Sie kamen auf die mondbeschienene Lichtung und flossen wie silbernes Wasser.
Ay ışığının aydınlattığı açıklığa gümüş su gibi akarak geldiler.
Buck stand regungslos in der Mitte und wartete auf sie.
Buck ortada hareketsiz bir şekilde durmuş onları bekliyordu.
Seine ruhige, große Präsenz versetzte das Rudel in Erstaunen und ließ es kurz verstummen.
Sakin ve iri duruşu sürüyü kısa bir sessizliğe boğdu.
Dann sprang der kühnste Wolf ohne zu zögern direkt auf ihn zu.

Sonra en cesur kurt hiç tereddüt etmeden onun üzerine atıldı.
Buck schlug schnell zu und brach dem Wolf mit einem einzigen Schlag das Genick.
Buck hızlı bir hamle yaptı ve tek vuruşta kurdun boynunu kırdı.
Er stand wieder regungslos da, während der sterbende Wolf sich hinter ihm wand.
Ölmekte olan kurt arkasında kıvrılırken yine hareketsiz kaldı.
Drei weitere Wölfe griffen schnell nacheinander an.
Üç kurt daha hızla, birbiri ardına saldırıya geçti.
Jeder von ihnen zog sich blutend zurück, die Kehle oder die Schultern waren aufgeschlitzt.
Her biri kanlar içinde geri çekildi, boğazları veya omuzları kesilmişti.
Das reichte aus, um das ganze Rudel zu einem wilden Angriff zu provozieren.
Bu, tüm sürünün çılgınca bir saldırıya geçmesi için yeterliydi.
Sie stürmten gemeinsam hinein, waren zu eifrig und zu dicht gedrängt, um einen guten Schlag zu erzielen.
Hepsi birden hücuma geçtiler, çok istekli ve kalabalık oldukları için iyi bir vuruş yapamadılar.
Dank seiner Schnelligkeit und Geschicklichkeit war Buck in der Lage, dem Angriff immer einen Schritt voraus zu sein.
Buck'ın hızı ve becerisi, saldırının önünde kalmasını sağladı.
Er drehte sich auf seinen Hinterbeinen und schnappte und schlug in alle Richtungen.
Arka ayakları üzerinde dönerek her yöne doğru saldırıyordu.
Für die Wölfe schien es, als ob seine Verteidigung nie geöffnet oder ins Wanken geraten wäre.
Kurtlara göre bu, onun savunmasının hiç açılmadığı veya tökezlemediği anlamına geliyordu.
Er drehte sich um und schlug so schnell zu, dass sie nicht hinter ihn gelangen konnten.
O kadar hızlı dönüp saldırdı ki, arkasına geçemediler.
Dennoch zwang ihn ihre Übermacht zum Nachgeben und Zurückweichen.

Ancak, onların çokluğu onu geri çekilmeye ve teslim olmaya zorladı.
Er ging am Teich vorbei und hinunter in das steinige Bachbett.
Havuzun yanından geçip kayalık dere yatağına doğru ilerledi.
Dort stieß er auf eine steile Böschung aus Kies und Erde.
Orada çakıl ve topraktan oluşan dik bir yamaçla karşılaştı.
Er ist bei den alten Grabungen der Bergleute in einen Eckeinschnitt geraten.
Madencilerin eski kazıları sırasında bir köşe kesiğine saplandı.
Jetzt war Buck von drei Seiten geschützt und stand nur noch dem vorderen Wolf gegenüber.
Artık üç taraftan korunan Buck, yalnızca öndeki kurtla karşı karşıyaydı.
Dort stand er in der Enge, bereit für die nächste Angriffswelle.
Orada, bir sonraki saldırı dalgasına hazır bir şekilde bekledi.
Buck blieb so hartnäckig standhaft, dass die Wölfe zurückwichen.
Buck öyle sert bir şekilde direndi ki kurtlar geri çekildi.
Nach einer halben Stunde waren sie erschöpft und sichtlich besiegt.
Yarım saat sonra bitkin ve açıkça yenik düşmüşlerdi.
Ihre Zungen hingen heraus, ihre weißen Reißzähne glänzten im Mondlicht.
Dilleri dışarı sarkmıştı, beyaz dişleri ay ışığında parlıyordu.
Einige Wölfe legten sich mit erhobenem Kopf hin und spitzten die Ohren in Richtung Buck.
Bazı kurtlar başlarını kaldırıp kulaklarını Buck'a doğru dikerek yere uzandılar.
Andere standen still, waren wachsam und beobachteten jede seiner Bewegungen.
Diğerleri ise hareketsiz, tetikte duruyor ve onun her hareketini izliyorlardı.
Einige gingen zum Pool und schlürften kaltes Wasser.
Birkaç kişi havuza doğru yürüyüp soğuk su içti.
Dann schlich ein großer, schlanker grauer Wolf sanft heran.

Sonra uzun, zayıf bir gri kurt yavaşça öne doğru süründü.
Buck erkannte ihn – es war der wilde Bruder von vorhin.
Buck onu tanıdı; bu, az önceki vahşi kardeşti.
Der graue Wolf winselte leise und Buck antwortete mit einem Winseln.
Gri kurt yumuşak bir şekilde inledi ve Buck da inleyerek karşılık verdi.
Sie berührten ihre Nasen, leise und ohne Drohung oder Angst.
Burunlarını sessizce, tehdit veya korku duymadan birbirine değdirdiler.
Als nächstes kam ein älterer Wolf, hager und von vielen Kämpfen gezeichnet.
Sonra, zayıflamış ve birçok savaştan yara almış yaşlı bir kurt geldi.
Buck wollte knurren, hielt aber inne und schnüffelte an der Nase des alten Wolfes.
Buck hırlamaya başladı ama sonra durup yaşlı kurdun burnunu kokladı.
Der Alte setzte sich, hob die Nase und heulte den Mond an.
Yaşlı adam oturdu, burnunu kaldırdı ve aya doğru uludu.
Der Rest des Rudels setzte sich und stimmte in das langgezogene Heulen ein.
Sürünün geri kalanı da oturup uzun ulumaya katıldı.
Und nun ertönte der Ruf an Buck, unmissverständlich und stark.
Ve şimdi Buck'a gelen çağrı, açıkça ve güçlü bir şekildeydi.
Er setzte sich, hob den Kopf und heulte mit den anderen.
Oturdu, başını kaldırdı ve diğerleriyle birlikte haykırdı.
Als das Heulen aufhörte, trat Buck aus seinem felsigen Unterschlupf.
Ulumalar sona erdiğinde Buck kayalık sığınağından dışarı çıktı.
Das Rudel umringte ihn und beschnüffelte ihn zugleich freundlich und vorsichtig.
Sürü etrafını sardı, hem şefkatle hem de tedirginlikle kokluyorlardı.

Dann stießen die Anführer einen lauten Schrei aus und rannten in den Wald.
Bunun üzerine liderler çığlık atarak ormana doğru koştular.
Die anderen Wölfe folgten und jaulten im Chor, wild und schnell in der Nacht.
Diğer kurtlar da onu takip ediyor, gecede çılgınca ve hızlı bir şekilde uluyorlardı.
Buck rannte mit ihnen, neben seinem wilden Bruder her, und heulte dabei.
Buck da vahşi kardeşinin yanında onlarla birlikte koşuyor, koşarken uluyordu.

Hier geht die Geschichte von Buck gut zu Ende.
İşte Buck'ın hikayesinin sonuna gelmek çok güzel.
In den folgenden Jahren bemerkten die Yeehats seltsame Wölfe.
İlerleyen yıllarda Yeehatlar garip kurtların varlığını fark ettiler.
Einige hatten braune Flecken auf Kopf und Schnauze und weiße Flecken auf der Brust.
Bazılarının başlarında ve ağızlarında kahverengi, göğüslerinde beyazlık vardı.
Doch noch mehr fürchteten sie sich vor einer geisterhaften Gestalt unter den Wölfen.
Ama daha da önemlisi kurtların arasında hayaletimsi bir figür olmasından korkuyorlardı.
Sie sprachen flüsternd vom Geisterhund, dem Anführer des Rudels.
Sürünün lideri Hayalet Köpek'ten fısıltıyla bahsediyorlardı.
Dieser Geisterhund war schlauer als der kühnste Yeehat-Jäger.
Bu Hayalet Köpek, en cesur Yeehat avcısından bile daha kurnazdı.
Der Geisterhund stahl im tiefsten Winter aus Lagern und riss ihre Fallen auseinander.
Hayalet köpek kışın ortasında kamplardan hırsızlık yapıyor ve tuzaklarını parçalıyordu.

Der Geisterhund tötete ihre Hunde und entkam ihren Pfeilen spurlos.
Hayalet köpek onların köpeklerini öldürmüş ve iz bırakmadan oklarından kurtulmuştur.
Sogar ihre tapfersten Krieger hatten Angst, diesem wilden Geist gegenüberzutreten.
En cesur savaşçıları bile bu vahşi ruhla karşılaşmaktan korkuyordu.
Nein, die Geschichte wird im Laufe der Jahre in der Wildnis immer düsterer.
Hayır, yıllar geçtikçe hikaye daha da karanlıklaşıyor.
Manche Jäger verschwinden und kehren nie in ihre entfernten Lager zurück.
Bazı avcılar kaybolur ve bir daha uzaklardaki kamplarına geri dönmezler.
Andere werden mit aufgerissener Kehle erschlagen im Schnee gefunden.
Diğerleri ise boğazları yırtılmış, karda öldürülmüş halde bulunuyor.
Um ihren Körper herum sind Spuren – größer als sie ein Wolf hinterlassen könnte.
Vücutlarının etrafında, herhangi bir kurdun bırakabileceğinden daha büyük izler var.
Jeden Herbst folgen die Yeehats der Spur des Elchs.
Her sonbaharda Yeehat'lar geyiklerin izini sürüyor.
Aber ein Tal meiden sie, weil ihnen die Angst tief im Herzen eingegraben ist.
Ama bir vadiden, yüreklerine derin bir korku kazınarak kaçınıyorlar.
Man sagt, dass der böse Geist dieses Tal als seine Heimat ausgewählt hat.
Kötü Ruh'un bu vadiyi kendine ev olarak seçtiğini söylüyorlar.
Und wenn die Geschichte erzählt wird, weinen einige Frauen am Feuer.
Ve hikaye anlatılırken bazı kadınlar ateşin başında ağlıyorlar.

Aber im Sommer kommt ein Besucher in dieses ruhige, heilige Tal.
Ama yazın, o sessiz, kutsal vadiye bir ziyaretçi gelir.
Die Yeehats wissen nichts von ihm und können es auch nicht verstehen.
Yeehatlar onu tanımıyor ve anlayamıyorlardı.
Der Wolf ist großartig und mit einer Pracht überzogen wie kein anderer seiner Art.
Kurt, türünün hiçbir örneğine benzemeyen, ihtişamla kaplı büyük bir kurttur.
Er allein überquert den grünen Wald und betritt die Waldlichtung.
O, yeşil ormandan tek başına geçip orman açıklığına girer.
Dort sickert goldener Staub aus Elchhautsäcken in den Boden.
Orada geyik derisinden yapılmış çuvallardan çıkan altın rengi tozlar toprağa sızıyor.
Gras und alte Blätter haben das Gelb vor der Sonne verborgen.
Otlar ve yaşlı yapraklar güneşin sararmasını gizlemiş.
Hier steht der Wolf still, denkt nach und erinnert sich.
Kurt burada sessizce duruyor, düşünüyor ve hatırlıyor.
Er heult einmal – lang und traurig – bevor er sich zum Gehen umdreht.
Gitmek üzere dönmeden önce bir kez uzun ve hüzünlü bir şekilde uluyor.
Doch er ist nicht immer allein im Land der Kälte und des Schnees.
Ama soğuk ve karlı topraklarda her zaman yalnız değildir.
Wenn lange Winternächte über die tiefer gelegenen Täler hereinbrechen.
Uzun kış geceleri alçak vadilere indiğinde.
Wenn die Wölfe dem Wild durch Mondlicht und Frost folgen.
Kurtlar ay ışığında ve donda avlarını takip ettiğinde.
Dann rennt er mit großen, wilden Sprüngen an der Spitze des Rudels entlang.

Sonra sürünün başında koşar, yükseklere ve çılgınca sıçrar.
Seine Gestalt überragt die anderen, aus seiner Kehle erklingt Gesang.
Diğerlerinden çok daha uzun boyluydu, boğazı şarkıyla canlanıyordu.
Es ist das Lied der jüngeren Welt, die Stimme des Rudels.
Genç dünyanın şarkısıdır, sürünün sesidir.
Er singt, während er rennt – stark, frei und für immer wild.
Koşarken şarkı söylüyor; güçlü, özgür ve sonsuza dek vahşi.

www.ingramcontent.com/pod-product-compliance
Lightning Source LLC
Chambersburg PA
CBHW010031040426
42333CB00048B/2799